Wanderträume
Bayerische Voralpen

MARIA ECKL

WANDERTRÄUME
BAYERISCHE VORALPEN

25 richtig **schöne Touren**
zum **Entdecken** und **Genießen**

BRUCKMANN

HIER GEHT'S HIN

DIE TOUREN

Ausblick vom Herzogstand auf den Walchensee

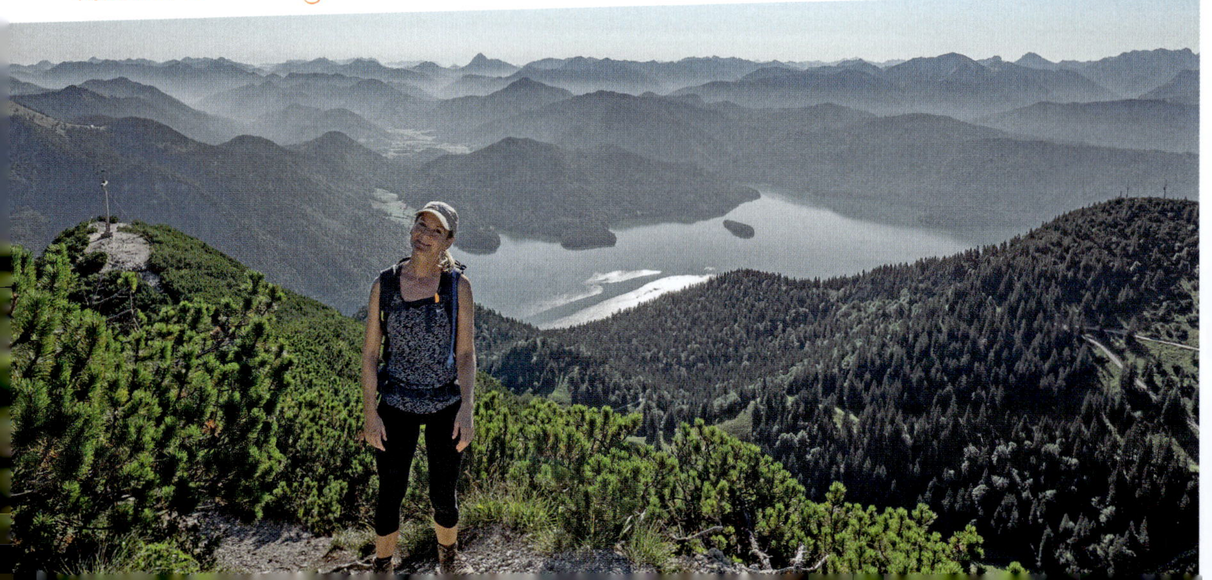

EXTRAS

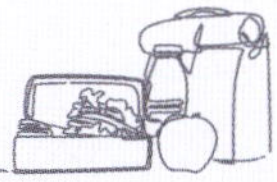

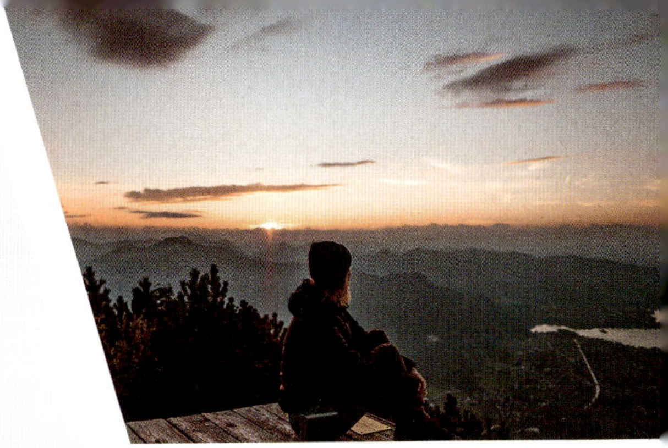

Sonnenuntergang auf dem Wallberg.

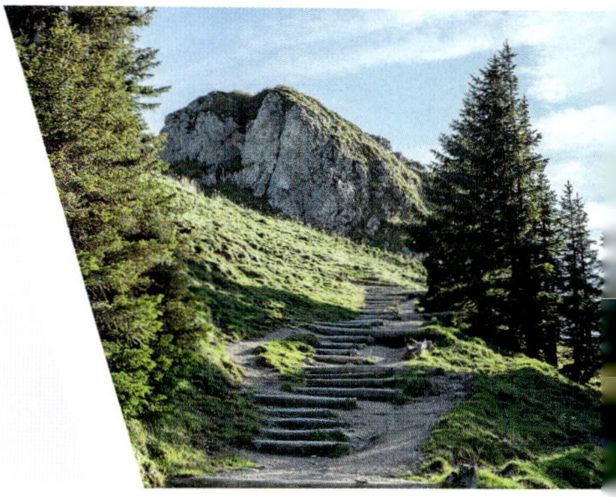

Der Taubenstein.

TRAUMHAFT WANDERN

Willkommen zu genussvollen Stunden in den schönen Bergen Bayerns! Schön, dass du dich dazu entschlossen hast, mehr Zeit in der Natur zu verbringen.

Dieses Buch ist ein guter Start, wenn du neu in der Region bist, noch nicht so viel Wandererfahrung hast, nach frischer Inspiration suchst und wenn bei dir vor allem eines im Vordergrund steht: der Genuss der Natur.

Dieser Wanderführer ist nicht dazu da, sportliche Rekorde zu brechen, sondern vielmehr dazu, die schönsten Gipfel der bayerischen Voralpen kennenzulernen. Bei uns steht Spaß und Genuss im Vordergrund, während wir gemeinsam die atemberaubenden Aussichtsberge erkunden. Kein Druck, keine Eile – es geht darum, die Wanderungen in vollen Zügen zu erleben und zu genießen. Und du wählst das Tempo. Deswegen sind bei vielen Wanderungen Möglichkeiten aufgezeigt, wie man sie abkürzen oder verlängern kann. So kannst du diese an deine persönliche Tagesform anpassen.

Von null auf Wanderfreund

Bei 25 Touren, von denen jede ihren ganz eigenen Charme hat, kann die Auswahl durchaus schwerfallen. Deswegen hier ein paar Vorschläge, mit welcher Wanderung du starten könntest.

Wenn du noch nie in den Bergen gewandert bist: Fang doch mit der flachen Drei-Seen-Wanderung in Krün (S. 26) an. Diese Tour bringt dich in eine meiner Lieblingsecken der bayerischen Voralpen und du kannst deine Ausdauer testen, aber musst noch keine nennenswerte Steigung auf dich nehmen. Wenn das gut geklappt hat, dann bist du bereit für deine erste Bergtour: Herrliche Fernblicke erwarten dich auf dem relativ einfachen Höhenweg in Brauneck (S. 74). Oder du entscheidest dich für einen schönen Aussichtsberg am Tegernsee, wie den Setzberg (S. 116) oder den Wallberg (S. 110).

Wenn du schon ein paar Mal in den Bergen gewandert bist: Starte doch mit den einfachen Wanderungen und echten Klassikern, wie dem Jochberg (S. 50), dem Herzogstand (S. 38) oder der Baumgartenschneid (S. 104).

Wenn du die Klassiker schon kennst: Dann empfehle ich dir, dich an die erste Gratwanderung zu wagen, etwa auf den Heimgarten (S. 32), auf die Brecherspitz (S. 134) oder auf den Kleinen und Großen Traithen (S. 158) – meine persönliche Lieblingstour.

Was Höhenmeter bedeuten

Die bei jeder Tour angegebenen Höhenmeter in Kombination mit der Länge der Wanderung helfen dir, die Schwierigkeit der Wanderung einzustufen. Hier ein paar einfache Faustregeln dazu, was die Höhenmeterangaben eigentlich bedeuten:

Wanderungen unter 300 Höhenmeter – der perfekte Einstieg fürs Bergwandern! 300 Höhenmeter bedeuten zwar, dass es auf jeden

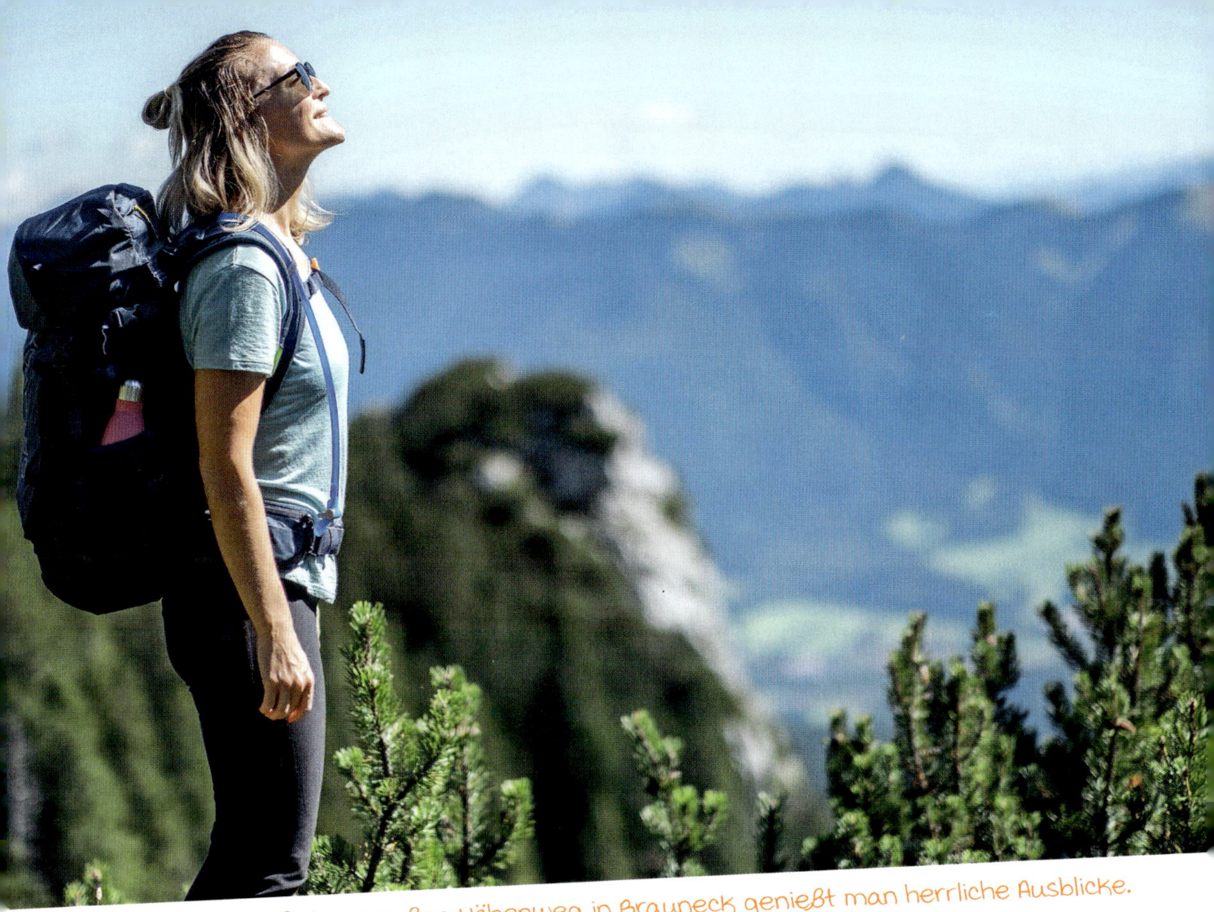

Auf dem Großen Höhenweg in Brauneck genießt man herrliche Ausblicke.

Fall bergauf geht, aber die Steigung sollte jeder mit durchschnittlicher Kondition und ohne weitere körperliche Beeinträchtigungen schaffen.

Wanderungen mit 300 bis 500 Höhenmetern – fühlen sich an wie eine richtige Bergwanderung. Es geht spürbar bergauf und schwitzen wird man auf jeden Fall. Die einen mehr, die anderen weniger. Mit durchschnittlicher Kondition und Durchhaltevermögen schaffst du die Tour.

Wanderungen mit 500 bis 800 Höhenmetern – du solltest schon mal ein paar kleinere Bergtouren gemacht haben und über eine gewisse Grundkondition verfügen, um diese Wanderungen zu genießen.

Wanderungen mit über 800 Höhenmetern – bringen auch geübte Wanderer gut ins Schwitzen. Mit guter Grundkondition schaffen diese Wanderungen aber trotzdem alle Motivierten.

Drei unschlagbare Helfer

Nun hast du vielleicht schon eine der oben genannten Wanderungen ins Auge gefasst, mit der du starten möchtest. Um bestens dafür ausgestattet zu sein, möchte ich ein paar praktische Ausrüstungstipps mit dir teilen. Außer Frage steht natürlich die Notwendigkeit von guten Wanderschuhen. Sie gehören zur absoluten Basisaustattung. Die nachfolgenden kleinen Helfer tragen außerdem dazu bei, dass du jede Wanderung vollends genießen kannst:

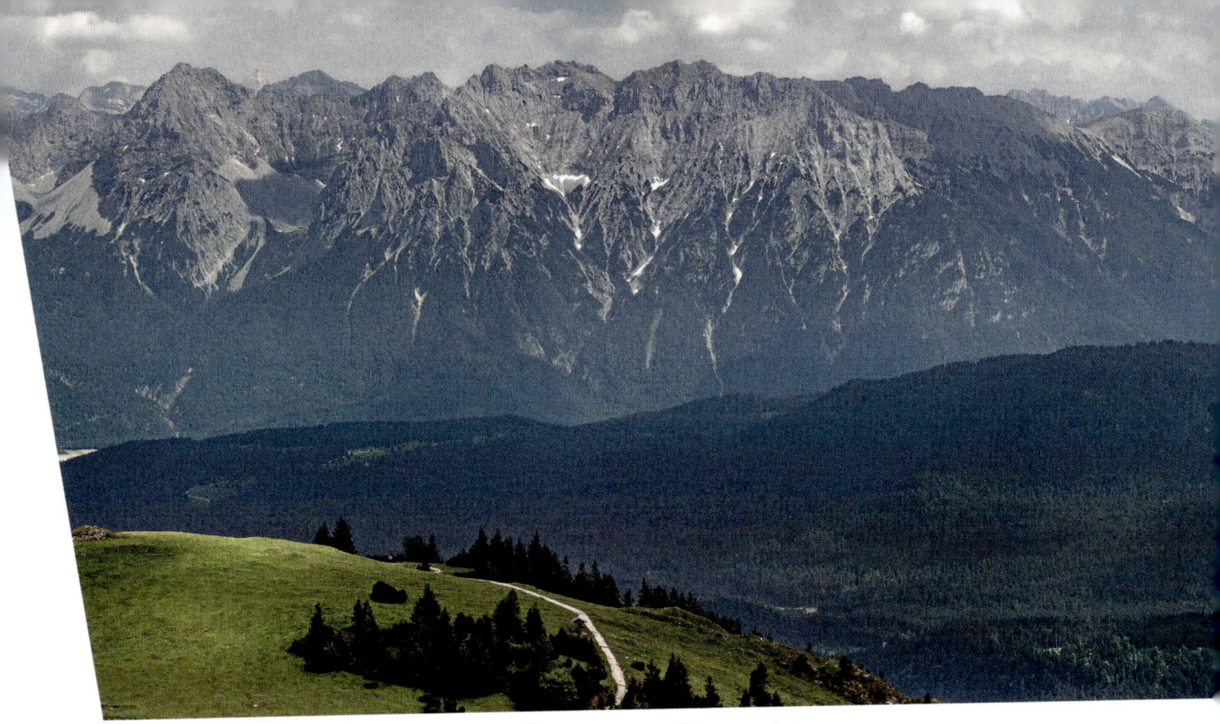

Spektakulärer Blick vom Wank auf das Zugspitzmassiv

Mittlerweile hat das Handy ja viele Geräte ersetzt, wie ein GPS-Gerät, eine Karte und die Kamera. Was es aber noch nicht kann: als Fernglas fungieren. Wer gerne genauer hinschaut und auch einmal eine Gams oder ein Murmeltier entdecken möchte, bei dem darf ein Fernglas im Rucksack nicht fehlen.

Meine persönliche Lieblingsausstattung ist eine Trinkblase. Das ist ein Wasserbehälter, den man im Rucksack trägt und von dem ein Schlauch über den Rucksackträger nach vorne geht. So kann man jederzeit bequem trinken und muss dafür nicht stehen bleiben und umständlich die Flasche aus dem Rucksack zerren. Ich persönlich würde am liebsten immer mit einem Trinkschlauch durchs Leben gehen, nicht nur beim Wandern.

Ein gern unterschätztes Basic, das ich dir jedoch sehr empfehle, sind Wanderstöcke. Nein, diese sind nicht nur für Leute mit Knieproblemen. Wanderstöcke können sich in vielerlei Hinsicht als nützlich erweisen: Wenn der Boden nass und rutschig ist, bei Schnee, bei unebenem Untergrund, bei einem schweren Rucksack. Generell sorgen sie für einen sicheren Tritt und einen knieschonenden Abstieg. Und einen netten Nebeneffekt gibt es auch: Beim aktiven Stockeinsatz verbrennt man noch mehr Kalorien. Tipp: Beim Kauf unbedingt auf das Gewicht und das Packmaß in zusammengeklappter Form achten.

Clever unterwegs

Bevor du loswanderst, noch ein paar praktische Hinweis: Der Zwiebel-Look ist das A und O beim Wandern. Auch wenn wir in den bayerischen Voralpen nicht in hochalpinem Terrain unterwegs sind, kann das Wetter schnell umschlagen. Es kann auf dem Gipfel sehr windig werden oder plötzlich doch regnen, obwohl der Wetterbericht Sonne vorausgesagt hat. Am besten ist man mit mehreren Schichten ausgestattet, die man leicht übereinander anziehen kann. Und eine Regenjacke sollte trotz Sonnenschein auch ihren Platz ganz unten im Rucksack finden.

Neben der passenden Kleidung sind ausreichend Essen und Trinken bei einer Wanderung essenziell. Auch wenn bei den meisten Wanderungen dieses Buches bewirtschaftete Hütten für das leibliche Wohl sorgen, schadet es nicht, für den Notfall einen Müsliriegel und einen Apfel im Gepäck zu haben.

Gut ausgestattet, kann es losgehen. Ziehe auch immer in Erwägung, ob du nicht mit öffentlichen Verkehrsmitteln statt dem eigenen Auto zum Ausgangspunkt der Wanderung kommst. Wenn es doch einmal das Auto wird, sei dir der Parkgebühren bewusst. Nahezu alle Wanderparkplätze in den bayerischen Voralpen sind kostenpflichtig und man muss meist mit fünf Euro pro Tag rechnen. Zwar kann man mittlerweile oft mit den Apps »Parkster«, »EasyPark« oder »ParkNow« bezahlen, am sichersten ist es jedoch trotzdem, ein paar Münzen dabeizuhaben. Und bitte nicht im Straßengraben kurz vor dem Parkplatz parken, um die Parkgebühren zu sparen.

Zu guter Letzt merke dir für den Ernstfall die Rufnummer der Bergrettung: 112.

Durch zauberhafte Natur

Das Schöne an den bayerischen Voralpen: Die Gipfel sind nicht allzu hoch und die meisten Wege sehr gut erschlossen, was sie auch im Winter und sogar bei Schnee begehbar macht. Ja, es kann sogar richtig zauberhaft werden bei frisch gepuderten Bergspitzen, Gipfelkreuzen mit Eiszapfen und einem heißen Punsch im Gepäck. Wer auf Nummer sicher gehen will, nimmt Wanderstöcke und Grödel mit – dabei handelt es sich um eine Art Steigeisen, das unten an den Schuh geschnallt wird –, dann kann nichts mehr schiefgehen. Jeweils ein Hinweis findet sich in diesem Buch für Wanderungen, die besonders gut auch im Winter geeignet sind. Zum Beispiel sind dies der Wallberg (ohne das letzte Stück zum Gipfel – siehe S. 110), die Drei-Seen-Wanderung (siehe S. 26), der Jochberg (siehe S. 50) und der Hirschhörnlkopf (siehe S. 62).

Schließlich meine Bitte: Zeige Verantwortung und verlasse die Berge so sauber, wie du sie vorgefunden hast, im Zweifel sogar sauberer. Wenn du eine Plastikflasche herumliegen siehst, nimm sie doch einfach mit und entsorge sie ordnungsgemäß. Denn leider sieht man noch immer Müll auf den Wegen liegen.

Und nun heißt es: Wanderschuhe schnüren! Lass uns die faszinierenden Aussichtsberge der bayerischen Voralpen erkunden!

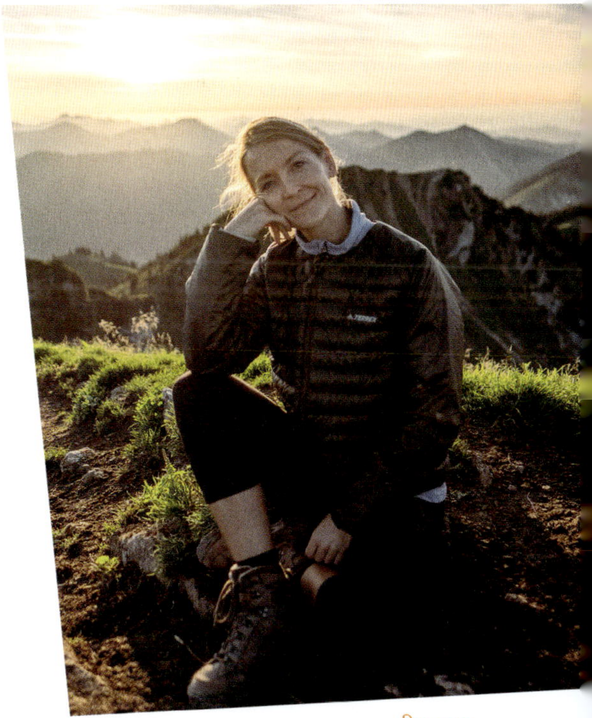

Die Autorin beim Sonnenaufgang

ÜBER MICH

GRIAS DI, ich bin Maria. Ich bin Outdoor-Liebhaberin durch und durch, und fasziniert von Bergspiegelungen auf dem Wasser. Am liebsten streife ich durch die Natur und erlebe dabei ein Abenteuer nach dem nächsten. Man findet mich auf den Bergen und Gewässern dieser Welt, aber auch in meiner Wahlheimat München, die ich immer wieder neu entdecken kann. Egal ob zu Fuß, auf dem Fahrrad, Surfboard oder Pferd – »Hauptsache aktiv und draußen unterwegs« ist mein Motto. Immer dabei habe ich meine Kamera, um eine weitere Leidenschaft, das Fotografieren, auszuleben. Alle diese Unternehmungen dokumentiere ich auf meinem Reise- und Outdoor-Blog www.ready-steady-travel.com.

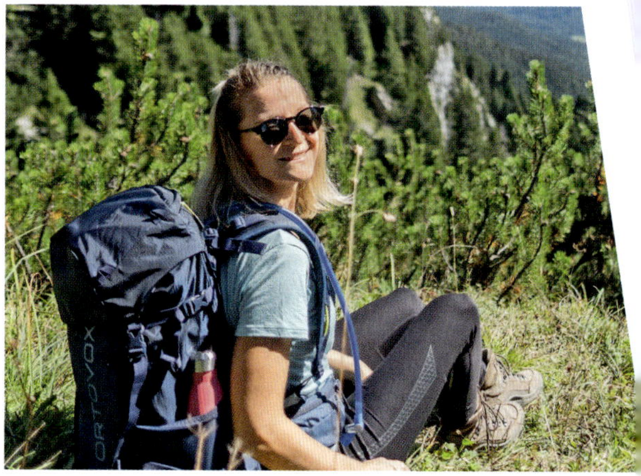

IN DEN BERGEN finde ich den Ausgleich zum hektischen Stadtleben, und das Wandern ist nicht aus meinem Leben wegzudenken. Bei einer Tour im Sommer zu einem Bergsee kann ich besser als an jedem Strand abschalten. Bei einem schweißtreibenden Marsch kann ich wunderbar meine Gedanken sortieren. Und ein magischer Sonnenuntergang auf dem Berggipfel fasziniert mich jedes Mal aufs Neue. Da erinnert einen die Natur daran, dass jeder Tag positiv enden kann.

Natur pur ohne Trubel gibt es noch in Bayern: Und zwar, wenn man ganz früh, ganz spät oder unter der Woche wandert.

Meine Lieblingstour 1

Die Tour zum Kleinen und Großen Traithen nahe Sudelfeld entdeckte ich an einem frühlingshaften Sonntag, an dem ich mich mit meinem Freund auf die erste Wanderung der Saison begab. Eine kurze, aussichtsreiche Tour sollte es werden. Diese eskalierte schnell in einen sechsstündigen Marsch, bei dem wir gleich vier Gipfel erklommen. Denn die Wanderung zum Kleinen und Großen Traithen (siehe S. 158) kann man wunderbar verlängern und weiter zum Unterberg Joch (1828 m) und Steilner Joch (1757 m) auf einem einzigartigen Grat wandern, dessen Ausblick unvergleichlich in Bayern ist. Etwas Bergerfahrung und Ausdauer sollte man mitbringen. Und genug Brotzeit, denn es warten viele Aussichtspunkte, an denen man stundenlang verweilen möchte.
Was ebenso reizvoll ist: Die Wanderung beginnt bereits auf 1100 Metern und so kommt man bei vergleichsweise wenig Steigung in aussichtsreiche Höhen.

Meine Lieblingstour 2

Am liebsten kombiniere ich die Touren auf den Setzberg (siehe S. 116) und Risserkogel (siehe S. 122). Zusammen ergeben sie ein überzeugendes Gesamtpaket: Es besteht aus einem Eins-a-Blick auf den Tegernsee und auf traumhafte Blütenhänge im Frühling, ein bisschen Abenteuer auf dem Kamm und eine ganz unerwartete Landschaft am Risserkogel mit Aussicht auf den Plankenstein. Wer ganz viel Glück hat, darf noch ein paar Gamsen beobachten. Klingt verlockend, oder?

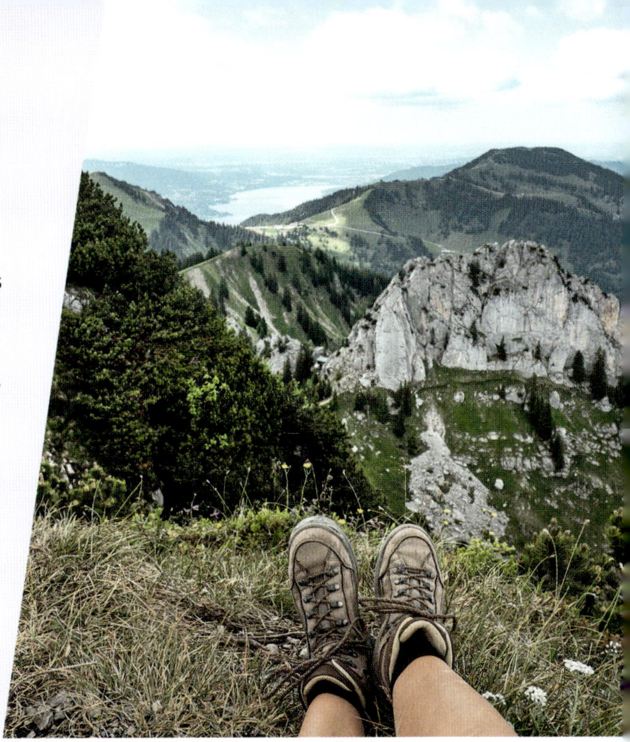

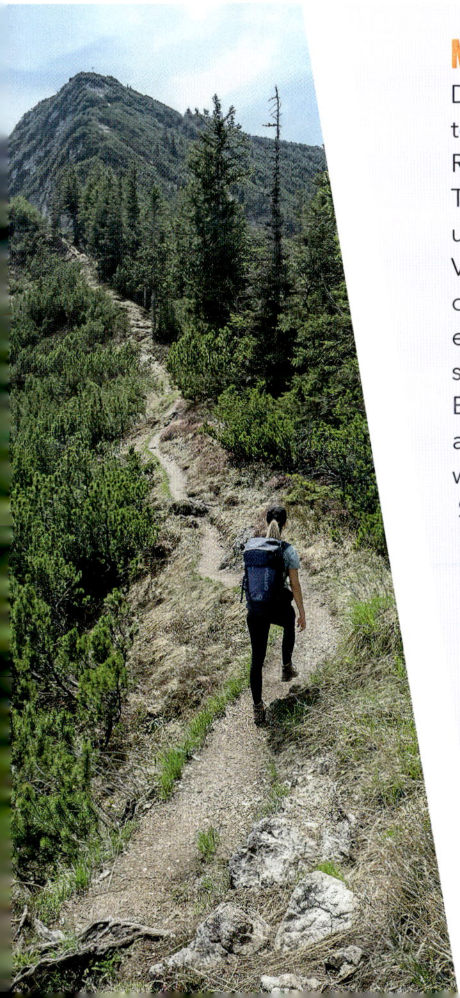

Meine Lieblingstour 3

Die Via Alpina ist ein grenzüberschreitender Fernwanderweg, der sich in fünf Routen durch alle Alpenländer zieht. Ein Teil davon, die violette Route, verläuft unter anderem durch die bayerischen Voralpen und inkludiert einige Gipfel dieses Buches. So kann man sich an der ersten Drei-Tages-Wanderung probieren, sich zum Beispiel von Oberaudorf zum Brünnsteinhaus aufmachen (siehe S. 164), am nächsten Tag zum Rotwandhaus wandern (siehe S. 146) und an Tag 3 am Spitzingsee absteigen. Oder man wählt den Teilabschnitt von Lenggries über die Hirschberghütte zur Lenggrieser Hütte (siehe S. 80), erreicht am nächsten Tag die Tutzinger Hütte und steigt am letzten Tag über den Herzogstand (siehe S. 38) ab.

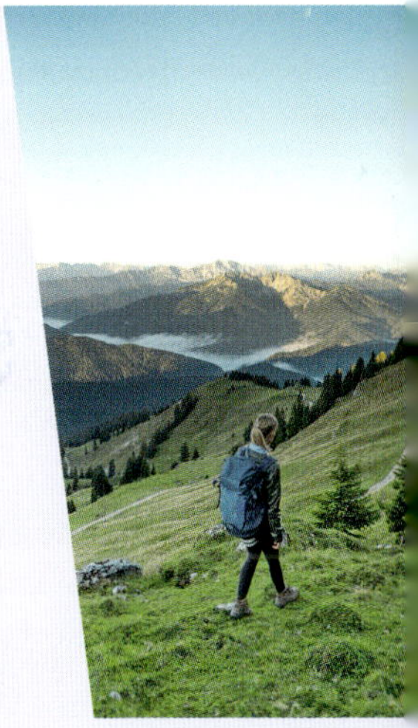

DAS BESTE DER REGION

Die bayerischen Voralpen locken nicht nur mit beeindruckenden Aussichtsbergen, sondern auch mit einigen der Lieblingsseen der Bayern sowie mit spektakulären Wasserfällen und Schluchten.

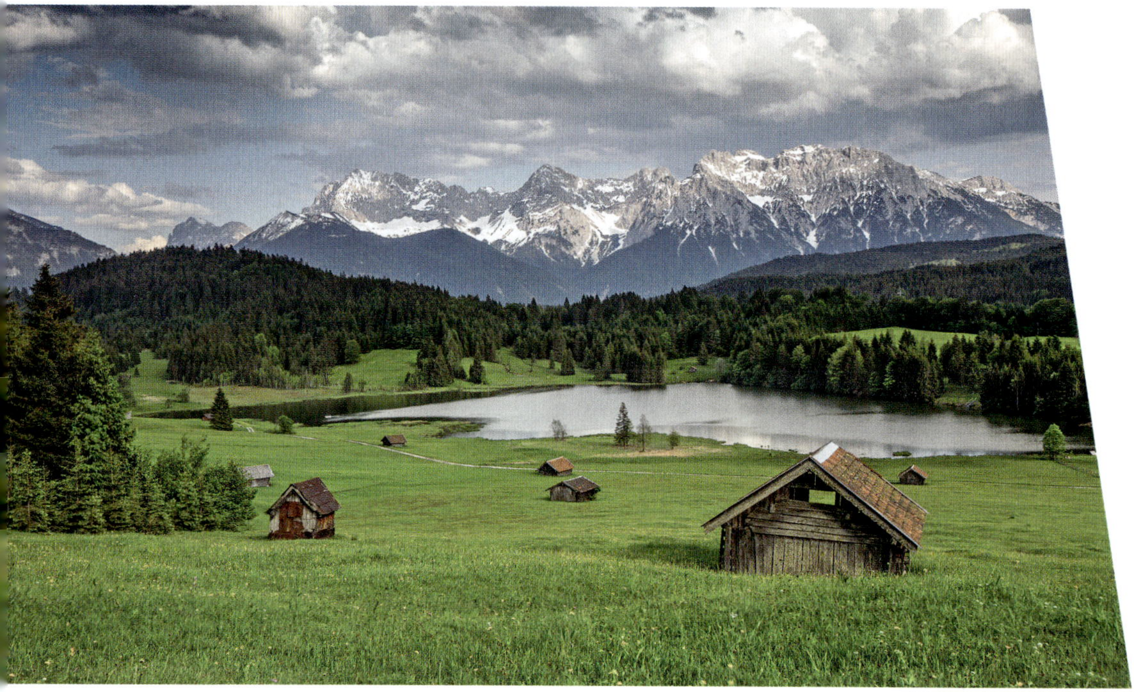

Die südwestliche Grenze am Geroldsee

Von Garmisch bis Kiefersfelden

Die bayerischen Voralpen sind eine Gebirgsgruppe der nördlichen Kalkalpen und befinden sich in den Ostalpen. Sie erstrecken sich von Garmisch-Partenkirchen im äußersten Westen bis Kiefersfelden im Osten. Von Loisach und Inn begrenzt, bestehen sie u. a. aus dem Estergebirge im Westen mit den bekannten Bergen Herzogstand und Heimgarten. Im Osten liegt das Mangfallgebirge mit den beliebten Gipfeln an Tegernsee und Spitzingsee.

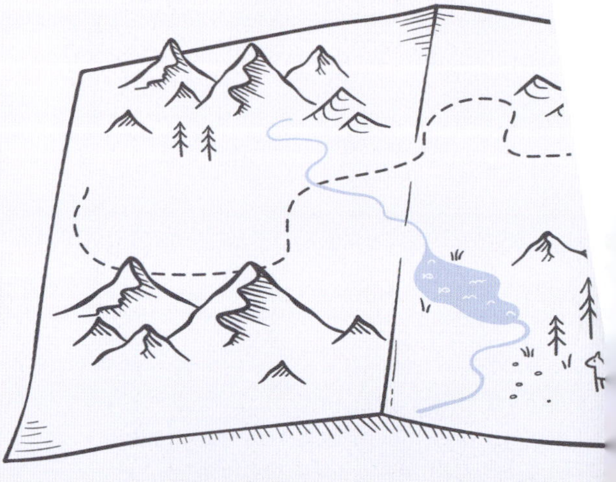

Hättest du's gewusst?

Ein kleiner Wortdreher macht den großen Unterschied: Denn die bayerischen Voralpen sind nicht zu verwechseln mit dem »bayerischen Alpenvorland«. Letzteres bezeichnet die kompletten Alpen in Bayern. Die bayerischen Voralpen jedoch werden durch Wettersteingebirge, Ammergauer Alpen, Karwendel und Chiemgauer Alpen sowie Kaisergebirge und Rofangebirge in Österreich eingerahmt. Diese Gebirgsketten selbst gehören folglich nicht zu den bayerischen Voralpen.

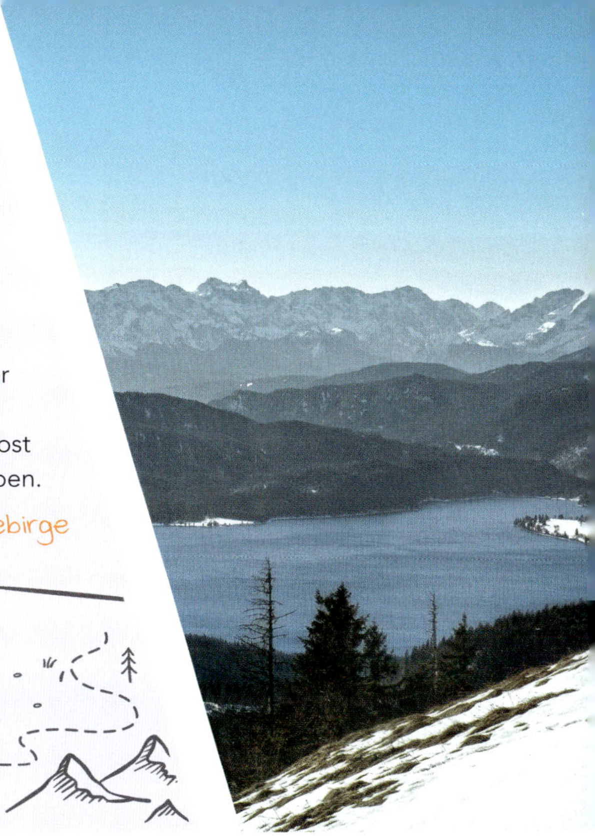

Wetterstein- und Estergebirge

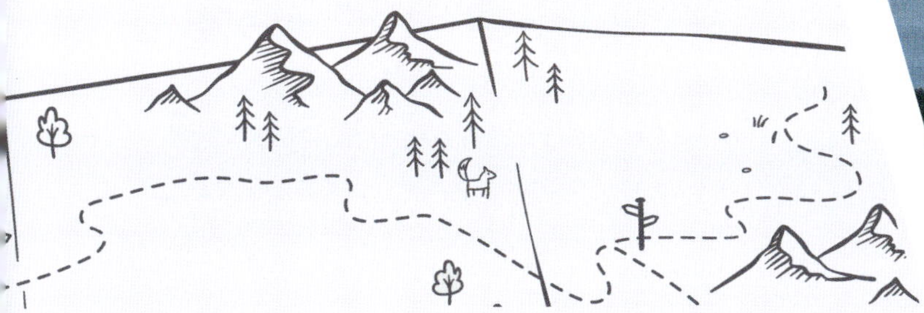

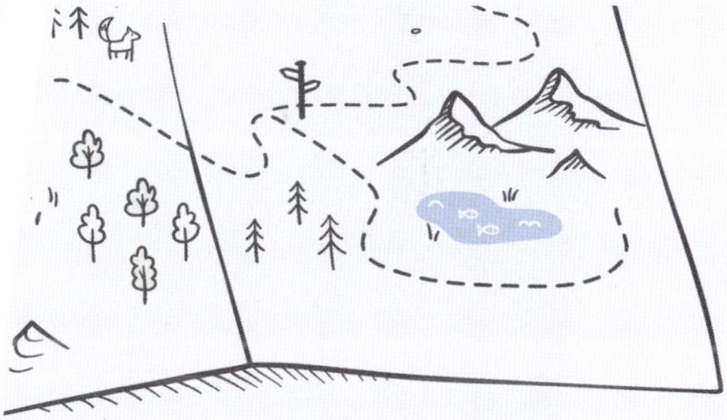

Nicht ohne kulinarische Highlights

Eine Wanderung wird für uns Bayern erst komplett durch unsere Schmankerl, wie »Kas'spozn«, »Kaspressknödel« oder »Obatztn«. Dazu ein kühles Bier, am liebsten von einer Brauerei des Ortes, ein solcher Genuss rundet jede Tour ab. Alle Spezialitäten haben wir Einheimischen aber selbst noch nicht genossen: Eine Gipfel-Buttermilch oder einen »Kraxler«, ein Weißbier mit Apfelsaft, hat garantiert noch nicht jeder probiert, oder?

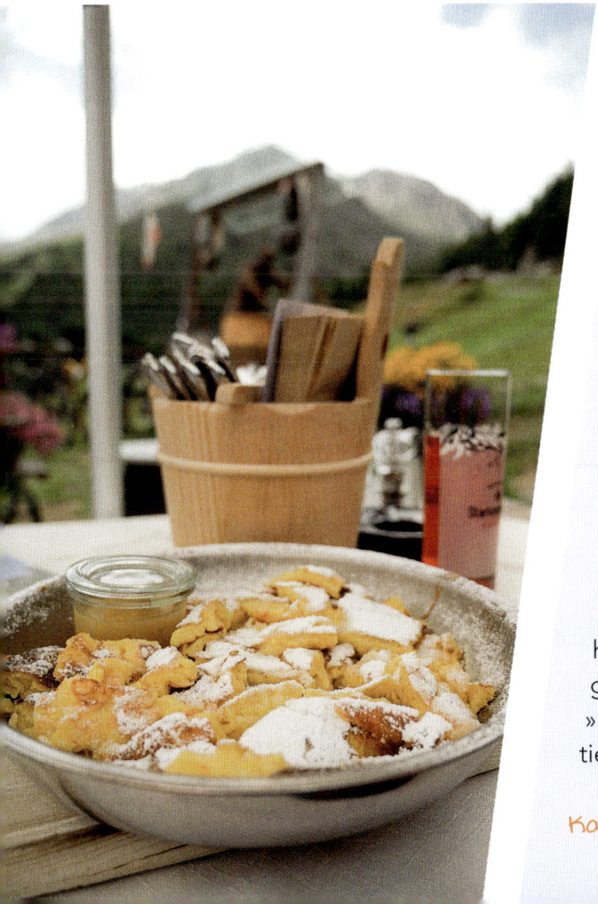

Kaiserschmarren

TOUREN ZUM TRÄUMEN

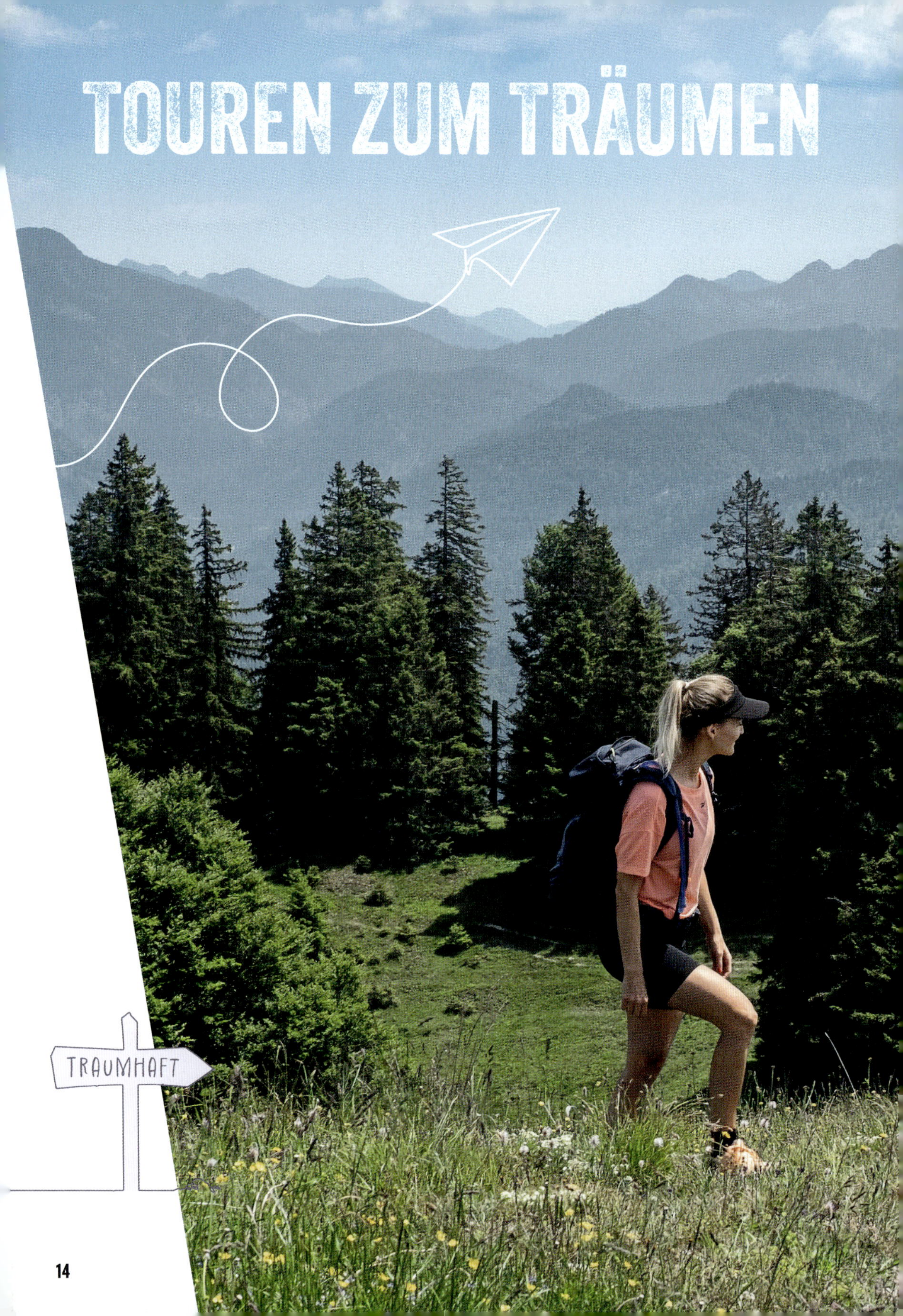

DER BADEGENUSS

Bei der Drei-Seen-Wanderung in Krün kommt man gleich drei mal in puren Badegenuss. Doch die Wanderung punktet auch mit entzückenden Bergpanoramen und ihrer Einfachheit. (Tour 2)

1

BARM-, GEROLD-, GRUBSEE

Aussichtsreiche Seen-Tour

DIE AUSSICHT

Unbestreitbar eine der atemberaubendsten Aussichten in Bayern: der weitreichende Blick vom Herzogstand auf den türkisleuchtenden Walchensee. (Tour 4)

2

HERZOGSTAND

Einmaliger Blick auf den Walchensee

DIE HÜTTE

Keine Hütte in den bayerischen Voralpen ist imposanter gelegen und beliebter als die Tegernseer Hütte, die spektakulär auf dem Grat zwischen dem Roßstein und dem Buchstein thront. (Tour 13)

3

TEGERNSEER HÜTTE

Spektakuläres »Adlernest«

ENERGIEREICHE HAFERFLOCKENKEKSE
MIT BANANE, ZIMT UND KÖRNERN

BROTZEIT-TIPP

Mit nur zwei Zutaten kommt man hier ziemlich weit. Diese einfachen Kekse aus Haferflocken und Banane sind wahre Alleskönner. Sie geben Kraft, gehen ruckzuck und sind beliebig variierbar mit allem, was man grade so zu Hause hat.

Zubereitungszeit: 10 Minuten
Backzeit: 12–15 Minuten
Für ca. 15 Stück

Zutaten

3	mittelgroße, reife Bananen
200 g	Haferflocken, fein
1 EL	Leinsamen, gemahlen
2 EL	Sonnenblumenkerne
1 TL	Zimt
1 Prise	Salz
1 EL	Backkakao (optional)
1–2 EL	Toppingzutaten (optional, z. B. Sesam, Kokosflocken, Chiasamen, Sonnenblumenkerne)

TRANSPORT: Am besten in einer luftdichten Dose oder in Butterbrotpapiertüten transportieren.

TIPP: Wer es gerne etwas süßer mag, kann noch einen Löffel Honig oder Agavendicksaft dazugeben.

Zubereitung

Den Backofen auf 175 °C Ober-/Unterhitze vorheizen.

Die Bananen schälen, stückeln und in einer Schüssel mit einer Gabel zu einem weichen, stückigen Brei zerdrücken.

Danach alle weiteren Zutaten hinzugeben und mit einem Esslöffel zu einer homogenen Masse verarbeiten. **Hinweis:** Die Masse sollte kompakt, aber trotzdem noch etwas fluffig sein. Durch das Backen wird das Ganze dann fest.

Nun mit den Händen Bällchen formen. Die Größe kann hier beliebig variieren. Auf ein mit Backpapier ausgelegtes Backblech platzieren.

Entweder man bäckt die Bällchen so oder man rollt sie noch durch Kokosflocken, Sonnenblumenkerne, Sesam oder Chiasamen.

Je nach Größe der Bällchen für ca. 12–15 Minuten backen. Die Energiekekse können nach Ende der Backzeit noch etwas weich sein, sie werden beim Abkühlen aber fester.

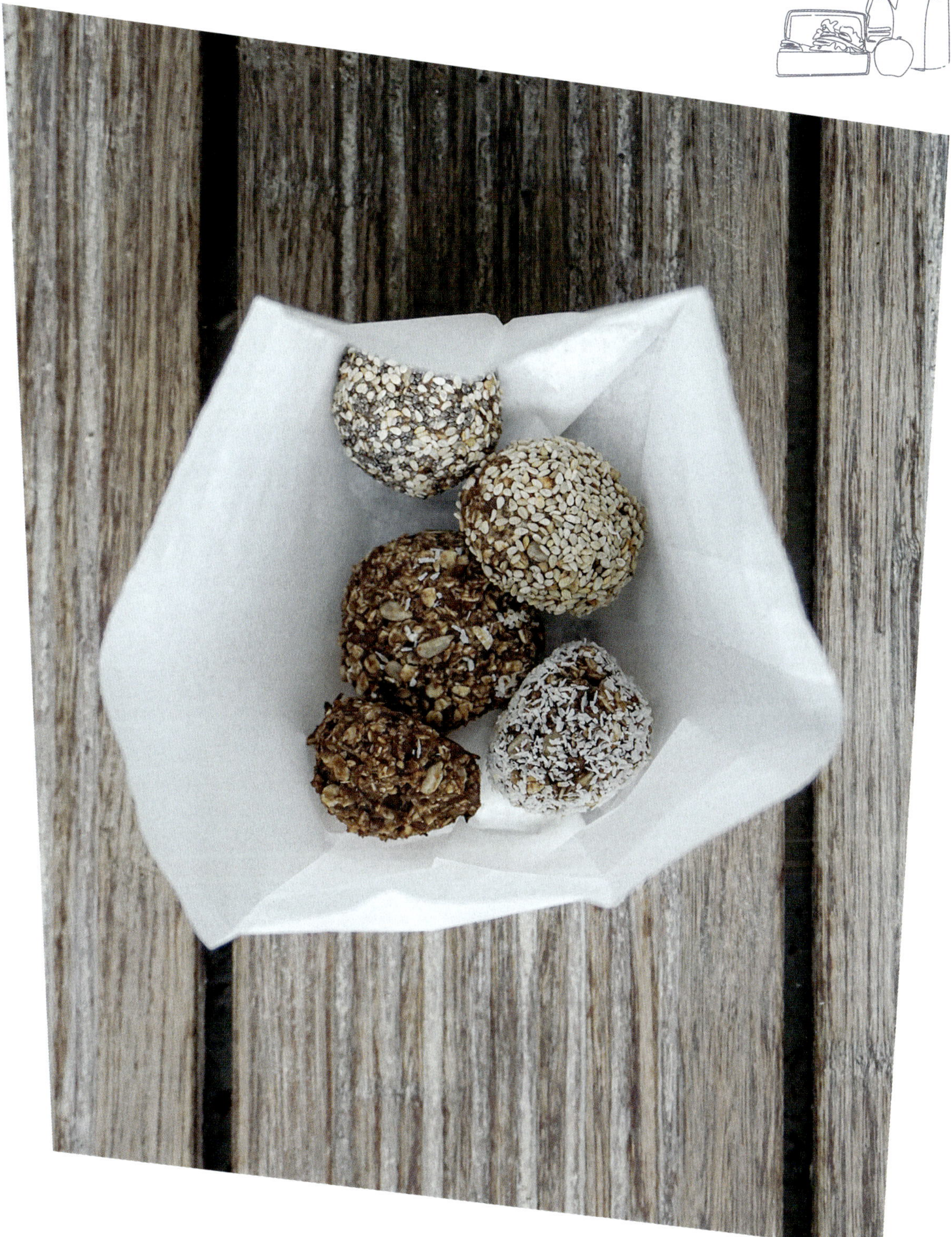

FÜR EINE PERFEKTE TAGESTOUR

ICH PACKE IN MEINEN RUCKSACK ...

Der Rucksack für eine Tagestour sollte ein Volumen zwischen 15 und 30 Litern fassen und ein Gewicht von maximal sechs Kilogramm haben. Als Faustregel gilt: Schweres möglichst nah am Körper tragen.

1. Ganz oben / Zusatzfach

Wichtiger Kleinkram

- Handy
- Geldbeutel
- Schlüssel
- Sonnencreme & Sonnenbrille
- Wanderkarte/GPS-Gerät
- Taschentücher

2. Oben am Körper / Hauptfach

Schweres Gepäck

- (Zusatz-)Trinkflasche
- Proviant: Brotzeit, Müsliriegel, Snacks & Glücklichmacher
- Kamera

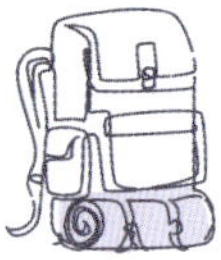

3. Oben weg vom Körper / Hauptfach

Mittelschweres Gepäck

- Ersatzkleidung
- Wetterschutzkleidung
- Mütze & Handschuhe
- Erste-Hilfe-Set
- Für die Berge: Biwak-Sack

4. Unten / Bodenfach

Leichtes Gepäck

- Daunenjacke
- Leichte Zusatzschuhe

5. Außen

Schnell zu greifen

- Trinkflasche (2–3 Liter)

TIPP: Packsäcke helfen, Ordnung zu halten!

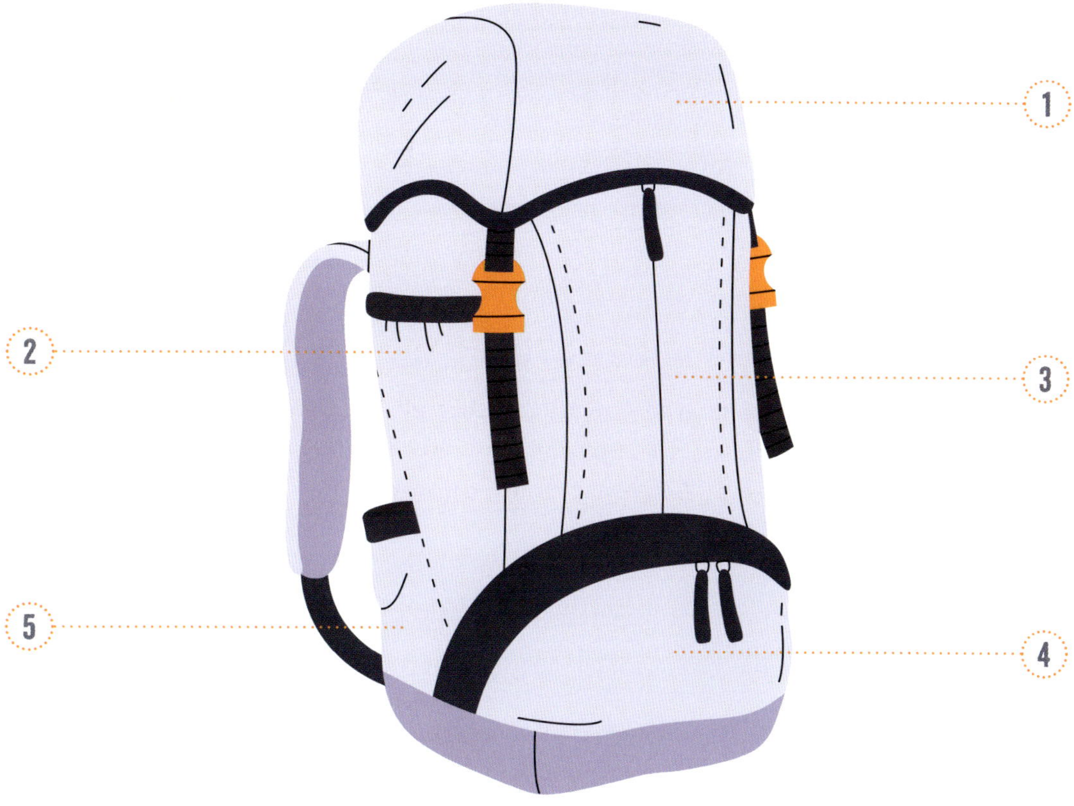

Das richtige Schuhwerk

Die Wahl des richtigen Schuhwerks ist entscheidend für ein angenehmes und sicheres Wandererlebnis. Je schwieriger das Gelände, umso wichtiger ist dabei die Bodenhaftung. Um das passende Modell für die individuellen Bedürfnisse zu finden, sollte man deshalb auf folgende Aspekte achten:

- Gute Passform
- Atmungsaktives Material
- Robuste Sohle mit gutem Profil für sicheren Halt auf verschiedenen Untergründen
- Gewicht des Schuhs (schwere Schuhe schränken die Bewegungsfreiheit ein)
- Wasserdicht

Die richtige Bekleidung

Um für alle Wetterkapriolen gerüstet zu sein, empfiehlt es sich, seine Auswahl nach dem Zwiebellook-Prinzip zu treffen – also mehrere Kleiderschichten von unterschiedlicher Dicke und Material zu kombinieren. Darüber hinaus sind neben persönlichen Vorlieben folgende Aspekte wichtig:

- Bequemer Tragekomfort
- Gute Passform
- Möglichst atmungsaktives Material
- Hose: robust und strapazierfähig
- Regenjacke nicht vergessen!

1

WANK IN GARMISCH-PARTENKIRCHEN

HAUSBERG UND PUBLIKUMSLIEBLING

Willkommen auf dem Klassiker von Garmisch-Partenkirchen: dem Wank (1780 m). Kein Wunder, dass dieser ein absoluter Publikumsliebling ist, denn er bietet einen atemberaubenden Ausblick auf Garmisch, das Wettersteingebirge und die Zugspitze sowie ein weitläufiges Gipfelareal mit gleich zwei Wirtschaften. Zudem erleichtert einem die Wank-Bahn den Abstieg. Auch wenn der Wank sehr beliebt und einer der bekanntesten Hausberge von Garmisch ist, heißt das nicht, dass die Wanderung nicht anstrengend ist. Denn die 1100 Höhenmeter, die meist in der Sonne verlaufen, sind schweißtreibend und eine solide Grundkondition ist Gold wert. Trotzdem ist die Tour technisch einfach und beinhaltet keine schwierigen Etappen.

KM 1

Die Wanderung startet am Parkplatz an der Wankbahn. Wir laufen Richtung Kletterwald, halten uns danach rechts und folgen dem breiten Wanderweg.

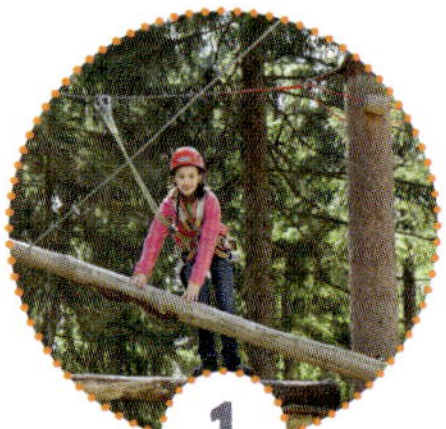

1

KM 1

KLETTERWALD

Kurzfristig steil, dann gemütlich

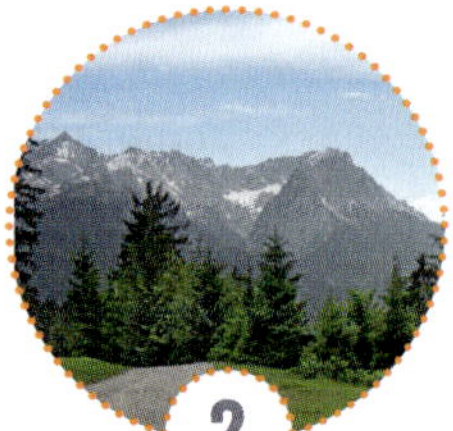

2

KM 2

ZUGSPITZ-BLICK

Auf dem Waldweg unterwegs

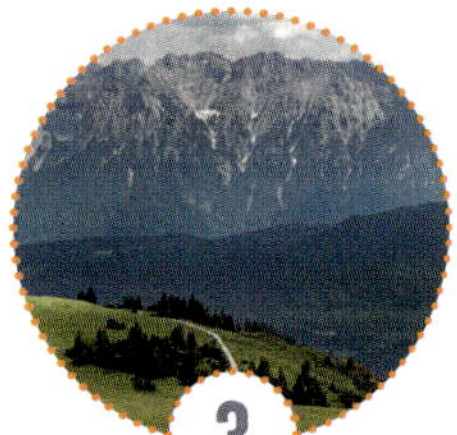

3

KM 6

ENDSPURT AUF SERPENTINEN

Jetzt wird es anstrengend.

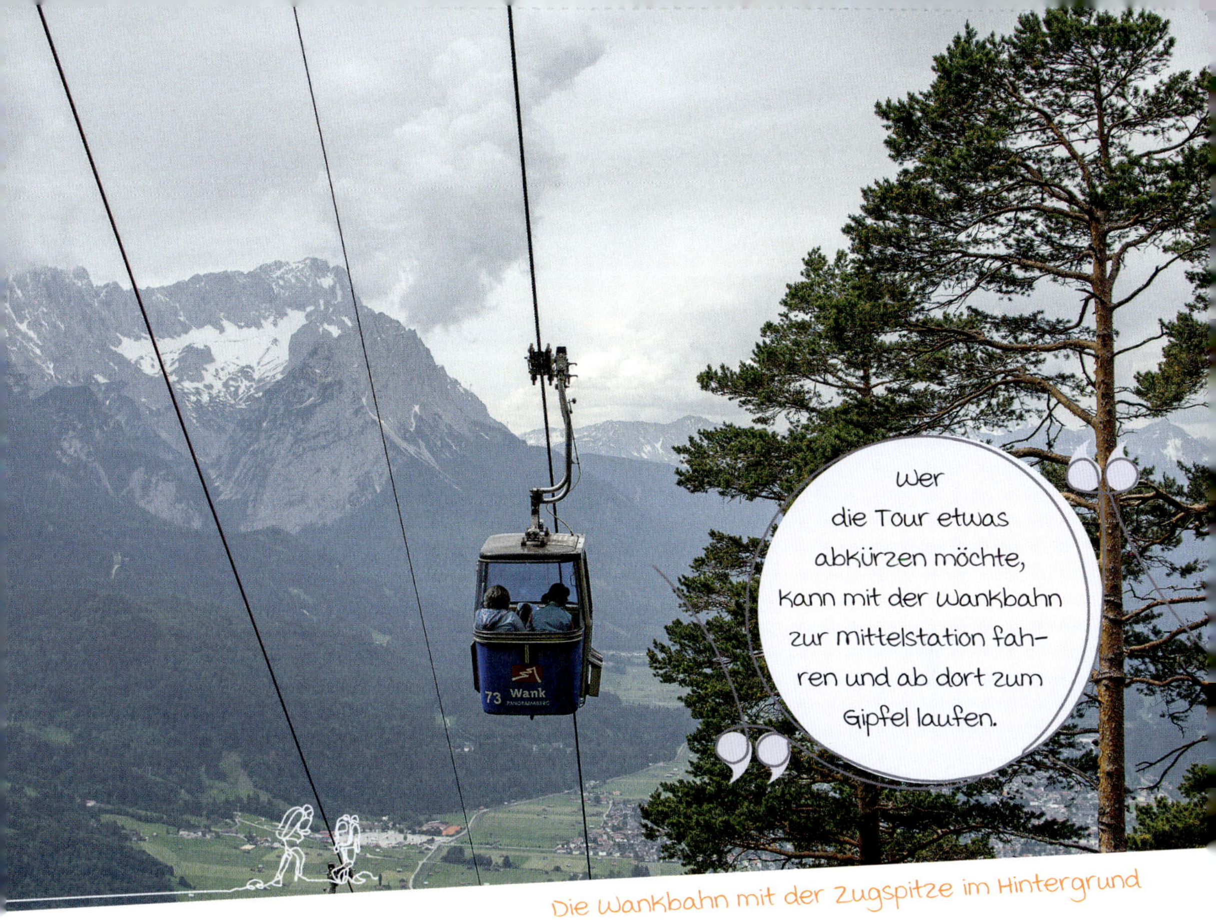

Wer die Tour etwas abkürzen möchte, kann mit der Wankbahn zur Mittelstation fahren und ab dort zum Gipfel laufen.

Die Wankbahn mit der Zugspitze im Hintergrund

1 Der Auftakt dieser Tour fordert direkt eine gute Portion Durchhaltevermögen, denn es geht steil bergauf. Wenn der Pfad nach dem Kletterwald in einen breiten Wanderweg übergeht, wird die Steigung jedoch angenehmer und wir können gemütlich weiterlaufen – vorerst. Denn sogleich beginnt das anstrengendste Stück. Die Wanderung ist sehr gut beschildert und wir folgen den Schildern »Wank – 3,5 Stunden«.

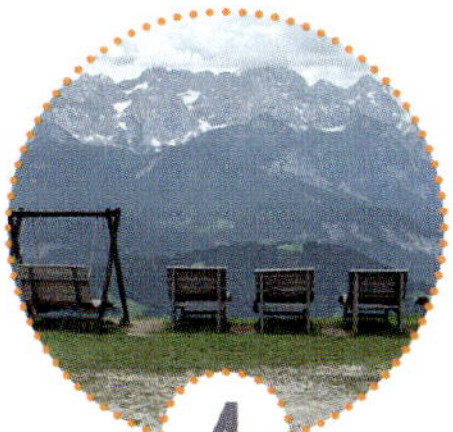

4

KM 7

WANK

Bergpanorama vom Feinsten

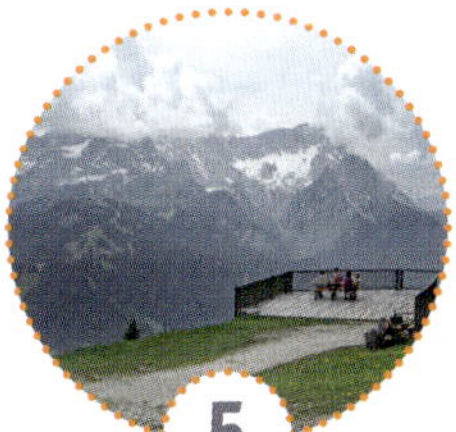

5

KM 7

WANKHAUS UND SONNENALM

Einkehren und genießen

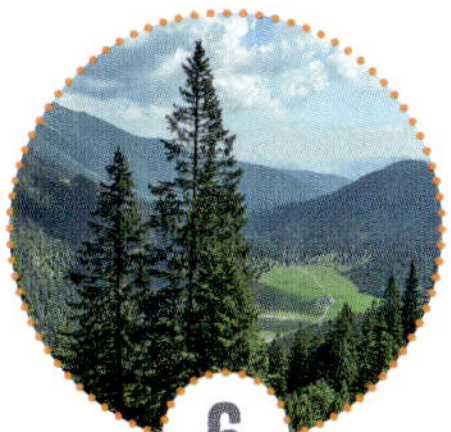

6

KM 8

BLICK AUF DIE ESTERBERGALM

Rundweg nach unten

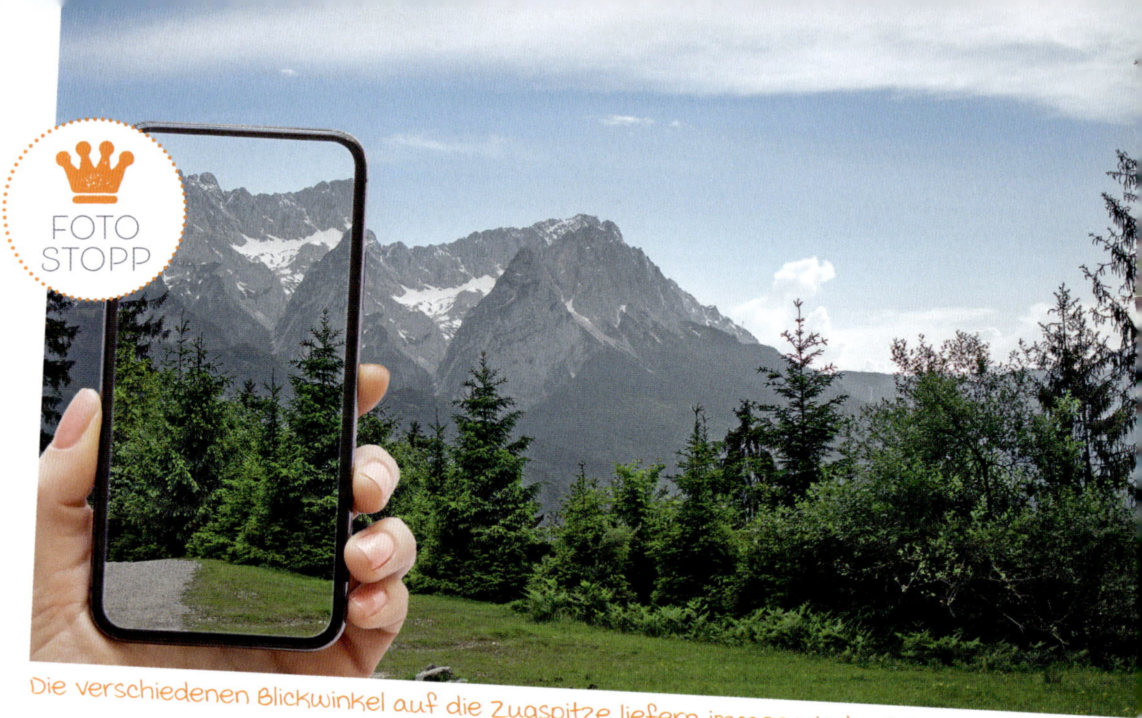

Die verschiedenen Blickwinkel auf die Zugspitze liefern immer wieder tolle Fotomotive.

KM 2

Wir folgen dem Wanderpfad, der teilweise steil nach oben führt, bis zur Mittelstation »Sonnaweg« der Wankbahn.

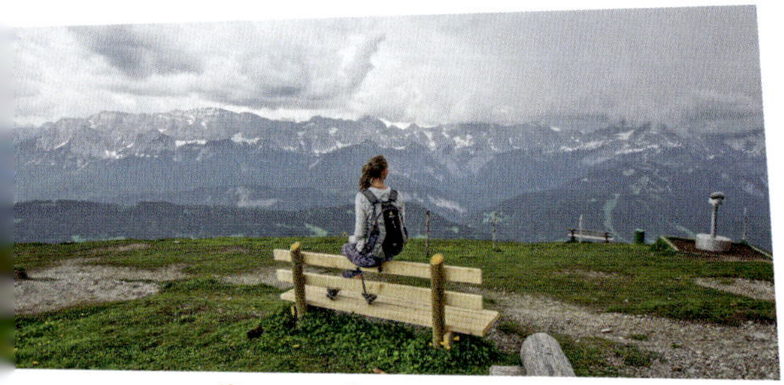
Die Bänke auf dem Gipfel erwarten uns.

2 **Der Ausblick auf die Zugspitze** belohnt uns für den nun folgenden anstrengendsten Teil der Wanderung. Während wir uns den steilen Pfad hinaufkämpfen, bieten die verdienten Verschnaufpausen nicht nur Gelegenheit zur Erholung, sondern auch eine atemberaubende Sicht. Immer wieder können wir den majestätischen Berg durch die Bäume hindurch erspähen. Und kleine Felsen, Baumstümpfe und sogar ein paar Bänke stehen als Sitzgelegenheit zur Verfügung.

i-TÜPFELCHEN

TRAUMAUSSICHT

Der Blick auf die majestätische Zugspitze und das Wettersteingebirge vom Gipfel ist einmalig. Diesen kann man vom gesamten Gipfelareal aus genießen – am bequemsten von einer der Holzliegen aus.

KM 6

Von der Mittelstation aus schlängelt sich der Weg Serpentine für Serpentine und über Stock und Stein nach oben.

3 **Der Endspurt über Serpentinen** ist herausfordernd, denn der Wanderpfad schlängelt sich weiter steil nach oben. Doch ab der Mittelstation eröffnen sich bereits herrliche Aussichten über Garmisch. Der fast konstante Blick hinüber auf die Zugspitze spornt uns an und verleiht dieser Wanderung ihre ganz besondere Faszination. Da der letzte Teil dieser Tour meist in der Sonne verläuft, tritt man sie am besten früh am Morgen an: Während der Mittagshitze hat man dann bereits einen frischen Kaiserschmarren und ein kühles Radler vor sich stehen.

Blick über Garmisch und auf die Zugspitze

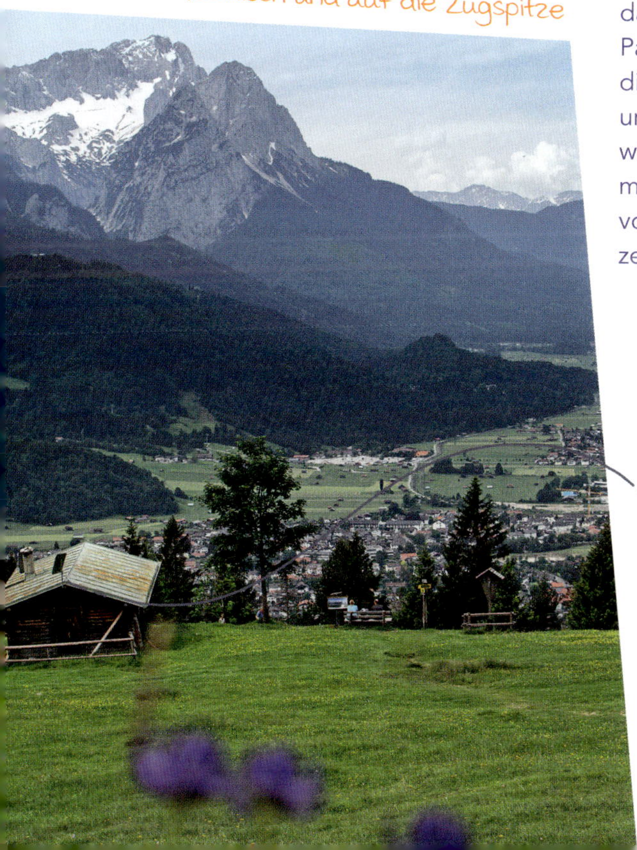

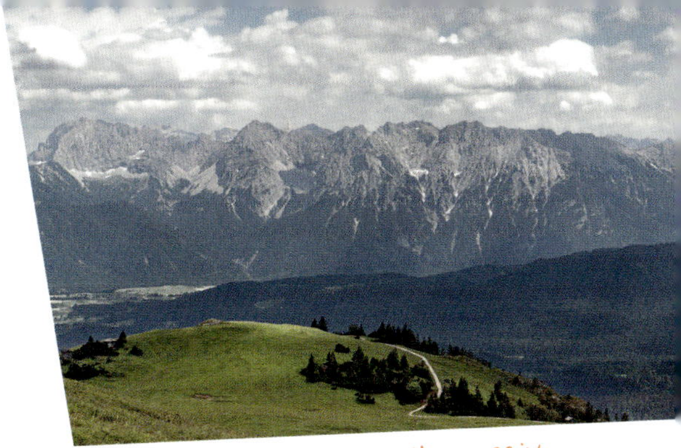

Ausblick auf das Zugspitzmassiv

KM 7

Der sonnige Wanderpfad führt uns zum Gipfel, begleitet von zunehmend schöner werdenden Aussicht auf die Zugspitze gegenüber.

4 **Das Gipfelareal des Wanks** erreichen wir nach zwei bis drei Stunden und uns bietet sich ein Panorama vom Feinsten: Im Süden erblicken wir das Wettersteingebirge und die markante Zugspitze, im Norden ragen der Krottenkopf und die Hohe Kiste in den Himmel und im Westen beeindruckt das Karwendel. Im Tal liegt uns Garmisch-Partenkirchen zu Füßen. Kein Wunder, dass diese Wanderung so beliebt ist. Wir nehmen uns einen Moment um die Szenerie auf uns wirken zu lassen. Falls die Zugspitze einmal in Wolken gehüllt ist, was ziemlich oft vorkommt, zahlt sich Geduld aus. Vielleicht zeigt sie sich ja nach einer Stärkung.

Auf dem großzügigen Gipfelareal des Wanks findet jeder eine ruhige Ecke zum Kulisse genießen.

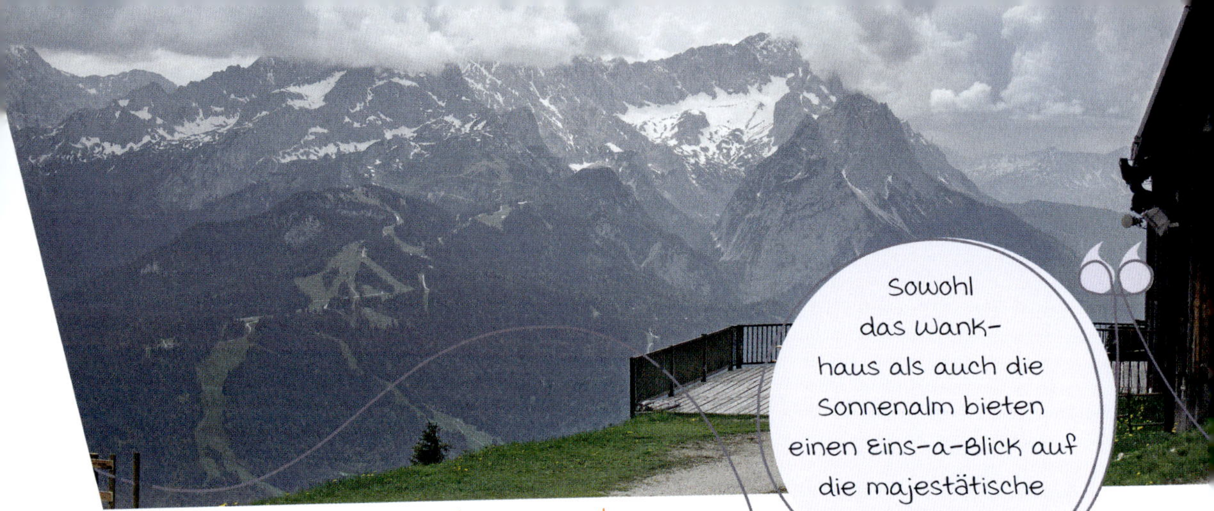

Die spektakuläre Terrasse der Sonnenalm

»Sowohl das Wankhaus als auch die Sonnenalm bieten einen Eins-a-Blick auf die majestätische Zugspitze.«

TRAUMHAFT

KAFFEEGENUSS

Kaffeeliebhaber können auf dem Heimweg noch bei der Wildkaffee Rösterei vorbeifahren und sich in dem gemütlichen Café mit frisch gerösteten Kaffeebohnen eindecken.

KM 7

Oben angekommen, drehen wir eine Runde auf dem weitläufigen Gipfelareal. Zwischen Sonnenalm und Wankhaus befindet sich das »Naturkino« mit der schönsten Aussicht.

5 Wankhaus oder Sonnenalm – wir haben die Qual der Wahl: Erstere bietet eine tolle Panoramaterrasse ganz oben, Letztere ist etwas moderner. Auch auf den bequemen Liegen können wir unsere selbst mitgebrachte Brotzeit von der Poleposition aus genießen. Am Gipfel müssen wir den Ausblick mit Besuchern teilen, die bequem mit der Wankbahn nach oben gefahren sind. Das Gute dabei ist, dass wir ebenfalls diese knieschonendere Variante nach unten nehmen können.

KM 8

Für den Abstieg nehmen wir einen anderen Weg und halten nach den Schildern zur »Esterbergalm«, anschließend nach denen Richtung »Partenkirchen« Ausschau.

6 Der Rundweg nach unten empfiehlt sich allen, die noch Ausdauer haben. Dieser führt auf der anderen Seite des Gipfels entlang. Der Weg ähnelt dem Aufstiegsweg: Nach einem langen, steilen und kurvigen Weg mit vielen Steinen, Wurzeln und Stufen geht er in eine breitere Schotterstraße über. Nach ca. 45 Minuten können wir die Esterbergalm schon von oben sehen. Wir gehen aber nicht bis zur Esterbergalm, sondern biegen vorher links ab und wandern zurück zum Parkplatz.

AUF EINEN BLICK

Ausgangs-/Endpunkt Garmisch-Partenkirchen

Anfahrt Auto: Parkplatz Wankbahn, Wankbahnstraße, Garmisch-Partenkirchen; Bahn / Bus: Bahn nach Garmisch-Partenkirchen, zu Fuß oder Bus 5 zur Wankbahn

Tourencharakter Technisch einfacher Weg, die Höhenmeter sind jedoch nicht zu unterschätzen und für Wanderneulinge sehr anstrengend.

13,6 km

1040 Hm

6:00 h

mittel

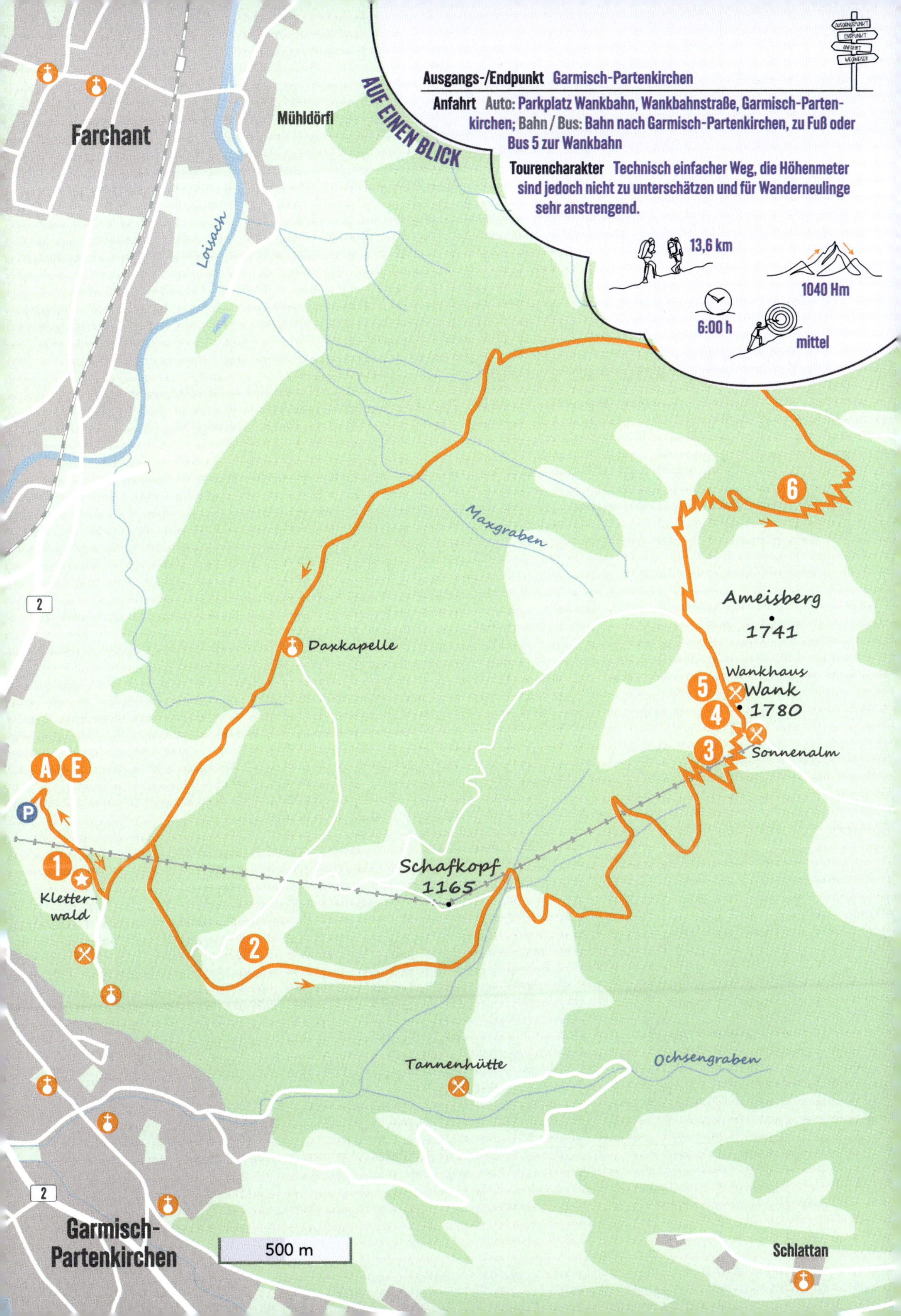

2

GEROLD-, BARM- UND GRUBSEE IN KRÜN

MALERISCHE DREI-SEEN-WANDERUNG

Gerade noch hat es diese idyllische Wanderung in die Bestenliste geschafft, denn der Weg erstreckt sich am südlichsten Rand der bayerischen Voralpen. Die schöne Tour beeindruckt nicht nur durch ihre herausragende Landschaft, sondern auch durch ihre angenehme Leichtigkeit. Obwohl es sich nicht um eine klassische Bergtour handelt, steht diese flache Rundwanderung den großen Gipfelabenteuern in nichts nach. Im Sommer kann man in den klaren Seen eine erfrischende Abkühlung genießen. Im Frühling begrüßen uns blühende Krokusse, die Teile der Wanderung in ein farbenfrohes Blütenmeer verwandeln. Und selbst im Herbst und Winter behält die Natur hier ihren Charme und verspricht stets bezaubernde Eindrücke. Diese Wanderung ist wahrhaftig ein Jahreszeiten-Allrounder, der jeden Wanderliebhaber begeistern wird.

KM 3

Die Wanderung startet am Wanderparkplatz in der Krottenkopfstraße in Krün, der wir zunächst folgen. Dann halten wir uns an die Schilder Richtung »Barmsee«.

1

KM 3

BADEWIESE BARMSEE

Entspannt planschen am Nordufer

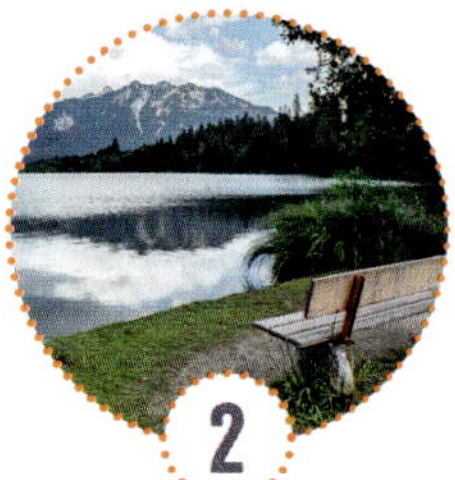

2

KM 4

BÄNKE AM SEEUFER

Rast und Relax am Barmsee

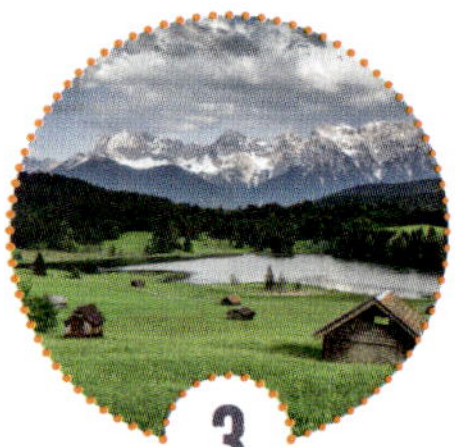

3

KM 5

GEROLDSEE

Einmaliges Fotomotiv vor Traumkulisse

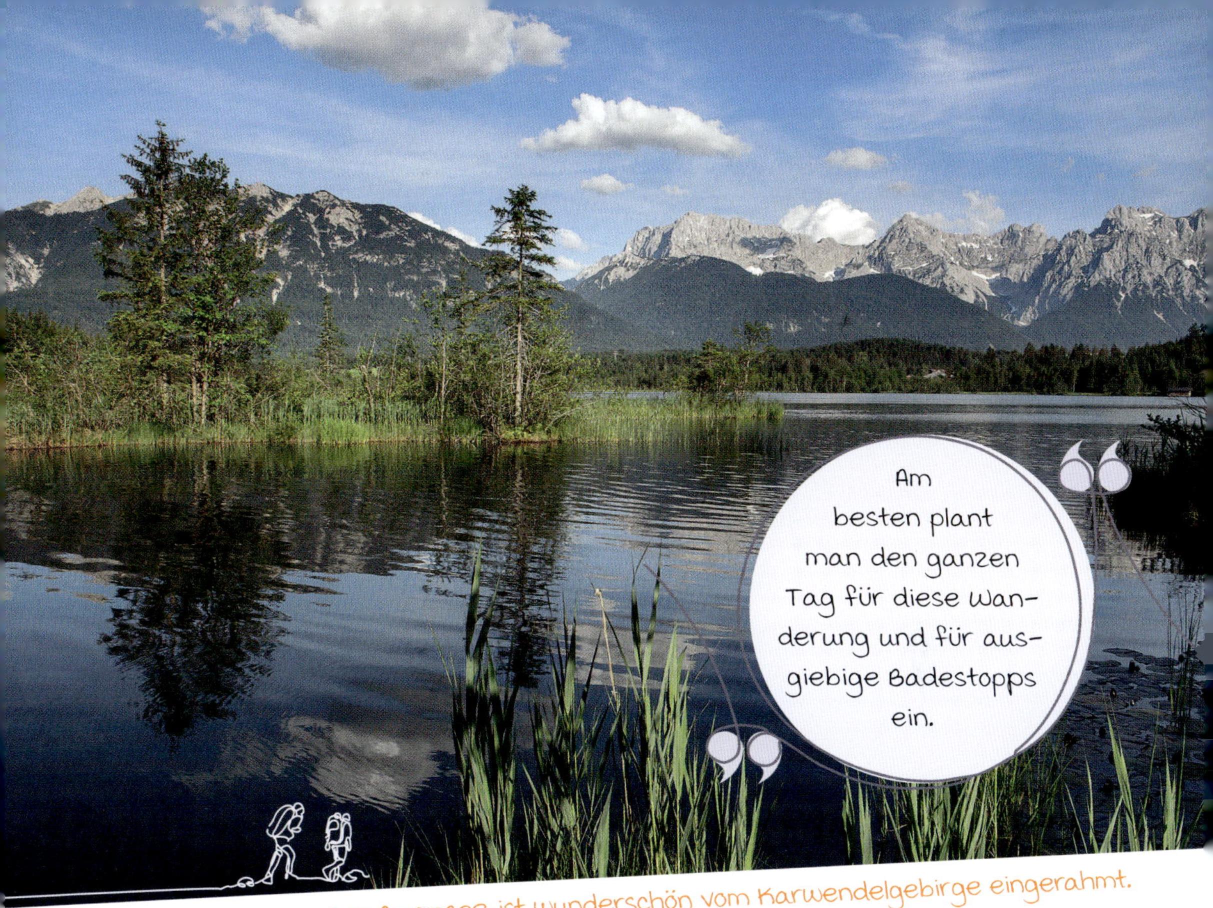

Am besten plant man den ganzen Tag für diese Wanderung und für ausgiebige Badestopps ein.

Der Barmsee ist wunderschön vom Karwendelgebirge eingerahmt.

1 Unterwegs zur Badewiese Barmsee wandern wir über grüne Wiesen und im Schatten des Bannwalds, bis wir nach drei Kilometern das Nordufer des Barmsees erreichen. Wir genießen die Aussicht auf den See und das Karwendelgebirge, das imposant hinter dem See in den Himmel ragt. An klaren windstillen Tagen spiegeln sich die Berggipfel in der ruhigen Wasseroberfläche. Am Nordufer lädt eine Badestelle zur Erfrischung ein. Nach einem Sprung ins Wasser geht's weiter Richtung Geroldsee.

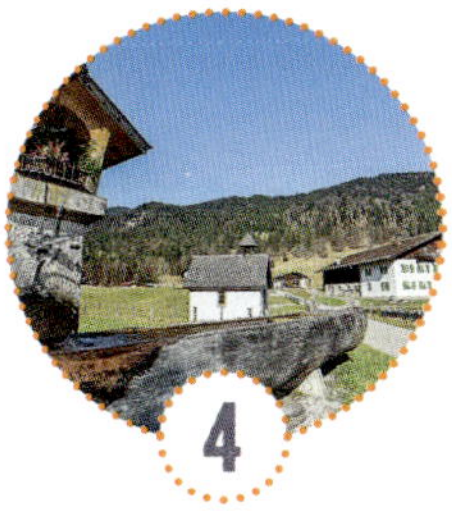

4

KM 6

ORTSTEIL GEROLD

Die »Wiesmahd« bestaunen

5

KM 10

GRUBSEE

Badespaß im wärmsten der drei Seen

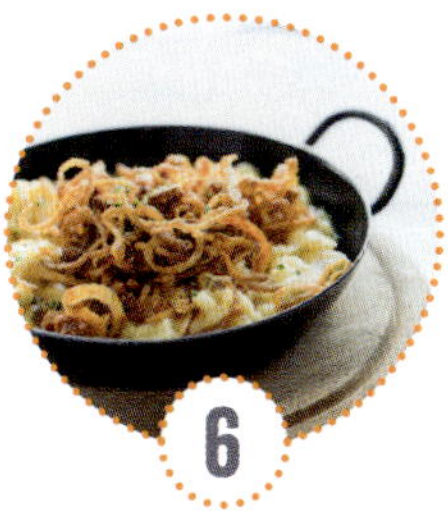

6

KM 14

WIRTSHAUS MAX JOSEPH

Schlemmen auf bayerische Art

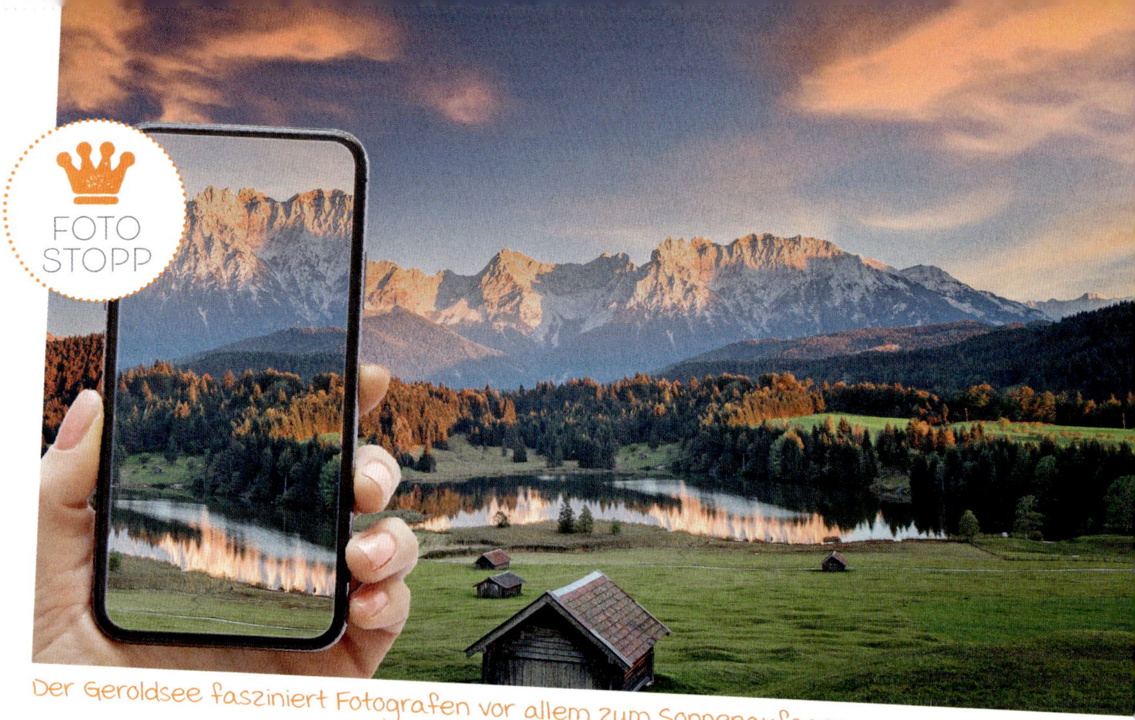

Der Geroldsee fasziniert Fotografen vor allem zum Sonnenaufgang.

KM 4

Wir wandern weiter am Schilfufer des Barmsees entlang bis zu ein paar Bänken, von denen aus man die herrliche Kulisse auf sich wirken lassen kann.

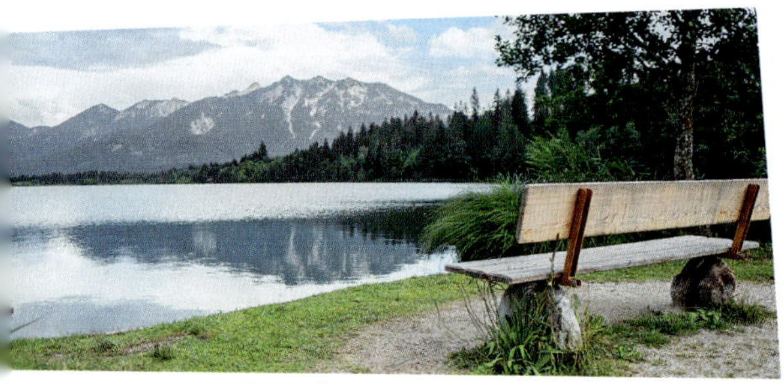

Aussichtsbänke am idyllischen Barmsee

2 **Zur Rast in purer Idylle** laden ein paar Bänke am Westufer ein, nachdem wir zuvor entlang des Uferwegs weitere tolle Blicke auf den See erhaschen konnten. Diese Pause ist eine willkommene Gelegenheit, um neue Energie zu tanken, denn gleich folgt das anstrengendste Stück der Wanderung. Kurz und schmerzlos ist der folgende steile Wegabschnitt. Doch keine Sorge, nachdem dieser gemeistert ist, haben wir den anstrengendsten Abschnitt der Tour erfolgreich hinter uns gelassen. Ab jetzt dürfen wir uns auf entspanntes Schlendern freuen und können die Natur in vollen Zügen genießen.

i-TÜPFELCHEN

TRAUMMOTIVE

Fotografen aufgepasst: Die Gegend bietet nicht nur einmalige Seen, sondern auch malerisch gelegene Gotteshäuser – etwa die Kapelle Maria Rast und die St. Sebastian Kirche in Krün.

KM 5

Nach weiteren drei Kilometern auf dem einfachen Wanderweg, der uns durch grüne Wiesen und einen schattigen Wald führt, erreichen wir den bekannten Geroldsee.

3 **Der Geroldsee in Krün** ist auch unter dem Namen Wagenbrüchsee bekannt. Er ist ein beliebtes Fotomotiv und das zu Recht! Denn das Karwendelgebirge, das hinter dem Gewässer in den Himmel ragt, wirkt zum Greifen nah. Eingebettet in sanfte Wiesenhügel präsentiert sich der Geroldsee wie ein lebendiges Gemälde. Ebenso wie in allen Seen dieser Wanderung kann man auch im Geroldsee baden. Wahlweise kann man aber auch einfach auf der Liegewiese oder den umliegenden Bänken die Schönheit dieses Ortes genießen.

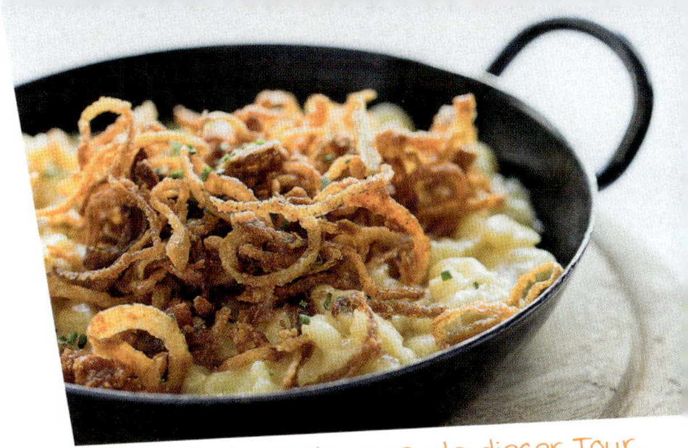

Käsespätzle gibt's am Ende dieser Tour.

KM 6

Weiter geht es auf dem Schotterweg in westliche Richtung bis zum kleinen Ort Gerold. Diesen durchqueren wir, überqueren die Hauptstraße durch die Unterführung und laufen ein kurzes Stück an der Hauptstraße entlang.

4 **Der Ortsteil Gerold** ist beschaulich und besteht nur aus ein paar Häusern. Trotzdem sehen wir uns hier kurz um. Die sogenannten Buckelwiesen, die sich um den Geroldsee bis zum Ort ziehen, werden nur einmal pro Jahr gemäht. Die restliche Zeit bilden die im Wind wiegenden Wiesen, die im Frühling in Lila- und Pinktönen erblühen, eine besonders reizvolle Kulisse. Dazu trägt auch die kleine Herz-Jesu-Kapelle mitten im Ort bei, die 1914 erbaut wurde. Wir lassen die urige Atmosphäre des kleinen Weilers kurz auf uns wirken, bevor es weitergeht.

Rast am Grubsee

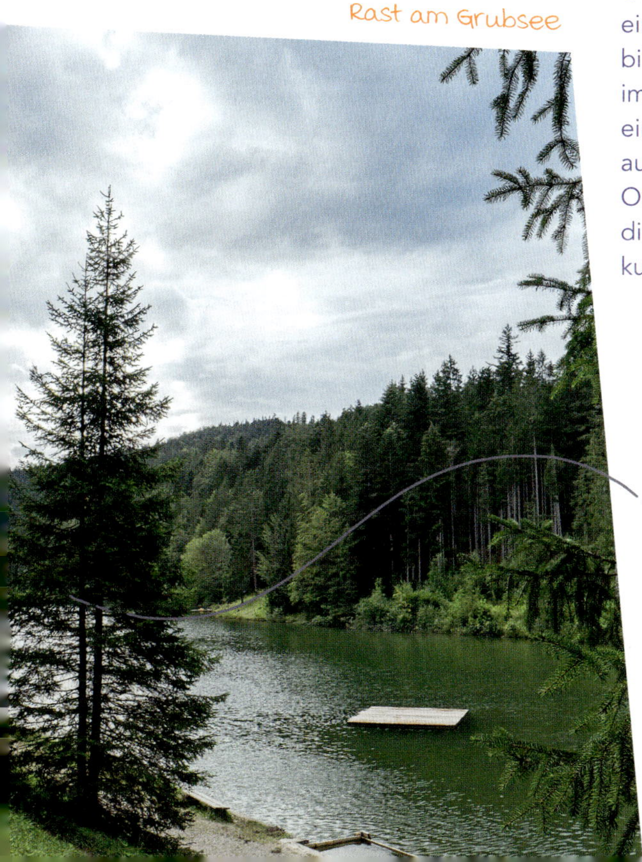

Der Grubsee ist der wärmste der drei Seen und perfekt, um den Tag mit einem Bad zu beenden.

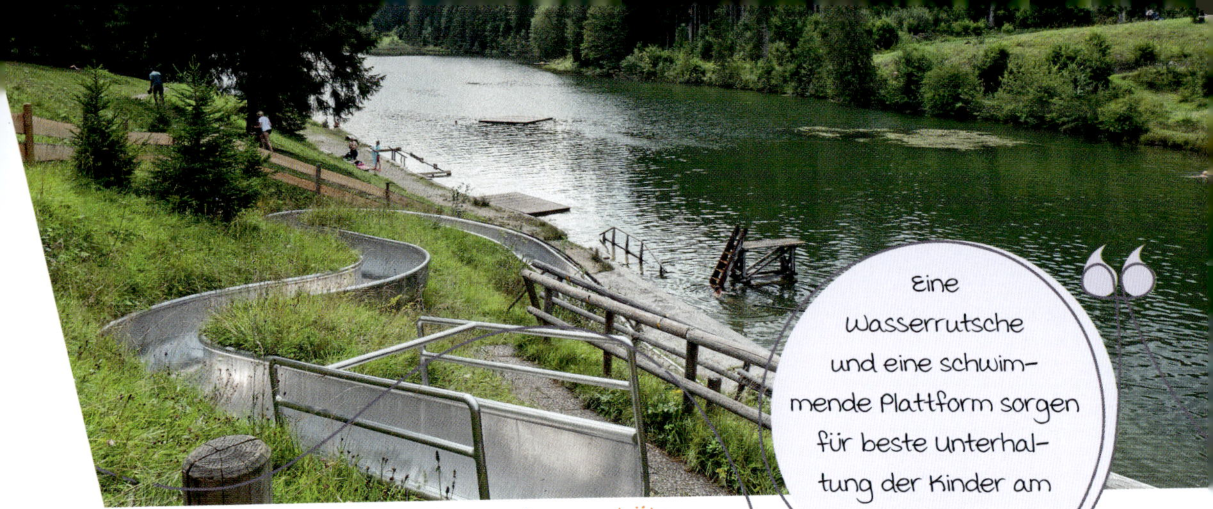

Vor allem Kinder werden den Grubsee schätzen.

Eine Wasserrutsche und eine schwimmende Plattform sorgen für beste Unterhaltung der Kinder am Grubsee.

TRAUMHAFT

RADELN

An alle drei Seen kann man auch mit dem Fahrrad fahren. Dann wählt man am besten eine andere Route über die Fahrradwege – eine Karte gibt's bei der Alpenwelt Karwendel.

KM 10

Nach dem Bahnhof in Gerold gehen wir wieder durch die Unterführung und folgen den Schildern zum »Grubsee«.

5 **Der Grubsee** ist ein wahres Highlight. Eine Wasserrutsche sorgt für spritzigen Spaß, die Kinderbecken bieten sicheres Planschvergnügen und der Bootsverleih ermöglicht kleine Expeditionen auf dem See. Eine Liegewiese lädt zum Sonnenbaden und Entspannen ein. Die Gaststätte am Grubsee bietet nicht nur erfrischende Getränke, sondern auch die Gelegenheit, den Tag in gemütlicher Atmosphäre ausklingen zu lassen. Vom Grubsee sind es dann nur noch drei Kilometer zum Parkplatz.

KM 14

Vom Grubsee folgen wir dem ausgeschilderten Weg, der am Abend im Schatten verläuft, für drei Kilometer bis zum Parkplatz in Krün.

6 **Wirtshaus Max Joseph** ist eine vorzügliche Einkehrmöglichkeit. Sie bietet sich all denjenigen an, die sich am Grubsee noch nicht gestärkt haben und das wohlverdiente Abendessen am Ende der Wanderung genießen möchten. Die Gaststätte befindet sich in der Walchenseestraße in Krün unweit des Parkplatzes und serviert gehobene bayerische Küche. Auf der urigen Terrasse kann man die letzten Sonnenstrahlen des Tages genießen und den ereignisreichen Tag ausklingen lassen.

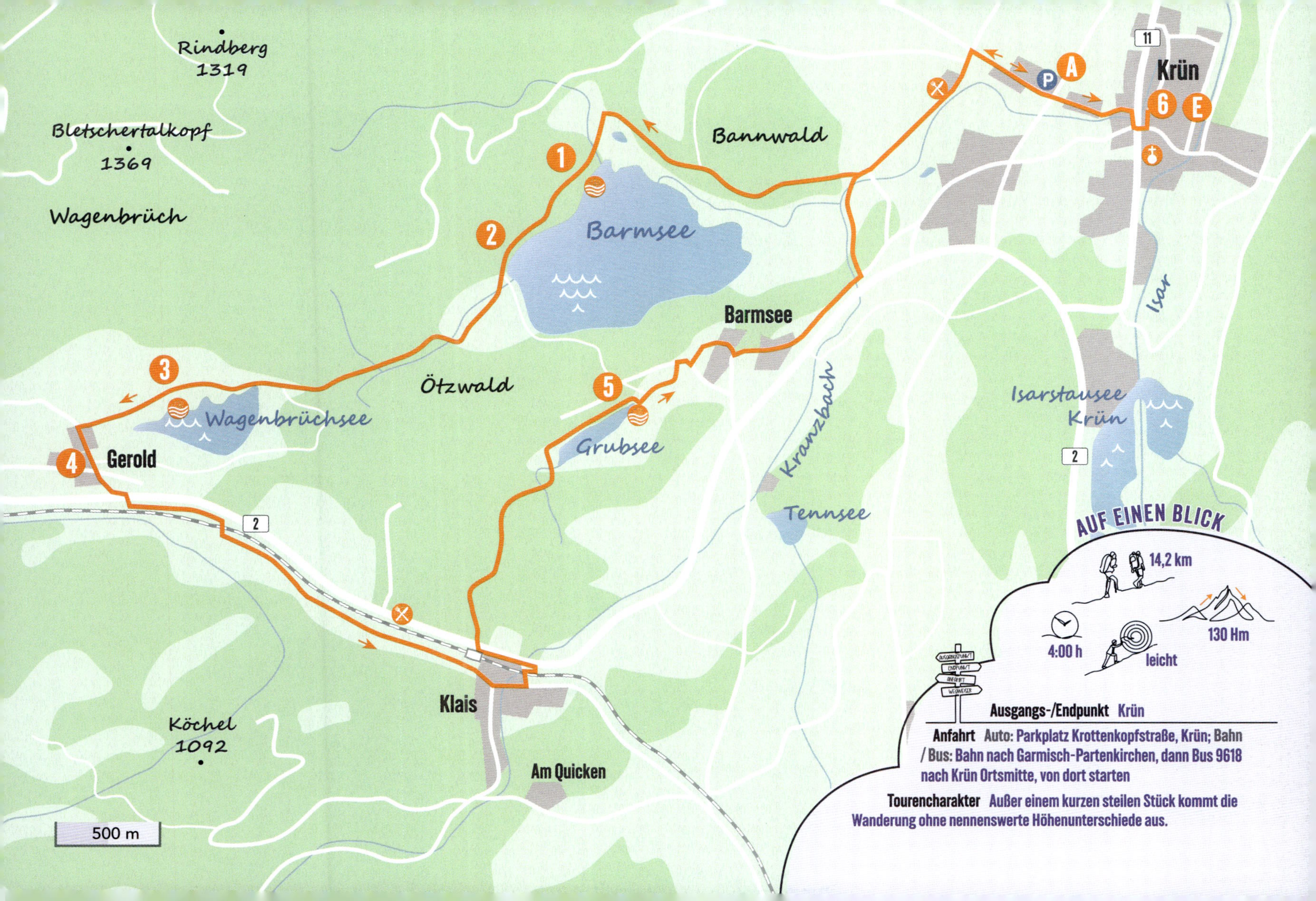

AUF EINEN BLICK

14,2 km

4:00 h

leicht

130 Hm

Ausgangs-/Endpunkt Krün

Anfahrt Auto: Parkplatz Krottenkopfstraße, Krün; Bahn / Bus: Bahn nach Garmisch-Partenkirchen, dann Bus 9618 nach Krün Ortsmitte, von dort starten

Tourencharakter Außer einem kurzen steilen Stück kommt die Wanderung ohne nennenswerte Höhenunterschiede aus.

3

HEIMGARTEN IN OHLSTADT AM WALCHENSEE

ZWISCHEN ABENTEUER UND GENUSS

Die Wanderung vom Walchensee auf den Heimgarten (1790 m) ist wohl die einfachste und gleichzeitig aussichtsreichste Gratwanderung der bayerischen Voralpen. Dieses Highlight der Region garantiert vergnügliche Stunden: Wir überwinden kleine Felsen, bewältigen einfache Klettereinheiten und genießen unvergessliche Panoramablicke, die uns während der gesamten Tour begleiten. Es gibt sogar einen Punkt, von dem aus man gleich sechs der oberbayerischen Seen erspähen kann: den Walchensee und Kochelsee in nächster Nähe, den Riegsee und Staffelsee etwas weiter entfernt und an klaren Tagen sogar den Starnberger See und Ammersee in der Ferne. Es gibt verschiedene Wege, den Heimgarten zu bezwingen. Wir wählen die einfachste Variante und nehmen die Herzogstandbahn zur Hilfe.

KM 0

Die Herzogstandbahn in Walchensee, die im Sommer von 9 bis 17:15 Uhr und an Wochenenden sogar bis 17:45 betrieben wird, bringt uns auf den Berg.

1

KM 0

HERZOGSTANDBAHN

Abkürzung hinauf auf 1600 Meter

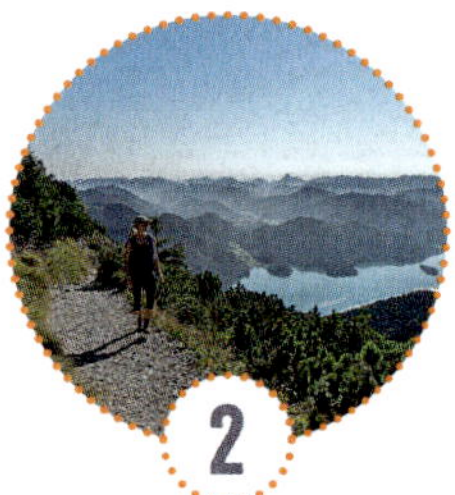

2

KM 1–2

SONNIGER GIPFELPFAD

Der schweißtreibendste Teil

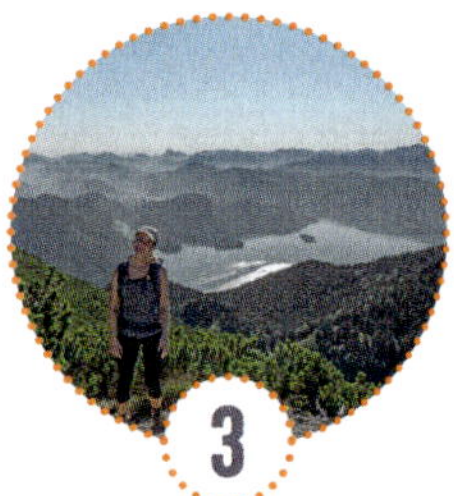

3

KM 2

HERZOGSTAND

Einer der schönsten Ausblicke

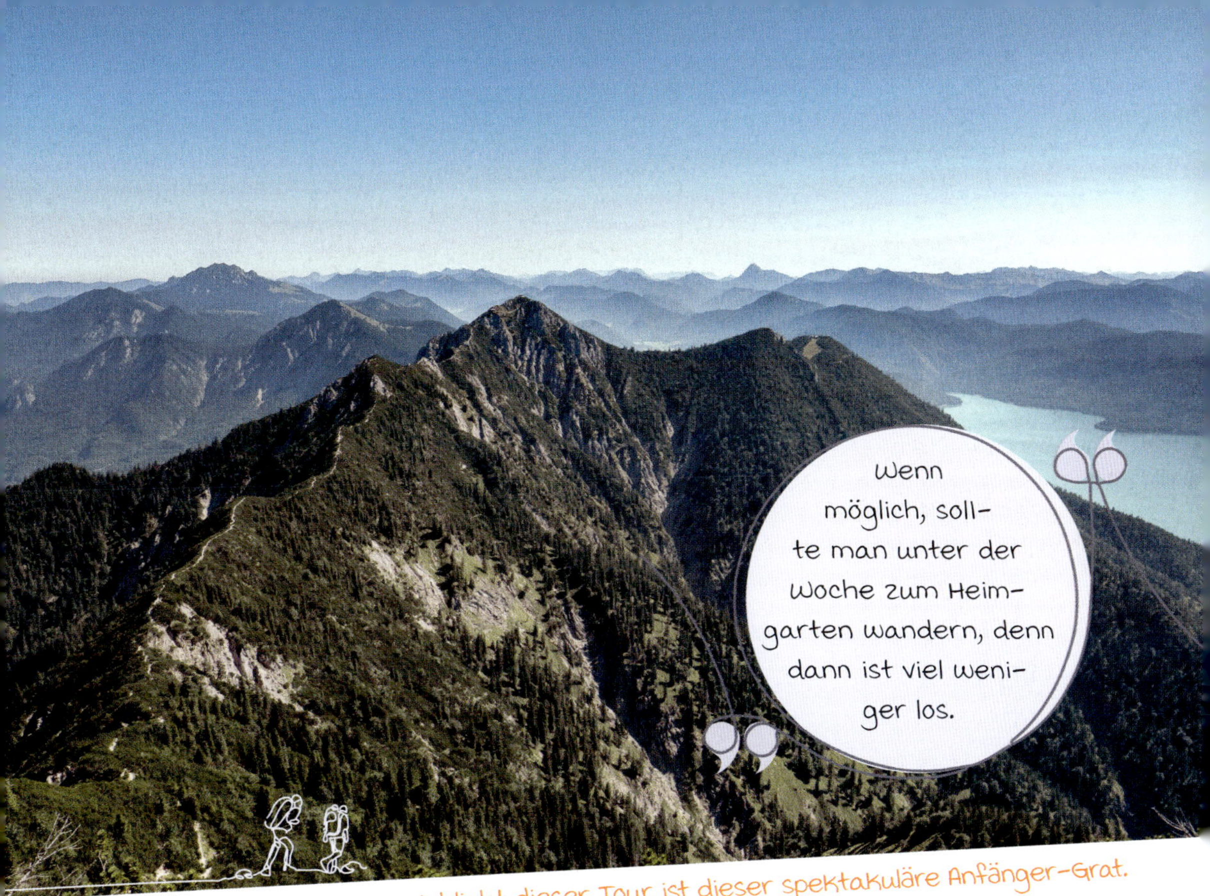

Das Highlight dieser Tour ist dieser spektakuläre Anfänger-Grat.

1 Die Herzogstandbahn verschafft uns eine angenehme Abkürzung und bringt uns mühelos auf 1600 Meter. Bereits die Fahrt nach oben ist ein Erlebnis für sich, denn je höher man kommt, desto weiter reicht der Blick über den Walchensee, bis man schließlich das komplette türkisfarbene Gewässer überblicken kann. Es lohnt sich, bereits hier die Kamera parat zu haben, denn der Ausblick ist einfach beeindruckend. An der Bergstation angekommen, knipsen wir noch ein paar Fotos und wandern dann los.

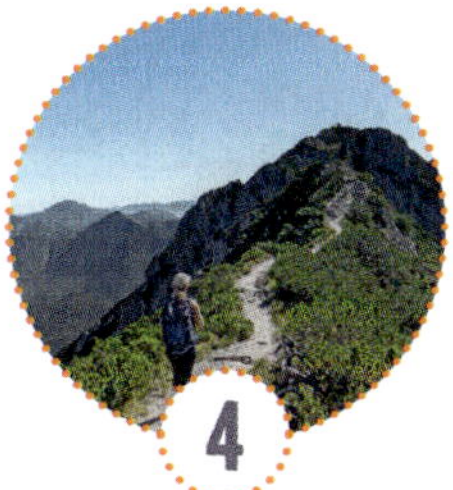

4

KM 2–4

SPEKTAKULÄRER GRAT

Aussichtsreich und einmalig

5

KM 4

HEIMGARTEN

Neue Blickwinkel auf den Grat

6

KM 8

BERGGASTHOF HERZOGSTAND

Zünftige Stärkung

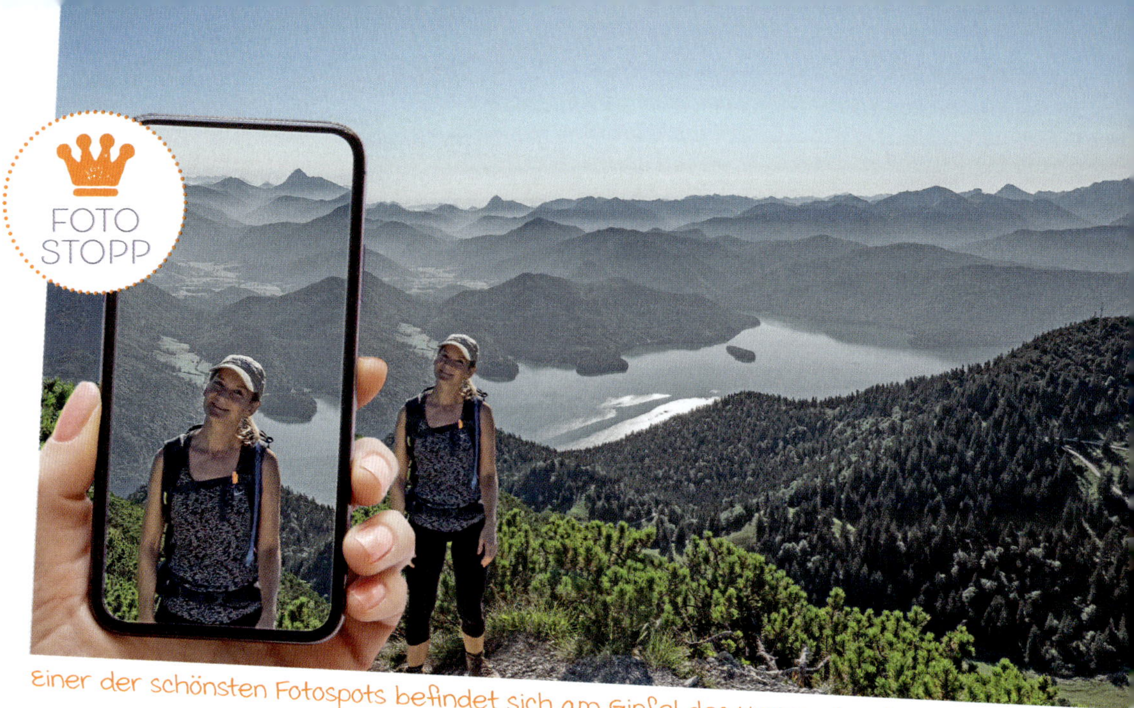

Einer der schönsten Fotospots befindet sich am Gipfel des Herzogstands.

KM 1–2

Von der Bergstation der Bahn folgen wir den Schildern, die zum »Berggasthof Herzogstand« und zum »Herzogstand« weisen. Ein breiter Schotterweg führt zunächst leicht bergab bis zum Berggasthof. Dann folgt ein anstrengender Wanderpfad zum Gipfel des Herzogstands.

2 Den mächtigen Herzogstandgipfel sehen wir bereits ab dem Berggasthof Herzogstand in die Höhe ragen und auch den schmalen Zickzack-Weg, den wir gleich bezwingen müssen. Nun folgt der herausforderndste Teil der Wanderung: Serpentine für Serpentine steigen wir über einen schmalen Pfad über Stock und Stein nach oben. Der Endspurt kann an heißen Tagen ganz schön schweißtreibend sein, denn er verläuft meist in der Sonne. Nach 20–30 Minuten hat man das anstrengende Stück aber gemeistert. Und kaum hat man das Gipfelareal erreicht, verblasst die Anstrengung, denn der herrliche Ausblick auf den Walchensee entschädigt für jede Mühe.

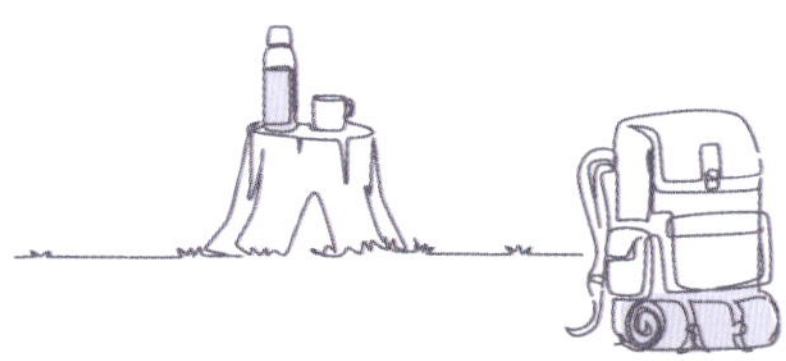

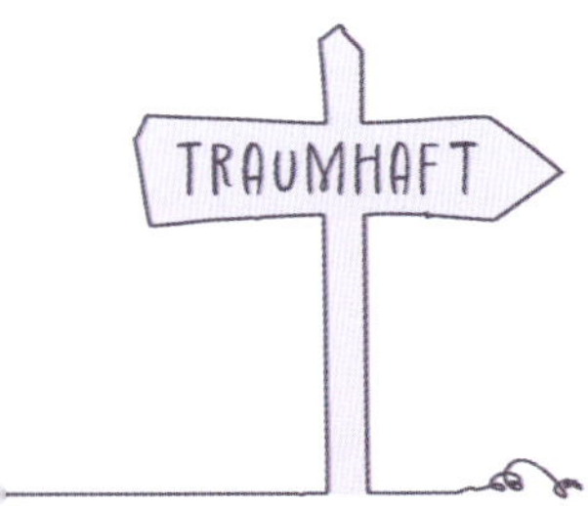

GIPFELGLÜCK

Ganz nebenbei erklimmen wir bei dieser Panoramatour auch den Gipfel des Herzogstandes und kommen in den Genuss eines der schönsten Ausblicke in ganz Bayern.

KM 2

Vom Gipfelkreuz aus drehen wir eine kleine Runde auf dem Gipfelareal und steigen zum Herzogstandpavillon hinauf.

3 **Ein atemberaubendes Panorama** eröffnet sich vom Gipfelkreuz, oder noch besser vom Gipfelpavillon. An klaren, sonnigen Tagen strahlt der türkise See mit dem blauen Himmel um die Wette und das Karwendel rahmt die Szenerie malerisch ein. Man möchte gar nicht weiter wandern, weil der Blick schlichtweg einmalig ist. Doch nicht dies war das Highlight der Wanderung, sondern der spektakuläre Gratweg, der uns nun erwartet. Nach einer kurzer Verschnaufpause und ein paar Fotos marschieren wir also direkt weiter, das Ziel fest im Blick.

Der Grat ist breit und für Anfänger geeignet.

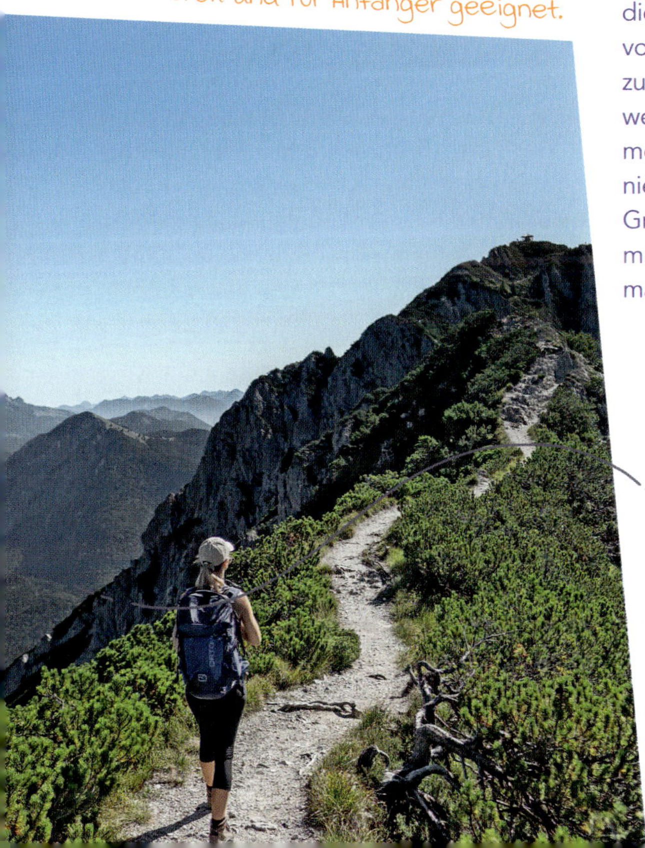

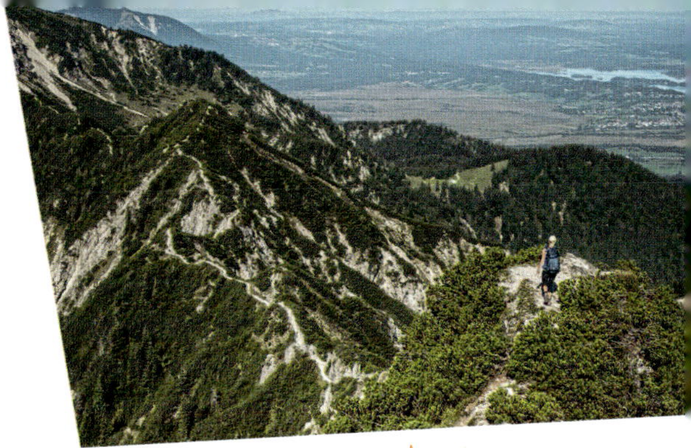

Der eindrucksvolle Gratweg

KM 2–4

Vom Herzogstandpavillon folgen wir dem kleinen felsigen Pfad Richtung Westen und dann stets dem Gratweg.

4 **Den spektakulären Gratweg** und unser Tagesziel, den Heimgarten-Gipfel, können wir bereits vom Herzogstand aus erspähen. Dieser Abschnitt ist besonders reizvoll und ein echtes Unikat in Bayern. Denn er ist technisch einfach und bietet uns ständig neue Blickwinkel auf den Walchensee, den Kochelsee und die gesamte Umgebung. Die reine Gehzeit von einer Stunde vom Herzogstand-Pavillon zum Heimgarten überschreiten wir um einiges, weil der Weg einfach zu schön ist und wir immer wieder stoppen, um die Aussicht zu genießen. Der an sich einfach zu bewältigende Grat ist vorsichtshalber an manchen Stellen mit Drahtseilen gesichert. Schwindelfrei sollte man trotzdem sein.

Während der gesamten Gratwanderung bieten sich uns immer wieder einmalige Ausblicke und reizvolle Fotomotive.

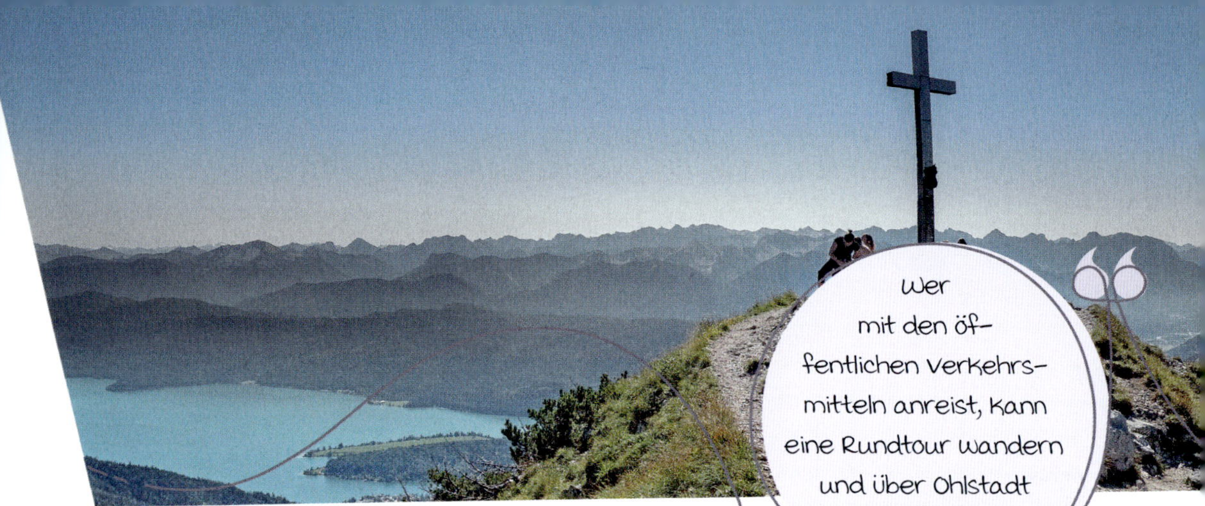

Ausblick vom Heimgarten auf den Walchensee

> Wer mit den öffentlichen Verkehrsmitteln anreist, kann eine Rundtour wandern und über Ohlstadt absteigen.

i-TÜPFELCHEN

TRAUMHAFTER GARTEN

Ein großes Stück hausgemachter Kuchen und ein Eiskaffee im idyllischen Garten des Strandcafés Bucherer, das sich direkt am Walchensee befindet, runden den Tag ab.

KM 4

Am Ende des Gratwegs folgt ein steiles Stück bis hinauf zum Gipfelkreuz des Heimgartens.

5 **Den Heimgarten** erreichen wir nach einem letzten knackigen Anstieg und es bietet sich uns jetzt eine atemberaubende Perspektive auf das, was wir gerade gemeistert haben. Vom Gipfelkreuz eröffnet sich ein neuer Blickwinkel über den gesamten Gratweg zurück bis zum Gipfelpavillon des Herzogstands. Der Ausblick ist einfach fantastisch und es ist an der Zeit, diesen gebührend zu genießen. Wir machen es uns mit unserer Brotzeit am Wiesenstreifen des Gipfelkreuzes gemütlich und beobachten die untergehende Nachmittagssonne, die den Grat und den Herzogstand in goldenes Licht taucht.

KM 8

Für den Abstieg wandern wir den gleichen Weg über den Grat und den Herzogstand bis zum Berggasthof Herzogstand zurück und nehmen die Bahn nach unten.

6 **Im Berggasthof Herzogstand** lassen wir es uns nun zum Ende der Tour gut gehen. Wir gönnen uns eine deftig-bayerische Stärkung, die wir uns nach diesem erlebnisreichen Tag verdient haben. Auf der großzügigen Terrasse lassen wir den hoffentlich sonnigen Nachmittag ausklingen. Anschließend sind es nur noch wenige Schritte bis zur Herzogstandbahn, die uns zum Parkplatz bringt. Wer noch Puste und 1,5 Stunden Zeit hat, kann denn Abstieg auch zu Fuß wagen und den Tag in der Natur der bayerischen Voralpen noch etwas verlängern.

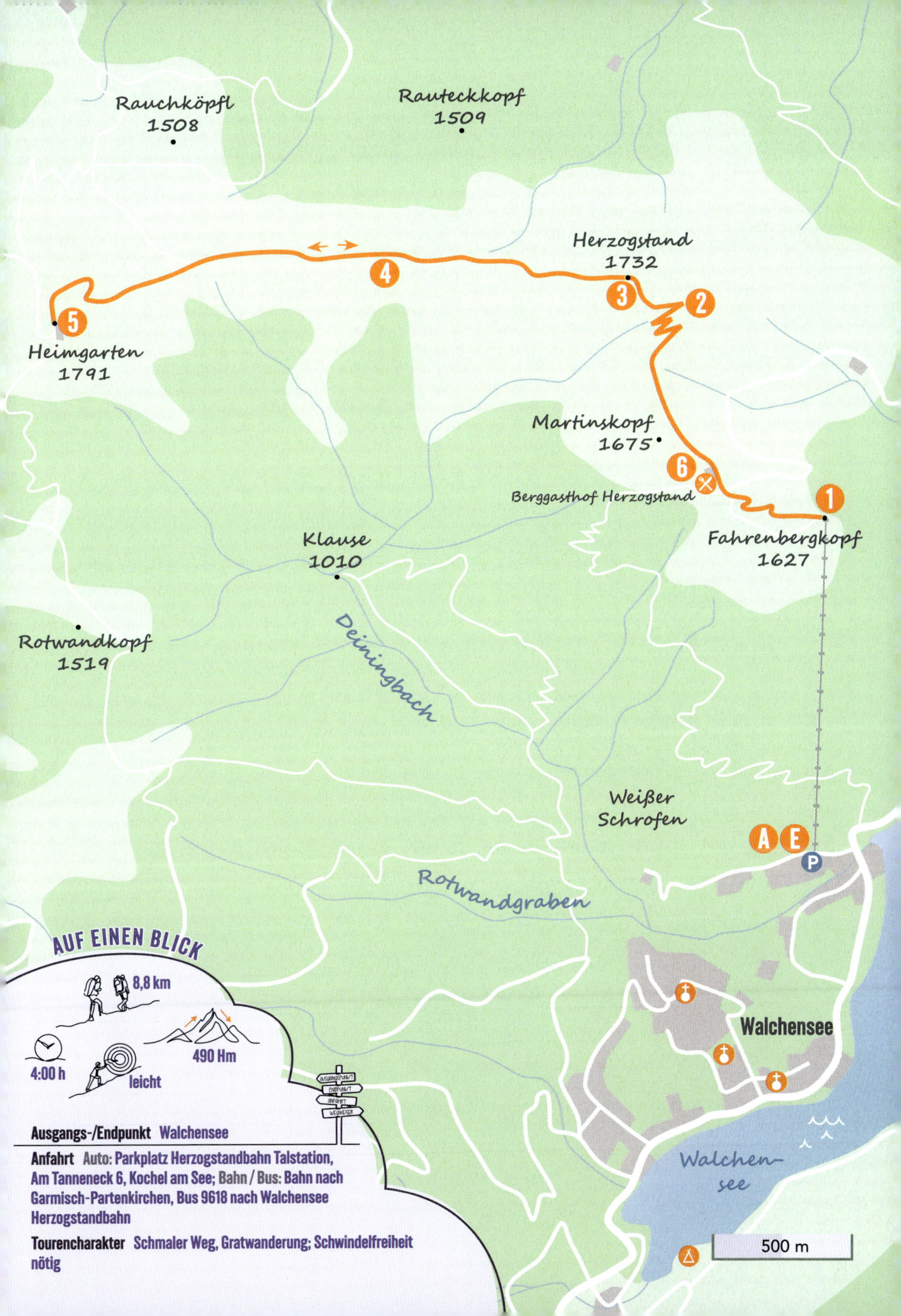

AUF EINEN BLICK

8,8 km

4:00 h

490 Hm

leicht

Ausgangs-/Endpunkt Walchensee

Anfahrt Auto: Parkplatz Herzogstandbahn Talstation, Am Tanneneck 6, Kochel am See; Bahn / Bus: Bahn nach Garmisch-Partenkirchen, Bus 9618 nach Walchensee Herzogstandbahn

Tourencharakter Schmaler Weg, Gratwanderung; Schwindelfreiheit nötig

4

HERZOGSTAND AM WALCHENSEE

ATEMBERAUBENDER RUNDUMBLICK

Wandergenuss pur verspricht diese Tour! Denn der Ausblick vom Herzogstand (1731 m) ist schlicht atemberaubend und einmalig in den bayerischen Voralpen. Blickt man nach Südosten, fasziniert der türkis leuchtende Walchensee. Im Norden präsentiert sich der Kochelsee in seiner ganzen Pracht, während sich in westlicher Richtung der beeindruckende Heimgarten-Grat spektakulär durch den Felsen schlängelt. Aufgrund der leichten Erreichbarkeit mit der Herzogstandbahn ist dieser faszinierende Gipfel meist sehr gut besucht. Doch wer sich frühmorgens unter der Woche auf den Weg macht, teilt den Pfad mit nur wenigen Gleichgesinnten. Wir wählen den Aufstieg zu Fuß. Für den Abstieg kann man sich optional für die knieschonendere Variante mit der Herzogstandbahn entscheiden.

KM 1–5

Von einem der Parkplätze entlang der Kesselbergstraße, am besten von einem der höher gelegenen, folgen wir dem breiten Forstweg und der Beschilderung zum »Herzogstand«.

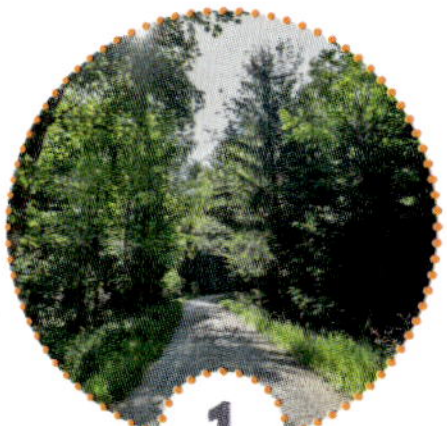

1

KM 1–5

BREITE FORSTSTRASSE

Es beginnt steil, aber einfach.

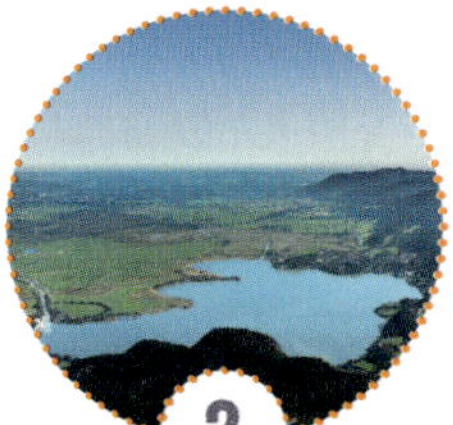

2

KM 4

BLICK AUF DEN KOCHELSEE

Im Herbst mit Nebeldecke

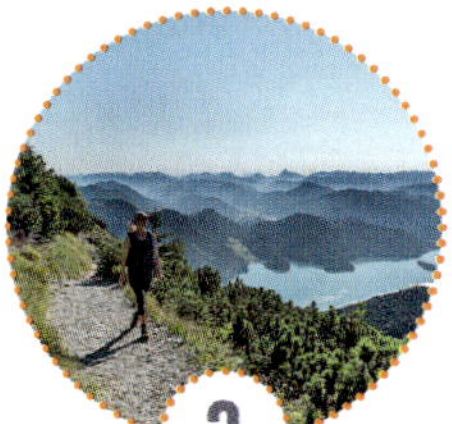

3

KM 5

SONNIGER GIPFELPFAD

Auf schweißtreibenden Serpentinen

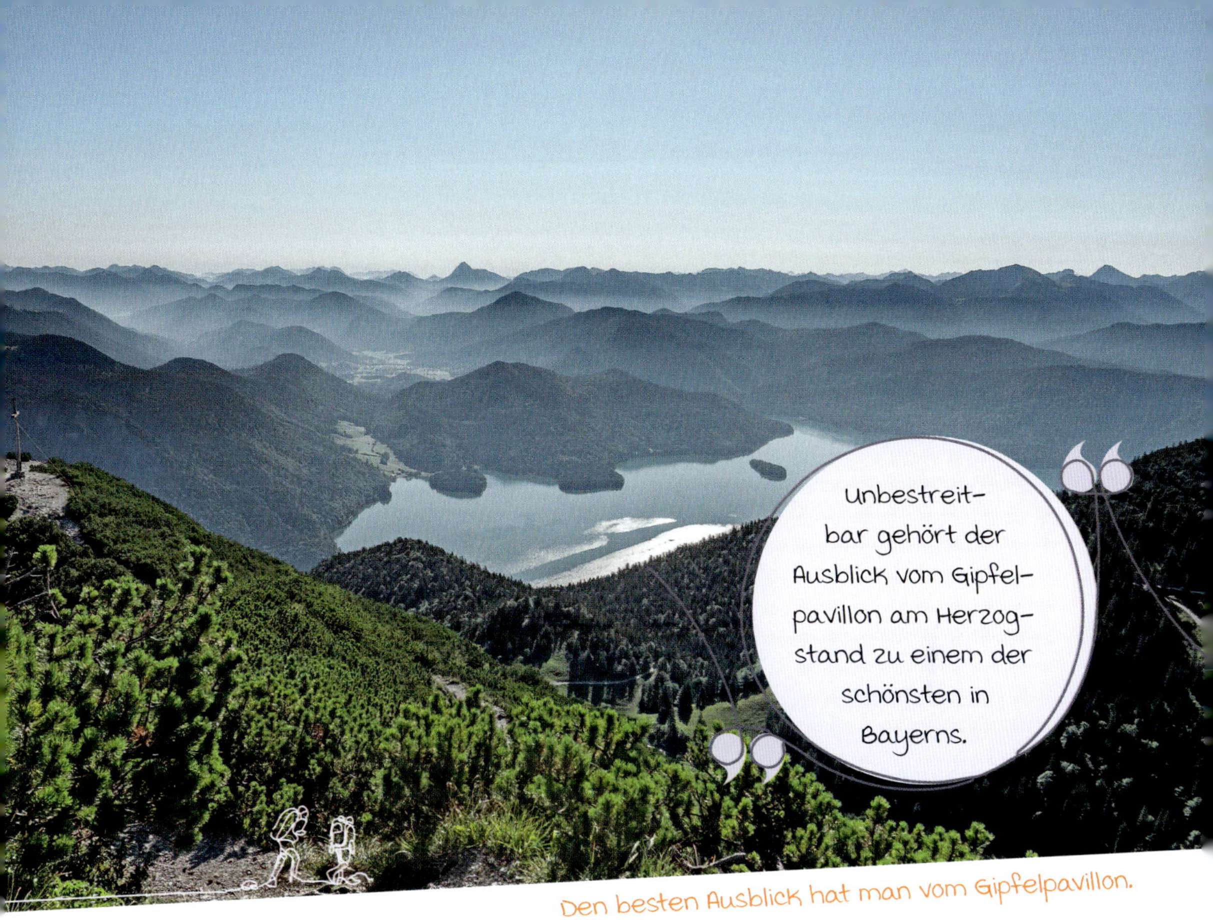

Den besten Ausblick hat man vom Gipfelpavillon.

1 **An der Kesselbergstraße**, der Verbindungsstraße zwischen Kochel- und Walchensee, gibt es diverse Parkplätze. Von jedem kann man diese Tour starten. Auf einer Forststraße wandern wir zunächst durch den Wald und es geht direkt mit einer Steigung los. Nach wenigen hundert Metern achten wir auf ein Schild mit der Aufschrift »Aussicht« und folgen diesem. Dort angekommen, erhalten wir einen Vorgeschmack darauf, was uns später erwartet: ein einmaliger Blick auf den Walchensee.

KM 6

HERZOGSTAND

Einer der schönsten Ausblicke Bayerns

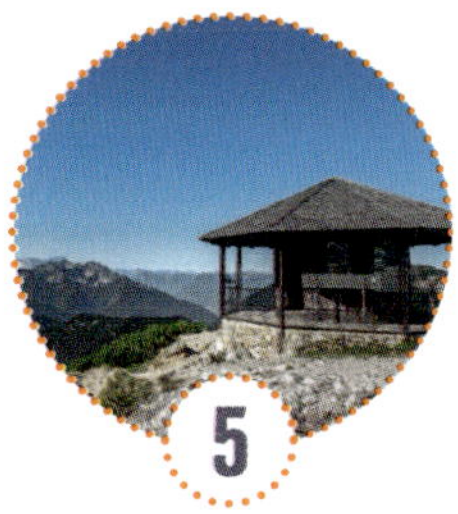

KM 6

GIPFEL-PAVILLON

Der beste Blick auf den Walchensee

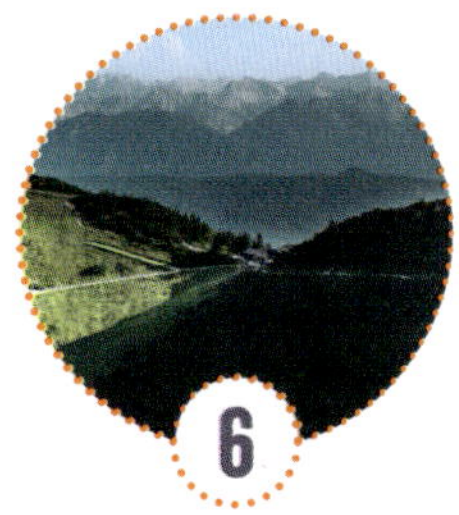

KM 8

BERGGASTHOF HERZOGSTAND

Bayerische Schmankerl

FOTO STOPP

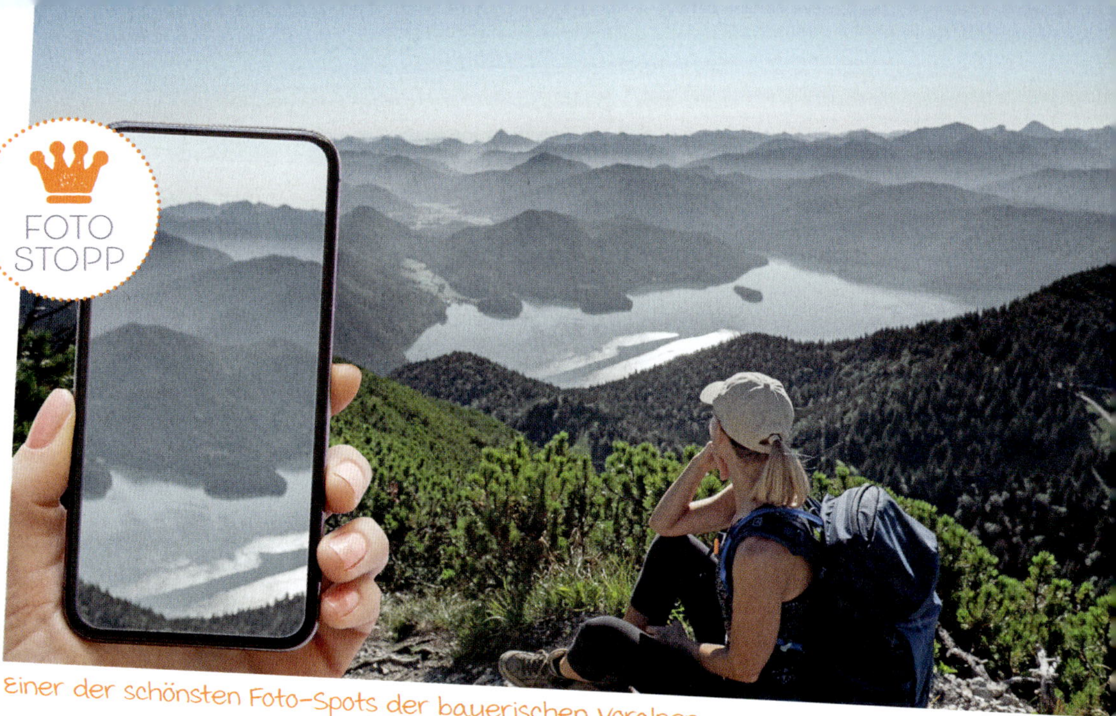

Einer der schönsten Foto-Spots der bayerischen Voralpen

KM 4

Wir folgen immer weiter den Schildern Richtung »Herzogstand«. Nach ca. vier Kilometern biegen wir bei der Hütte rechts ab und machen einen Abstecher zu einem kleinen Aussichtspunkt.

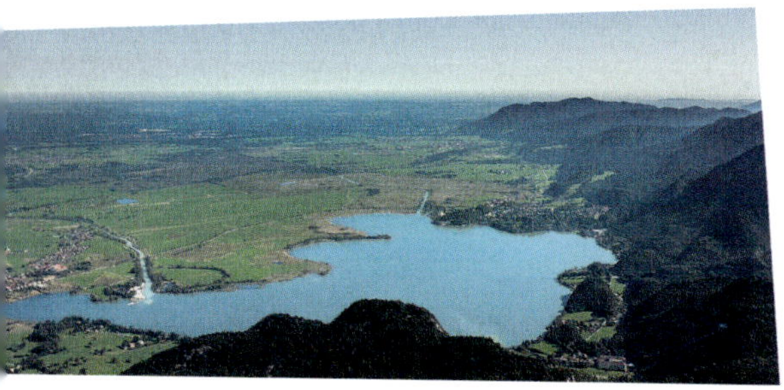

Blick auf den Kochelsee

2 **Der Wald lichtet sich** nach ca. 1,5 Stunden, anschließend wird der Weg flacher und führt über offenes Gelände. Nach kurzer Zeit kommen wir an einer Selbstversorgerhütte, der Schlehdorfer Alm, vorbei. Dort biegen wir rechts ab und ein kleiner Umweg bringt uns zu einem lohnenswerten Aussichtspunkt. Dieses Mal werden wir mit einem eindrucksvollen Blick auf den Kochelsee verwöhnt. An kühlen Herbstmorgen hüllt sich der See oft noch in einen zarten Nebelschleier, was eine einzigartige, märchenhafte Atmosphäre erschafft.

TRAUMHAFT

ERFRISCHENDES BAD

Abkühlung gefällig? Praktischerweise befindet sich direkt gegenüber der Bahn eine Badestelle und man kann vor der Heimfahrt noch ein paar Züge im angenehm kühlen Walchensee schwimmen.

KM 5

Weiter auf dem Hauptweg, der immer noch mäßig bergauf geht, passieren wir den Berggasthof Herzogstand. Dann folgen wir dem Gipfelpfad im Zickzack nach oben.

3 **Vom Berggasthof Herzogstand** können wir bereits den grünen spitzen Gipfel des Herzogstands erblicken, der imposant vor uns in die Höhe ragt – und auch den Zickzack-Weg, den wir gleich erklimmen werden. An heißen Tagen kann dieser ganz schön schweißtreibend sein, da er in der prallen Sonne verläuft. Aus diesem Grund startet man diese Wanderung am besten früh und bringt eine Kopfbedeckung mit. Nach einer guten halben Stunde haben wir den Endspurt auf dem felsigen schmalen Weg gemeistert und das Tagesziel erreicht.

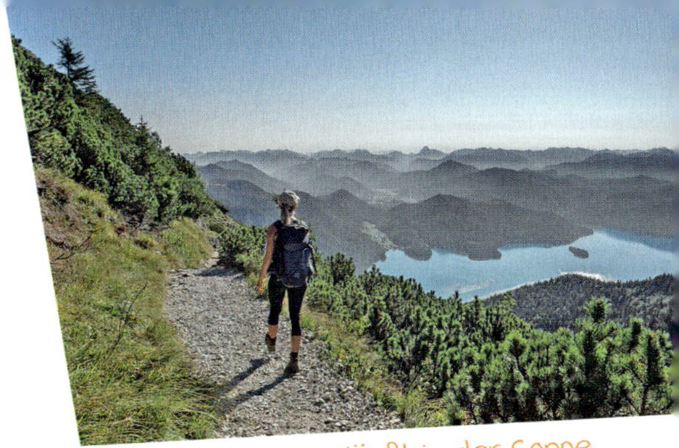

Der Gipfelweg verläuft in der Sonne.

KM 6

Der Gipfelpfad führt uns direkt zum Gipfelkreuz des Herzogstands, welches sich rechterhand des Weges befindet und nicht zu übersehen ist.

4 **Oben auf dem Herzogstand** angekommen, belohnt uns einer der fesselndsten Ausblicke der bayerischen Voralpen: Der türkis-leuchtende Walchensee eingerahmt von den blauen Bergen des Karwendels ist ein wahrer Augenschmaus, den wir stundenlang betrachten könnten. Dieser Ausblick ist zweifelsohne einzigartig in den bayerischen Voralpen – manche behaupten sogar, er sei der schönste in Bayern. Und einmal umdrehen lohnt ebenso. Denn in südlicher Richtung blicken wir auf den spektakulären Gratweg, der zum Heimgarten-Gipfel führt (siehe S. 32).

Herzogstandbahn auf dem Weg nach oben

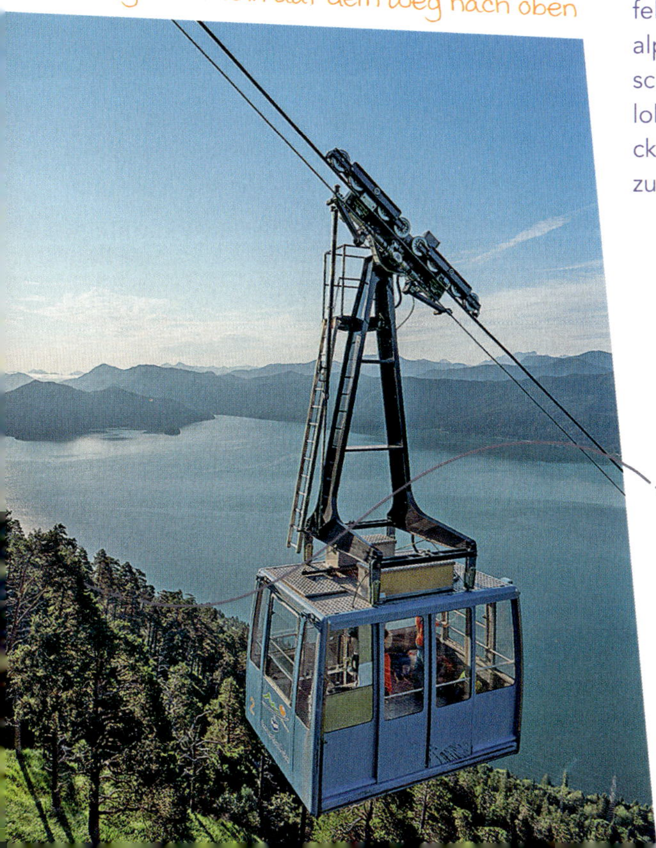

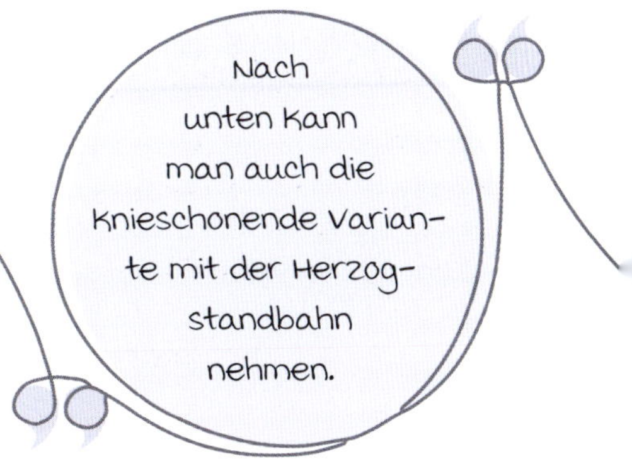

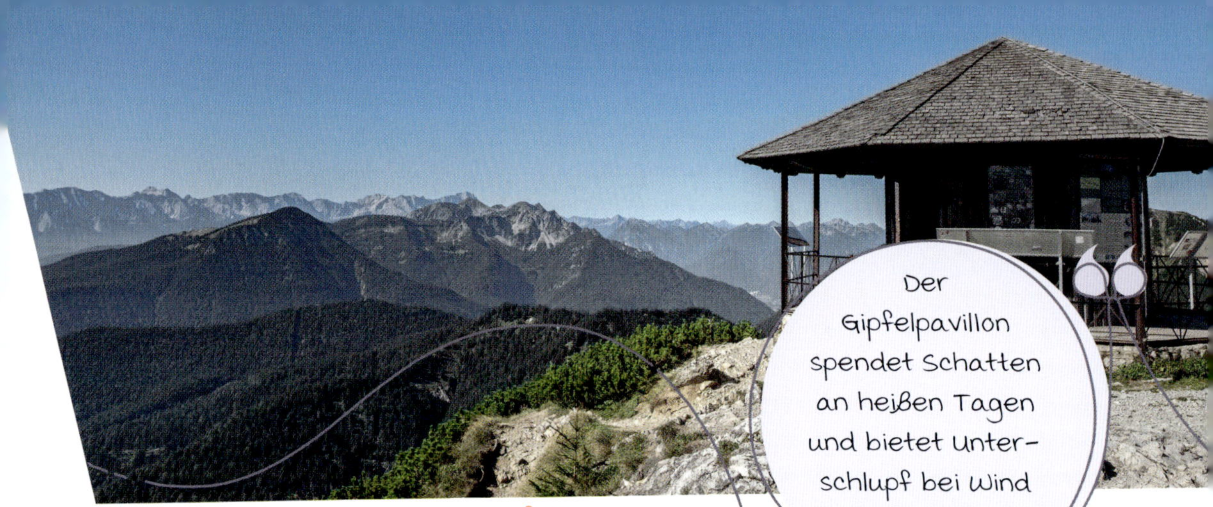

Der Pavillon liegt höher als das Gipfelkreuz.

TRAUMHAFT

NACHT AUF DEM BERG

Was viele nicht wissen: Im Berggasthof Herzogstand kann man auch übernachten und das komfortabler als in den meisten Berghütten, denn neben Mehrbettzimmern gibt es auch neun Doppelzimmer.

KM 6

Vom Gipfelkreuz des Herzogstands geht es weiter hoch bis zum Gipfelpavillon, der Schatten spendet und bei schlechtem Wetter vor Wind und Regen schützt.

5 **Zum Gipfelpavillon**, der etwas höher als das Gipfelkreuz gelegen ist, steigen wir auf, um den besten Blick auf den Walchensee zu bekommen. Die Aussicht ist zweifelsohne einzigartig in den bayerischen Voralpen – manche behaupten sogar, sie sei die schönste in Bayern. Diese gilt es gebührend zu zelebrieren: ob am Gipfelkreuz, im windgeschützten Gipfelpavillon oder einfach von einem der umliegenden Felsen aus.

KM 8

Für den Abstieg nehmen wir den gleichen Weg oder die knieschonende Herzogstandbahn. Im letzteren Falle hält man sich nach dem Berggasthof Herzogstand rechts und folgt den Schildern zur Bahn.

6 **Im Berggasthof Herzogstand** haben wir uns nach dieser schweißtreibenden und ereignisreichen Wanderung eine Stärkung redlich verdient. Egal, ob man die Bahn oder die Füße nach unten nimmt, in jedem Falle lohnt es sich, auf dem Rückweg hier einzukehren und die schöne Sonnenterrasse zu genießen. Der Berggasthof bietet nicht nur typisch bayerische Kost, sondern auch leichte Küche, wie eine vegane Kürbis-Kokos-Suppe oder einen Salatteller.

AUF EINEN BLICK

Ausgangs-/Endpunkt Walchensee

Anfahrt Auto: Parkplatz Kesselbergstraße, Kochel a. See; Bahn / Bus: Bahn nach Garmisch-Partenkirchen, Bus 9618 nach Walchensee Herzogstandbahn, Kochel a. See

Tourencharakter Die 840 Höhenmeter und der steile Schlusssprint sind nicht zu unterschätzen. Die Wege sind jedoch meist breit und einfach.

12,9 km

840 Hm

5:00 h

mittel

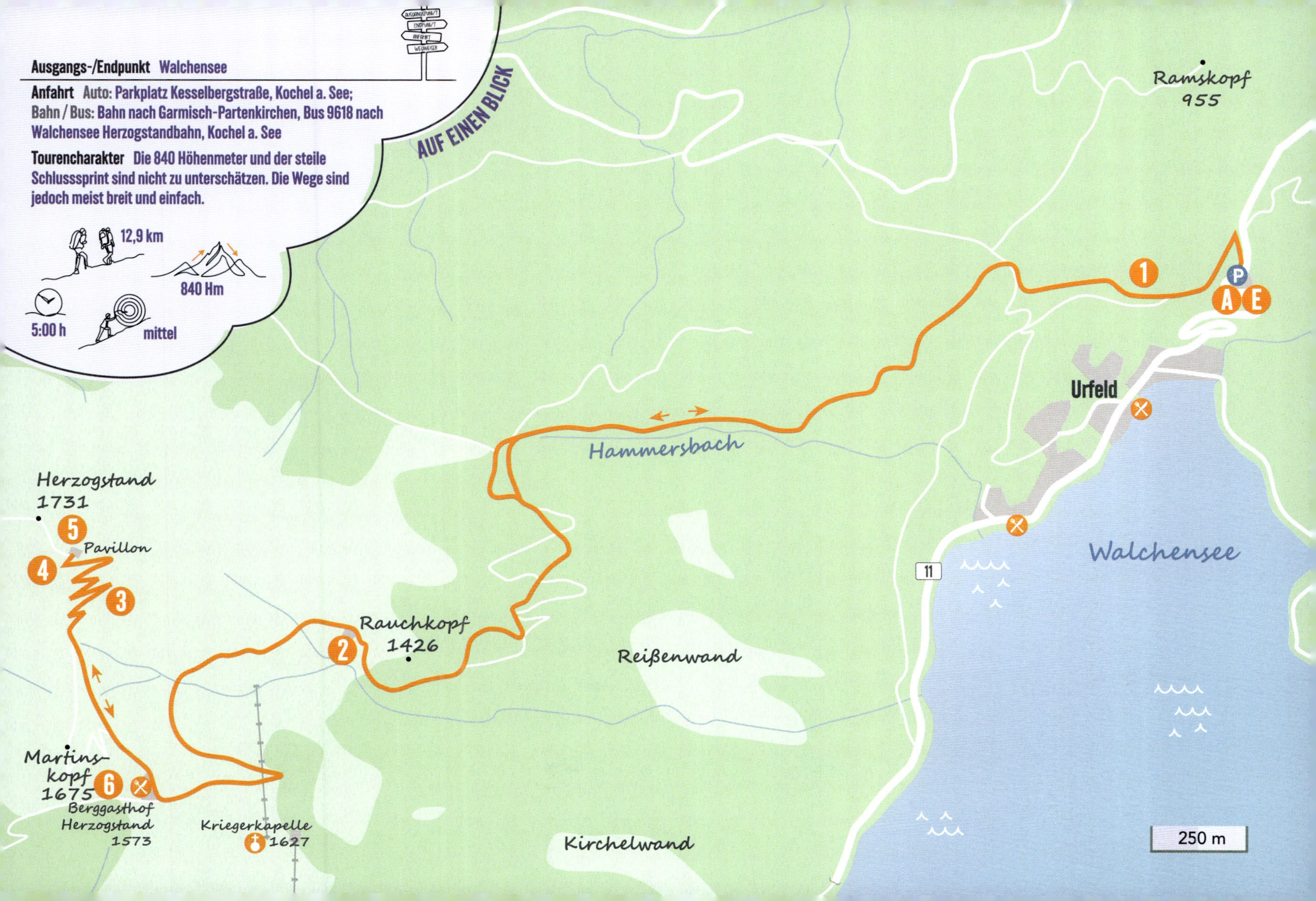

5

SONNENSPITZ AM KOCHELSEE

KURZ, KNACKIG UND AUSSICHTSREICH

Die Sonnenspitz (1269 m) erhebt sich im Osten direkt über dem Kochelsee und bietet trotz vergleichsweise geringer Höhe einen Eins-a-Blick auf den See – vielleicht sogar den besten. Doch nicht nur das grandiose Panorama macht diese Wanderung besonders reizvoll, sondern auch der schattige Aufstieg und die überschaubare Länge von nur sechs Kilometern. Ein weiteres Highlight erwartet uns beim Abstieg: Ein aussichtsreicher Kamm beschert uns herrliche Fernblicke und immer neue Perspektiven auf den Kochelsee und die Sonnenspitz. Dieser Ausflug in die Berge ist ideal für warme Sommertage. Neben dem meist schattigen Weg winkt nach der Wanderung eine kühle Erfrischung im Kochelsee. Denn direkt am Parkplatz befindet sich eine beschauliche Badestelle. Was noch für die Sonnenspitz-Tour spricht: Sie ist nicht so überlaufen wie andere Wanderungen.

KM 1

Wir folgen der schmalen, etwas versteckten Teerstraße, die an der Nordseite des Geländes der Firma Dorsch beginnt, bis zu einem Aussichtspunkt.

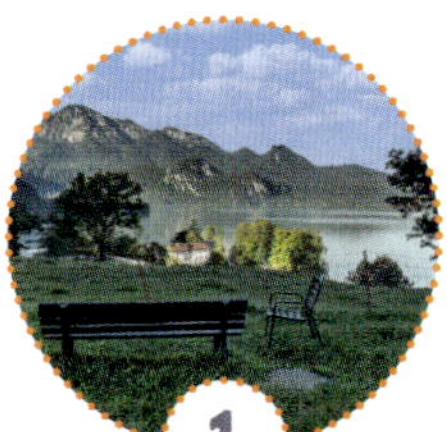

1

KM 1

MALERISCHER AUSSICHTSPUNKT

Blick auf den Kochelsee

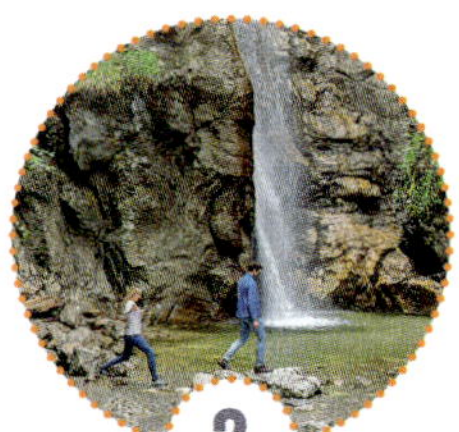

2

KM 2

VOGELLEHRPFAD UND WASSERFALL

Ein Abstecher lohnt!

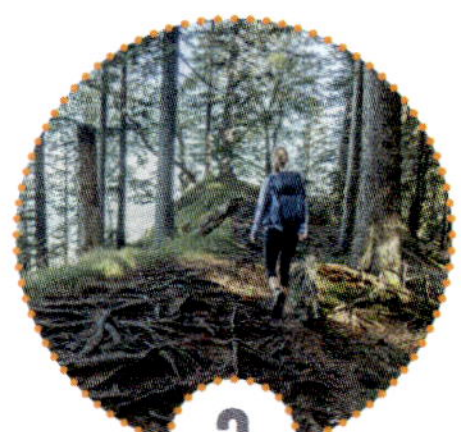

3

KM 2–3

STEILER STEIG

Es wird anstrengend und schattig.

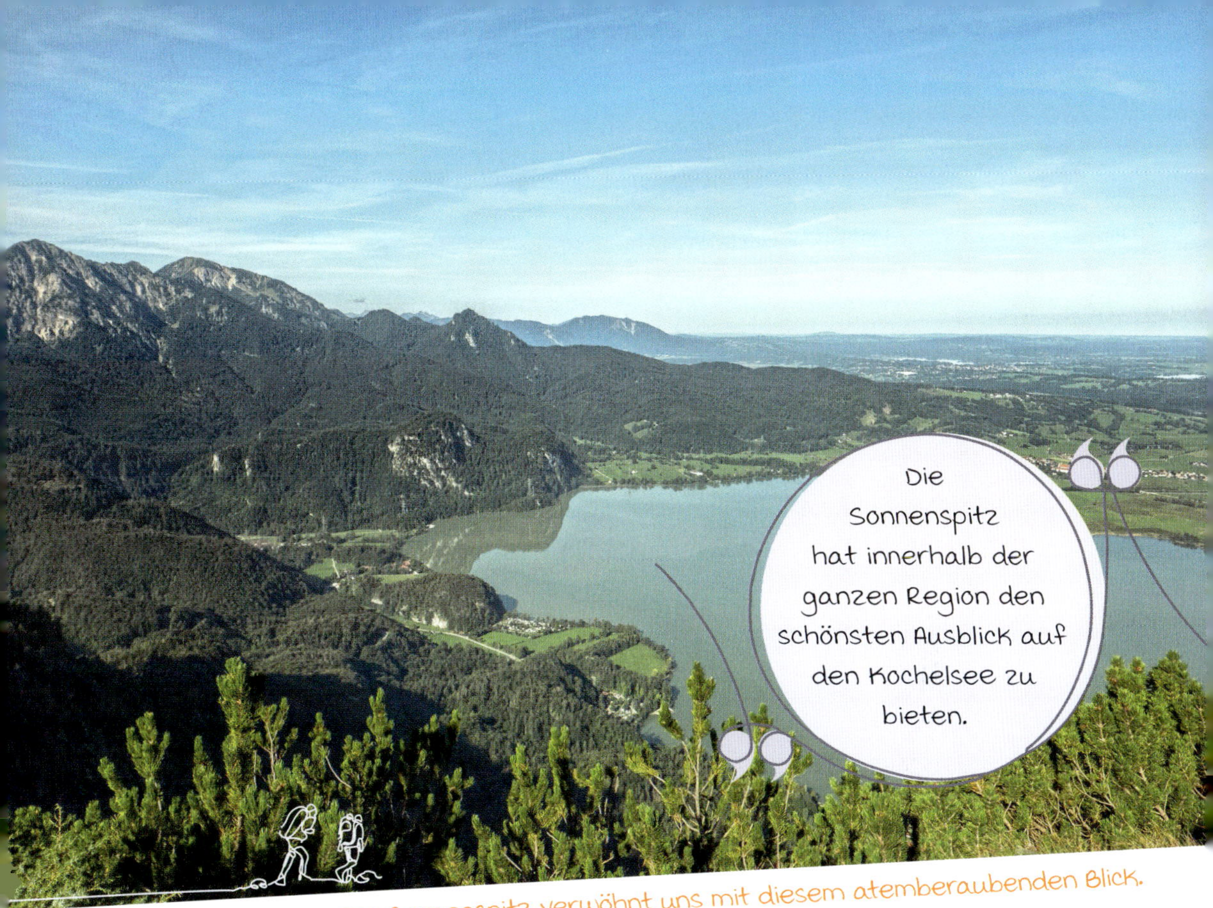

Die Sonnenspitz verwöhnt uns mit diesem atemberaubenden Blick.

1 **Wir starten in Kochel am See** am Wanderparkplatz bei der Firma Dorsch. Der Wanderweg liegt etwas versteckt an der Nordseite des Firmengebäudes. Wir folgen der schmalen Teerstraße und erreichen nach wenigen Minuten einen herrlichen Aussichtspunkt mit zwei Bänken, von dem aus wir bereits jetzt einen beeindruckenden Blick über den Kochelsee genießen dürfen. Am liebsten würden wir einfach hierbleiben, doch das wäre zu einfach. Also, machen wir uns direkt weiter auf den Weg.

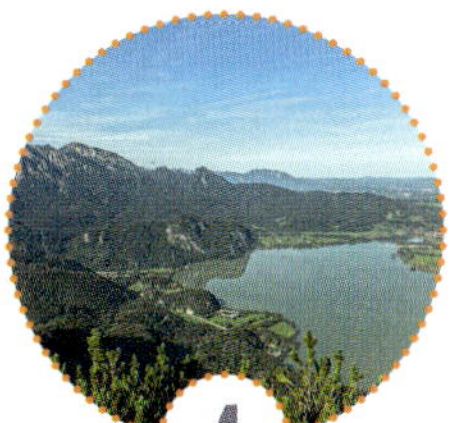

4

KM 3

SONNENSPITZ

Fantastischer Ausblick auf den Kochelsee

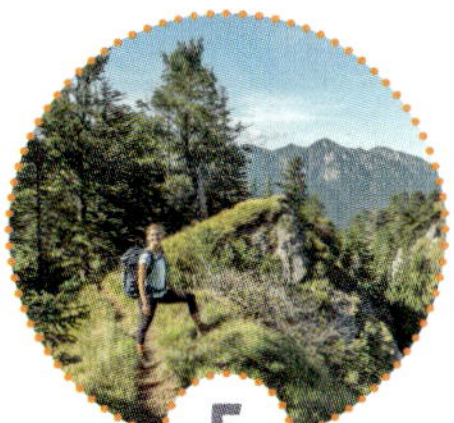

5

KM 3–4

AUSSICHTSREICHER KAMM

Unterwegs auf einem charmanten Abschnitt

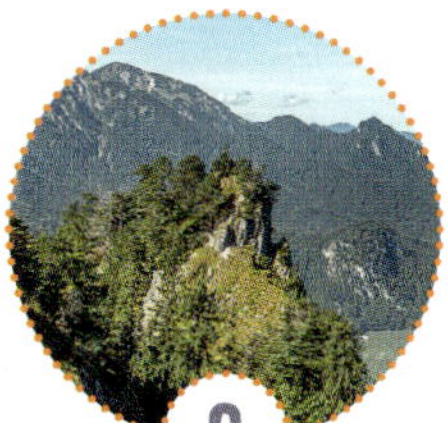

6

KM 4

GRASECK

Ein Highlight kommt ganz zum Schluss

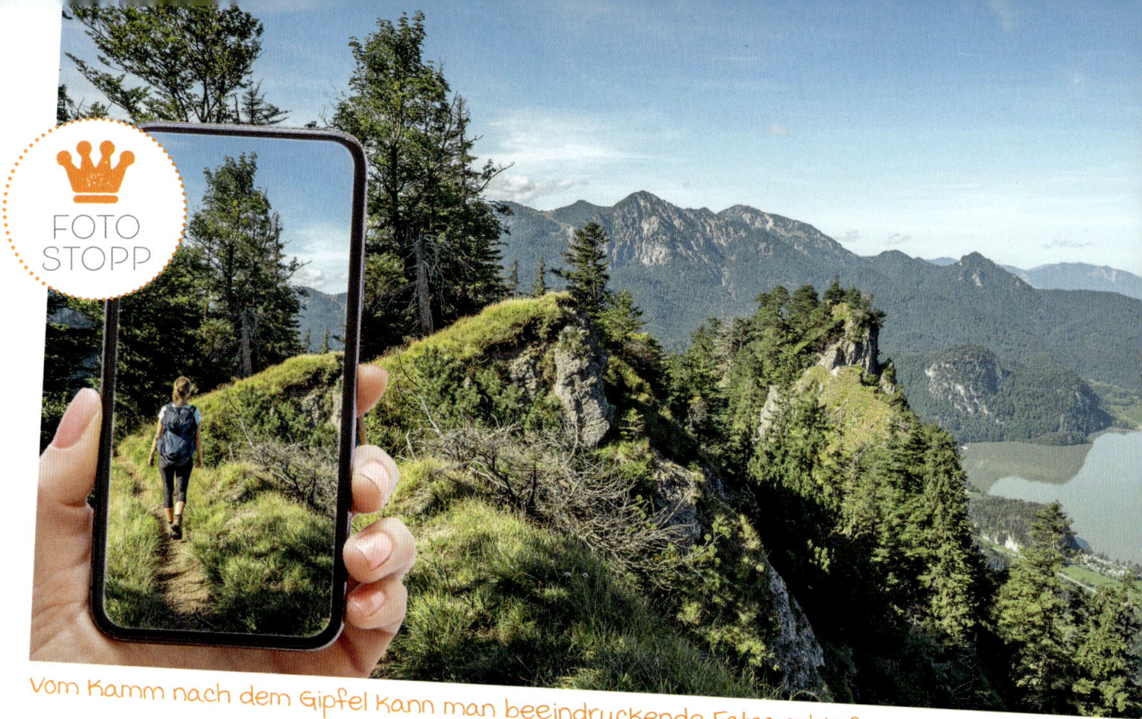

Vom Kamm nach dem Gipfel kann man beeindruckende Fotos schießen.

KM 2

Rechts vom Aussichtspunkt beginnt der schmale Steig und die Beschilderung Richtung »Sonnenspitz«. Wenig später mündet der Steig in einen breiteren Forstweg, der zu einer Brücke führt.

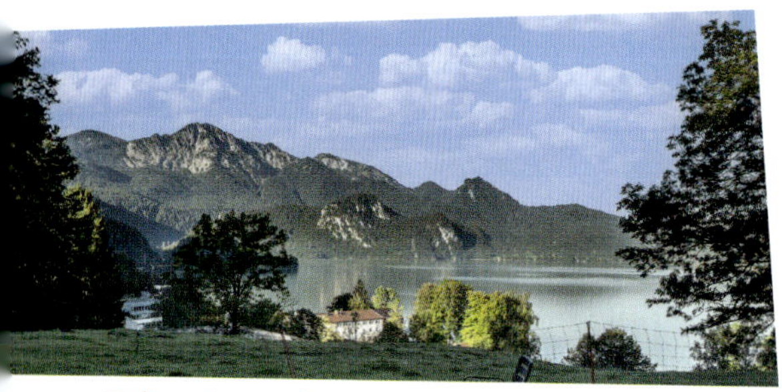

Toller Aussichtspunkt am Anfang der Tour

2 **Ein Vogellehrpfad** beginnt links von der Brücke und lädt zu einem kurzen, aber informativen Abstecher ein. Mithilfe von mehreren Hinweistafeln tauchen wir in die Welt der heimischen Vögel ein und können über einen QR-Code sogar die verschiedenen Vogelstimmen anhören. Wer 1,5 Stunden Umweg in Kauf nehmen möchte, kann allen 14 Tafeln bis zum Lainbach-Wasserfall folgen. Wir beschränken uns auf die ersten Tafeln und kehren dann auf dem Hauptweg zurück zur Brücke.

TRAUMHAFT

AM WASSERFALL

Diese Wanderung kann man zu einer Tagestour erweitern. Wer 1,5 Stunden mehr Zeit einplant, sollte unbedingt einen Abstecher über den Vogellehrpfad zum Lainbachfall machen.

KM 2–3

Wir überqueren die Brücke, an welcher der Vogellehrpfad links abzweigt, nach rechts und folgen dem steilen Weg und den Schildern Richtung »Sonnenspitz«.

3 Ziemlich steil bergauf und teilweise über Stock und Stein geht es auf dem restlichen Weg weiter. Zum Glück verläuft er im Wald und wir sind durch den Schatten der Bäume geschützt. Trotzdem fordert der Aufstieg ganz schön unsere Ausdauer und Schwitzen bleibt uns nicht erspart. Teilweise ist der Weg fast nicht erkennbar. Am besten hält man sich einfach stetig bergauf oder hat den GPS-Track auf dem Handy dabei. Nach einer Stunde haben wir den anspruchsvollen Teil der Wanderung hinter uns gebracht und uns trennen nur noch wenige Meter vom Gipfel.

Abwechslungsreiche Wege sind garantiert.

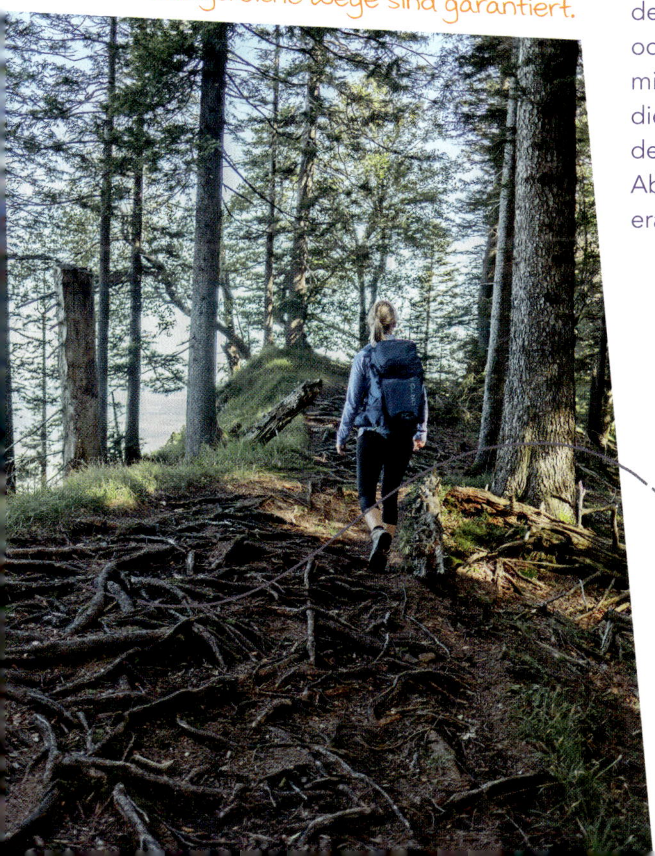

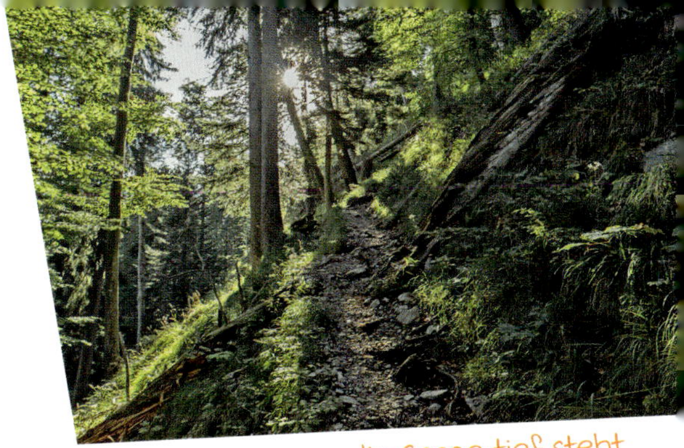

Am morgen, wenn die Sonne tief steht

KM 3

Nach dem steilen Waldaufstieg führt uns der Weg weiter bis zum Gipfel.

4 Der fantastische Blick über den gesamten Kochelsee eröffnet sich erst ganz zum Schluss. Im Sommer türkis leuchtend, im Herbst von einem Meer aus Orangetönen umgeben und am frühen Morgen sogar mit der Spiegelung der umliegenden Berge auf seiner Wasseroberfläche versehen, entzückt dieser Ausblick das ganze Jahr über. Auf dem kleinen Gipfelplateau ohne Gipfelkreuz oder Sitzgelegenheiten machen wir es uns mit unserer Brotzeit gemütlich und lassen die friedliche Umgebung auf uns wirken. Auf der linken Seite können wir auch schon den Abstiegsweg, der entlang des Kamms führt, erahnen.

Vorsicht Rutschgefahr: Diese Tour ist nicht zu empfehlen, wenn es regnet und der Boden nass ist.

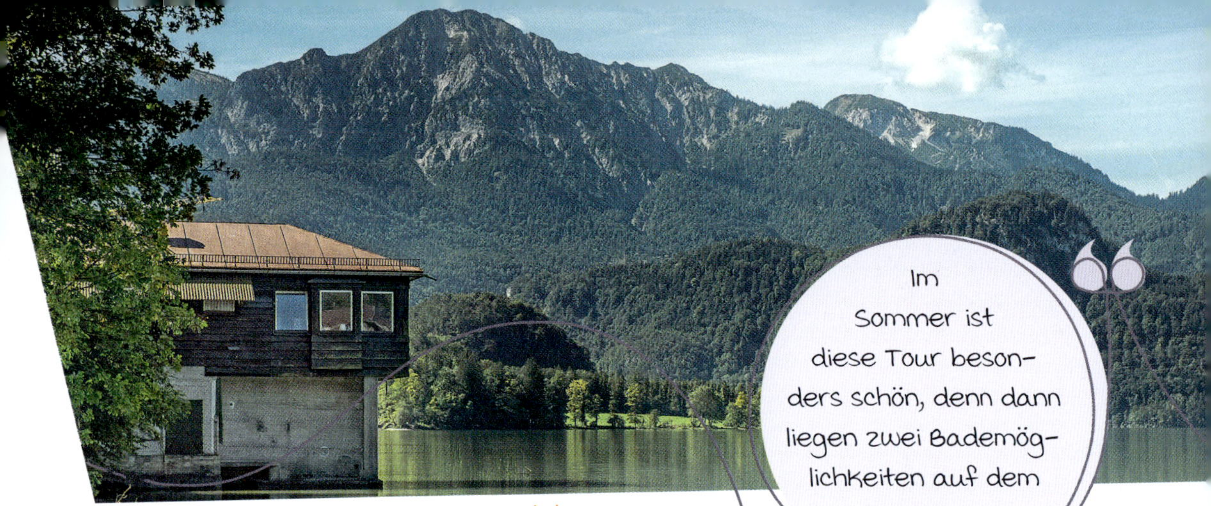

Ruhige Badestelle direkt am Parkplatz

i-TÜPFELCHEN

TRÄUMEN AM SEE

Es gibt doch nichts Besseres als den Sprung ins kühle Wasser nach einer anstrengenden Wanderung! Glücklicherweise befindet sich direkt am Parkplatz eine kleine Badestelle am Kochelsee.

KM 3–4

Für den Abstieg folgen wir dem schmalen Pfad, der am Kamm entlang nach Süden führt. Am Ende des Kamms halten wir uns entgegen den Schildern, die ausschließlich nach links zeigen, rechts und steigen über den Pfad durch den Wald abwärts.

5 **Entlang eines Kamms wandernd**, erhaschen wir immer wieder atemberaubende Blicke über den Kochelsee und zurück auf die Sonnenspitz. Während der Aufstiegsweg wenige Ausblicke bot, hat nun also der charmante Teil der Wanderung begonnen. Nach einer halben Stunde führt der schmale Pfad hinunter durch den Wald. Der Weg wird hier kurzzeitig abschüssig und schmal. Man sollte schwindelfrei sein und mit Kindern vorsichtig. Aus diesem Grund ist diese Wanderung nicht bei Regen oder Nässe zu empfehlen.

KM 4

Der schmale Abstiegspfad führt uns im Schatten der Bäume zum Gipfelkreuz des Grasecks. Danach wird er wieder breiter und bringt uns sicher immer weiter nach unten ins Tal und zurück zum Ausgangspunkt der Wanderung.

6 **Am Gipfelkreuz des Grasecks** kommen wir kurz nach der Abzweigung nach rechts vorbei. Hier wird es nochmal kurz abschüssig. Die Aussicht ist aber spektakulär. Wir überblicken erneut den gesamten Kochelsee, sehen die Sonnenspitz über dem See thronen sowie einen beeindruckenden Felsvorsprung direkt vor uns. Dann folgen wir weiter dem Pfad, der nach kurzer Zeit wieder breiter wird und nicht mehr abschüssig ist. Nach ungefähr 1,5 Stunden sind wir zurück am Ausgangspunkt.

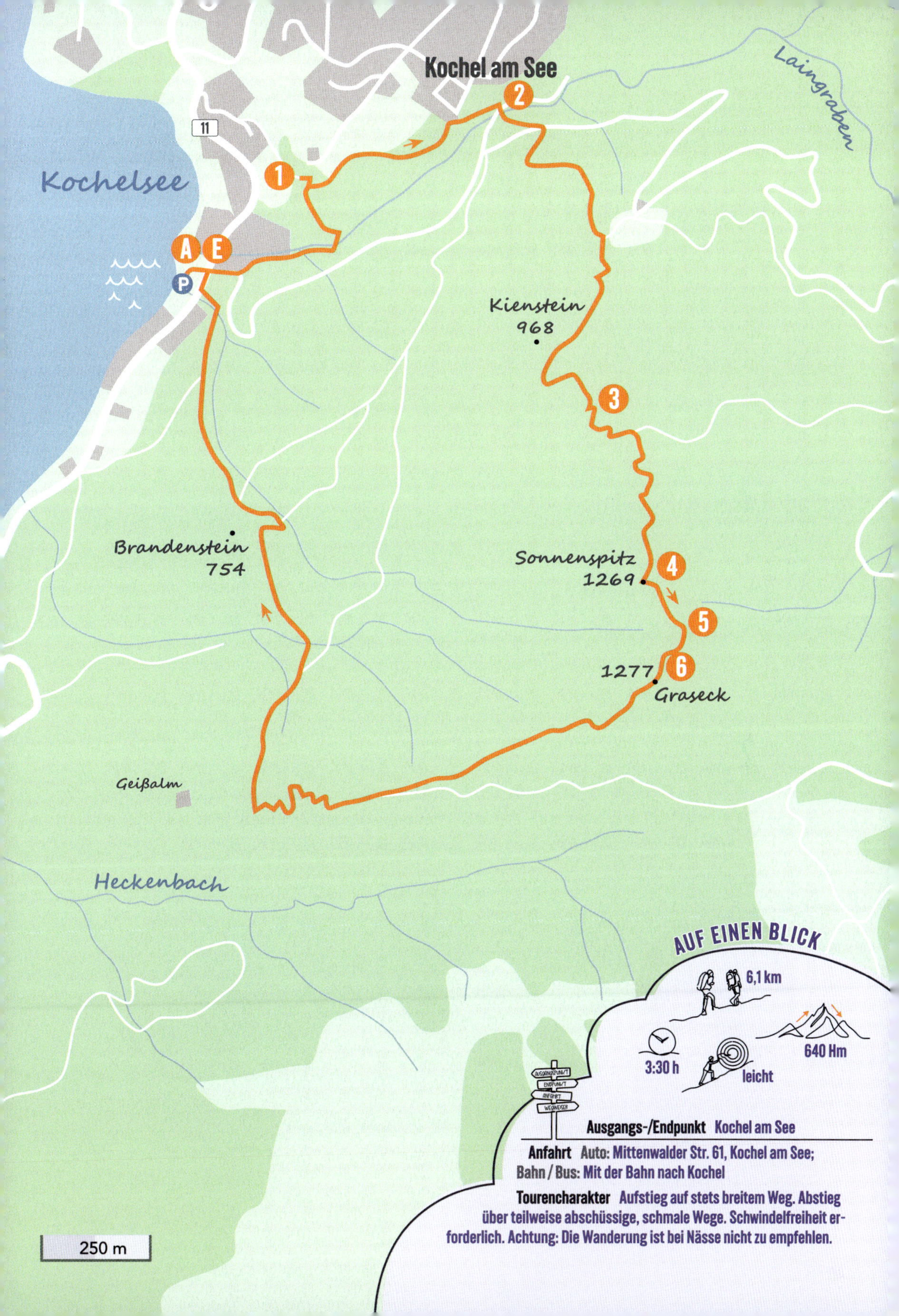

AUF EINEN BLICK

6,1 km

3:30 h

leicht

640 Hm

Ausgangs-/Endpunkt Kochel am See

Anfahrt Auto: Mittenwalder Str. 61, Kochel am See; Bahn / Bus: Mit der Bahn nach Kochel

Tourencharakter Aufstieg auf stets breitem Weg. Abstieg über teilweise abschüssige, schmale Wege. Schwindelfreiheit erforderlich. Achtung: Die Wanderung ist bei Nässe nicht zu empfehlen.

6

JOCHBERG AM WALCHENSEE

BERÜHMT UND EINMALIG SCHÖN

Die Wanderung auf den Jochberg (1565 m) ist ein echter Klassiker und eine der beliebtesten Tageswanderungen bei den Münchnern. Kein Wunder, denn sie besticht mit relativ wenig Höhenmetern, einem stets einfachen Wanderweg und einem phänomenalen Ausblick auf den Walchensee und Kochelsee. Dabei bietet sie ein beeindruckendes Panorama auf die umliegenden Berge, wie den Herzogstand und die Benediktenwand. Unsere Entscheidung fällt auf eine abwechslungsreiche Rundtour, die mit einer kühlen Erfrischung im Walchensee endet. Um auf dem Weg zurück zum Auto dann nicht nochmal ins Schwitzen zu kommen, wählen wir den letzten Parkplatz an der Kesselbergstraße, kurz bevor wir den Walchensee erreichen. Da sich der kleine Wanderparkplatz schnell füllt, starten wir die Tour am frühen Morgen.

KM 2

Vom Parkplatz aus folgen wir stets den Schildern, die zum »Jochberg« weisen. Nach einer guten Stunde halten wir uns bei der Gabelung links.

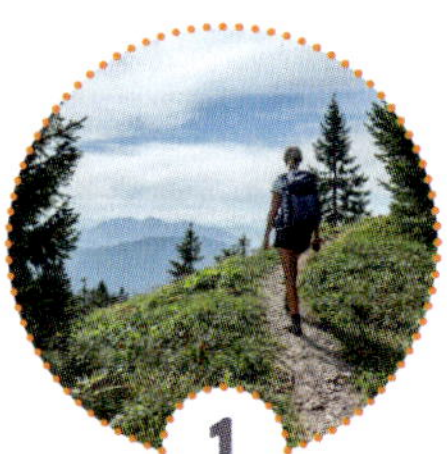

1

2

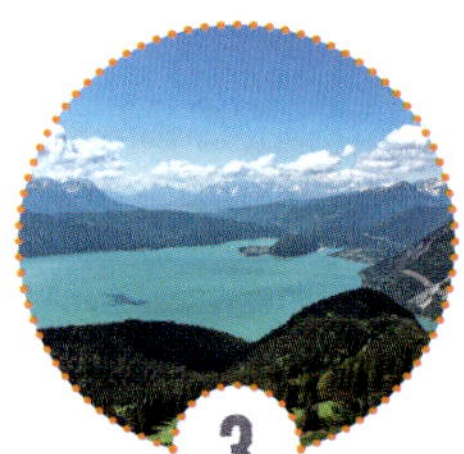

3

KM 2

BREITER WANDERPFAD

Steiler Abschnitt gleich zu Beginn

KM 3

PANORAMAWEG

Aussichtsreicher Gipfelweg

KM 3

JOCHBERG

Phänomenaler Ausblick auf den Walchensee

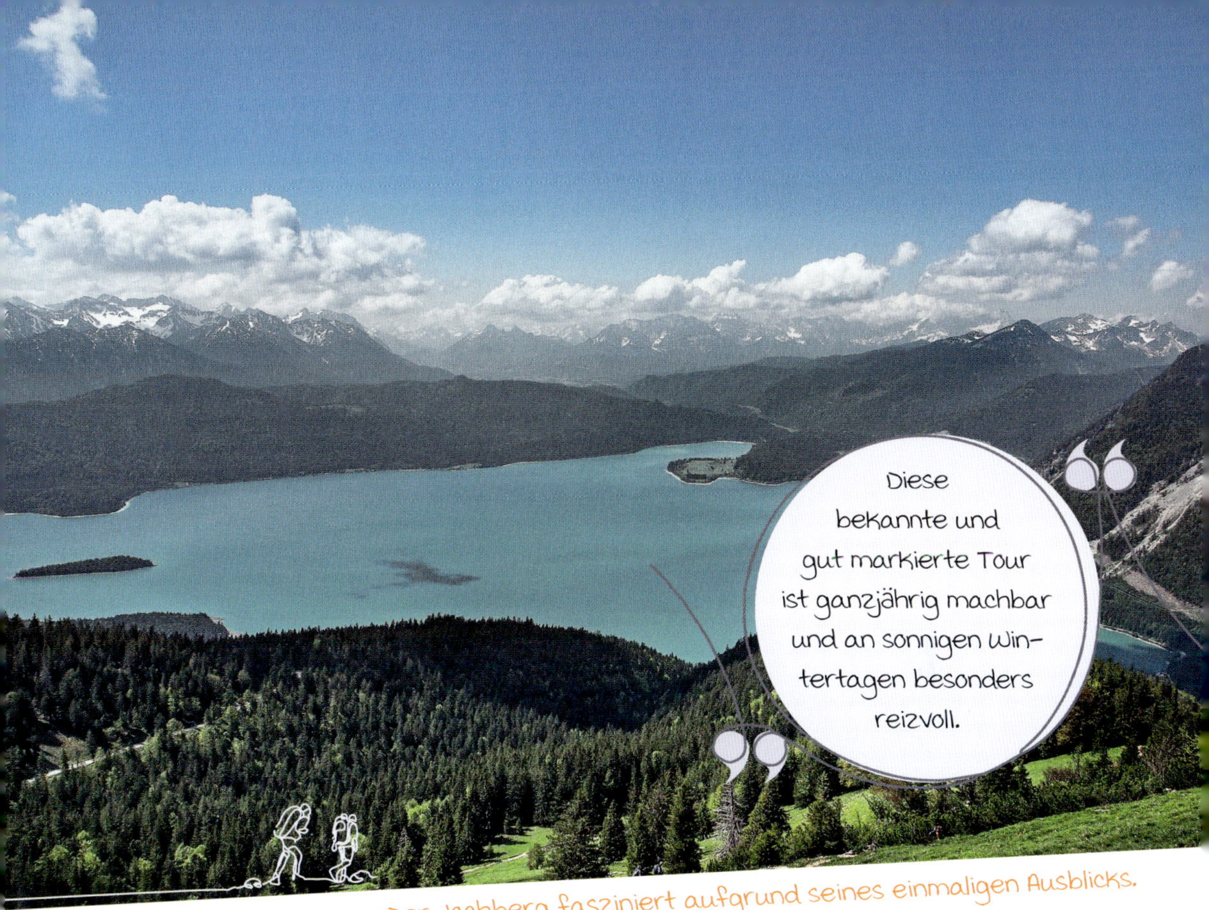

Der Jochberg fasziniert aufgrund seines einmaligen Ausblicks.

1 **Der breite Forstweg** geht auf der gut ausgeschilderten Tour direkt steil los. Zunächst laufen wir noch im angenehm kühlen Schatten des Waldes. Nach einer guten Stunde Fußmarsch lichtet sich der Wald und gibt einen schönen Blick auf den Kochelsee frei. Die bewirtschaftete Jocheralm, zu der eine Abzweigung nach rechts führt, heben wir uns für den Rückweg auf. Wer jetzt bereits einkehren möchte, biegt rechts ab und folgt danach einfach der Beschilderung Richtung »Jochberg«.

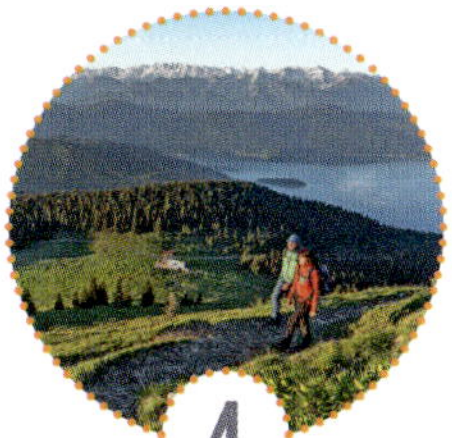

4

KM 4

JOCHERALM

Es wird Zeit für eine Stärkung.

5

KM 7

WALCHENSEE

Sprung ins Wasser zum Abschluss

FOTO STOPP

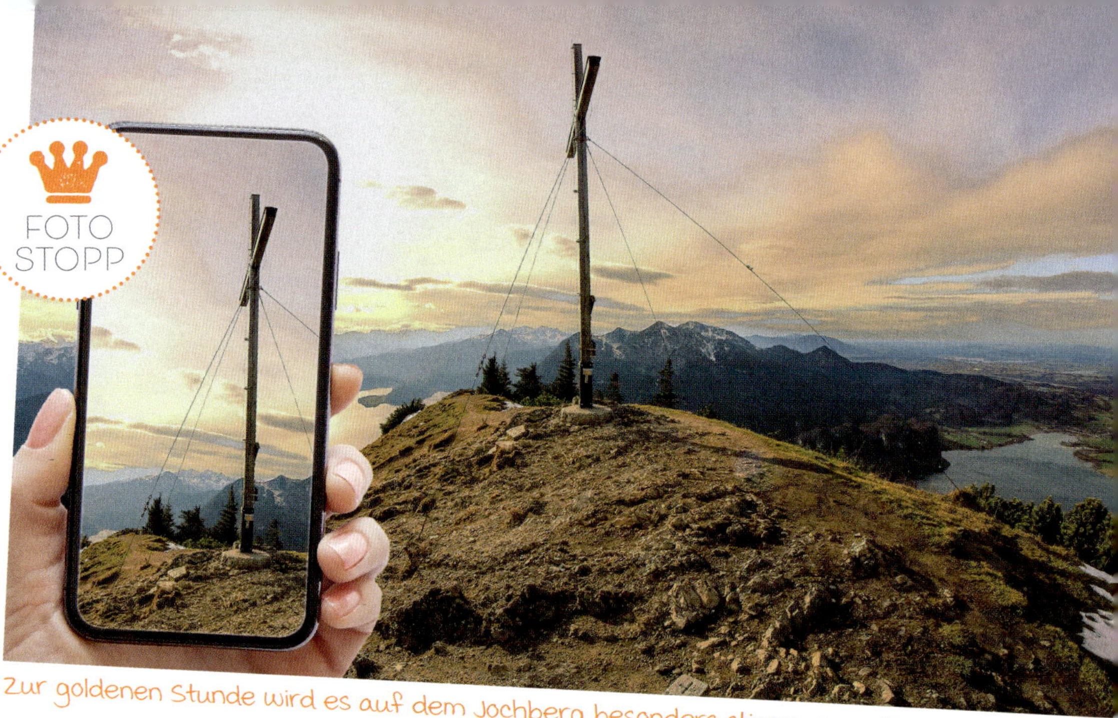

Zur goldenen Stunde wird es auf dem Jochberg besonders stimmungsvoll.

KM 3

Wir folgen dem aussichtsreichen Wanderweg, der uns zuverlässig zum Ziel führt. Dabei haben wir den Jochberg schon fest im Blick.

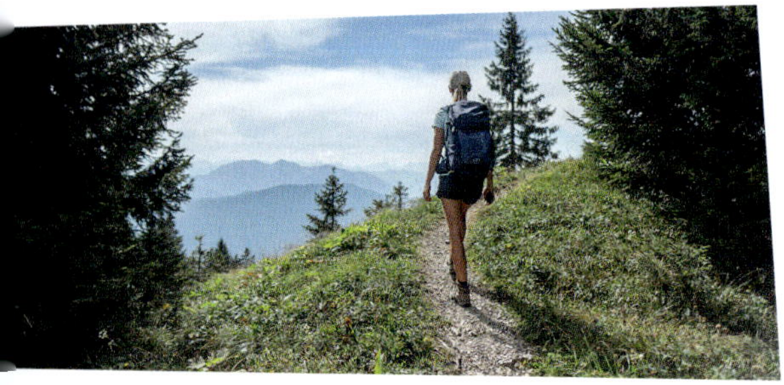

Der Weg ist stets technisch einfach.

2 **Wir sehen den Jochberg** bereits, während wir nun über offenes Gelände laufen. Er scheint zum Greifen nah, doch ein kurzer Kraftakt liegt noch vor uns. Das letzte Stück des Weges wird schmaler und steiler und führt direkt hinauf zum Gipfel. Es sind nochmal fast 200 Höhenmeter in der Sonne, was an warmen Tagen durchaus schweißtreibend sein kann – deshalb bitte Kopfbedeckung nicht vergessen! Wir wandern vorbei an gemächlich grasenden Kühen, bis wir nach einer halben Stunde den Gipfel erreichen.

TRAUMHAFT

BAD MIT AUSBLICK

Bei dieser Tour können wir gleich doppelt die Seele baumeln lassen: Zuerst in der idyllischen Berglandschaft, dann am Walchensee. Das Bad im kühlen See ist ein wahrer Hochgenuss.

KM 3

Der Gipfelpfad, der am Ende nochmal richtig steil wird, führt uns zum Ziel, dem Gipfelkreuz des unvergleichlichen Jochbergs.

3 **Der Walchensee** in seiner unverkennbar leuchtenden Farbe taucht dann plötzlich vor uns auf. Er präsentiert sich in seiner vollen Pracht, während dahinter das majestätische Karwendelgebirge und das Wettersteingebirge mit ihren schneebedeckten Gipfeln für eine dramatische Kulisse sorgen. Um uns herum ragen weitere Gipfel empor, darunter der Hirschhörnlkopf und Rabenkopf. Der Kochelsee liegt uns im Nordwesten zu Füßen. Wir machen es uns am Wiesenhang unterhalb des Gipfelkreuzes gemütlich und genießen die stimmungsvolle Aussicht.

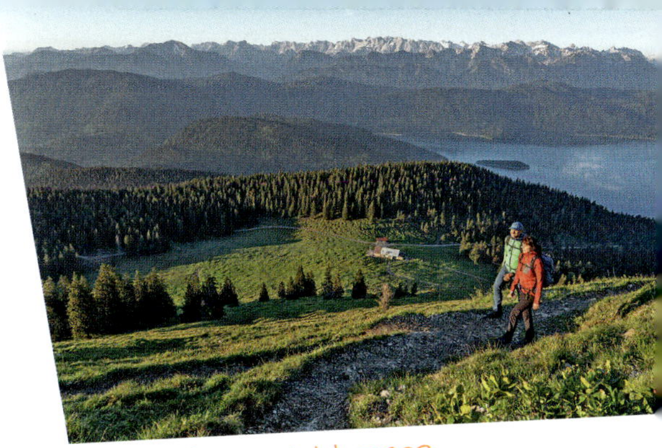

Blick auf den Walchensee

KM 4

Für den Abstieg gehen wir zunächst auf dem gleichen Weg zurück und biegen dann links zur Jocheralm ab, die wir bereits vom Gipfel aus sehen.

4 **An der Jocheralm** bekommen wir nun endlich unsere wohlverdiente warme oder kalte Stärkung. Der süße Gaumen wird mit Kaiserschmarren und hausgemachten Kuchen verwöhnt. Alle verwendeten Zutaten kommen übrigens aus der Region und teilweise sogar aus der eigenen Herstellung. Die Alm ist klein, urig und sehr schön gelegen, kann aber schnell voll sein. Im Sommer sorgen die Kühe, die sich um die Alm tummeln, für ein ganz besonderes Bergfeeling und Idylle pur. Achtung, Montag ist Ruhetag und von Mitte Oktober bis Mai Winterpause.

Unterwegs am Ufer des Walchensees

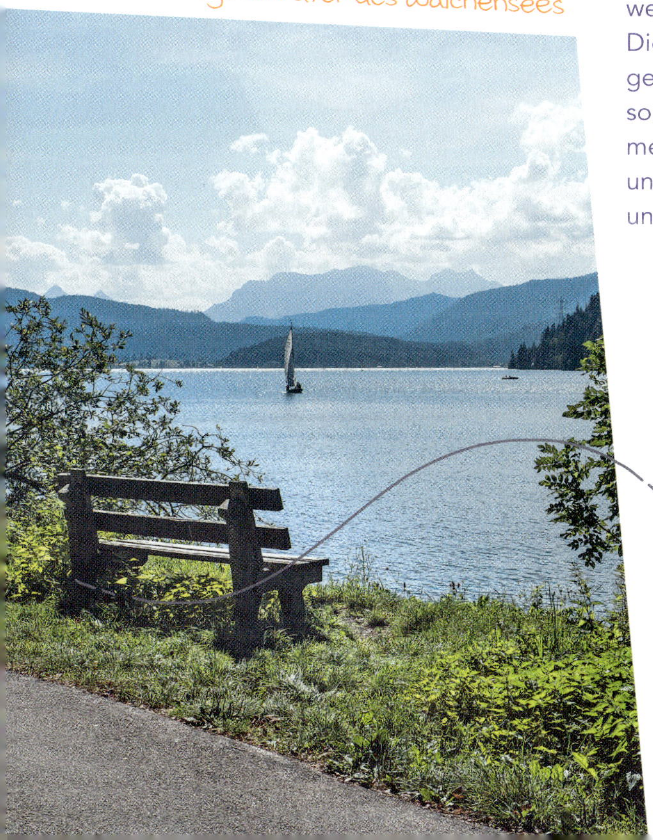

Nur wenige wählen die sehr lohnenswerte Rundtour, die am Ufer des Walchensees zurückführt.

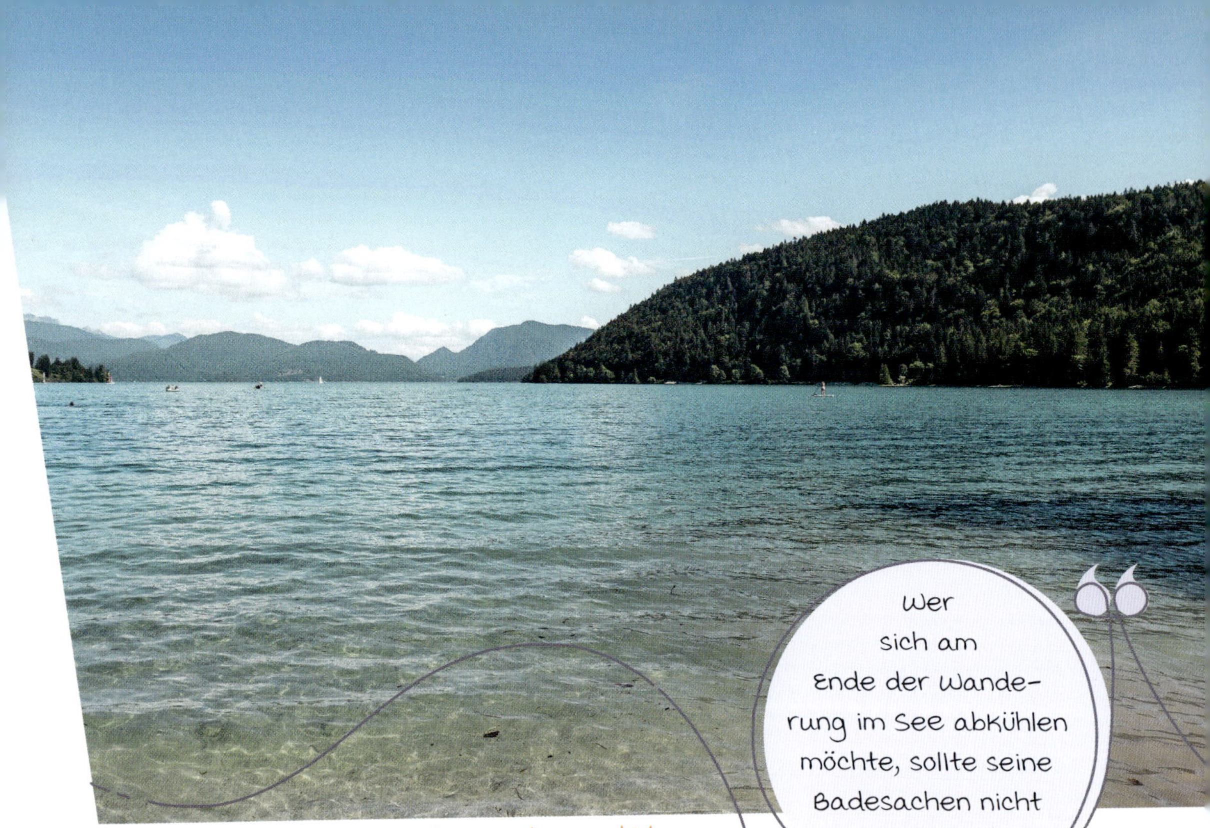

Der Walchensee ist besonders sauber und klar.

Wer sich am Ende der Wanderung im See abkühlen möchte, sollte seine Badesachen nicht vergessen!

i-TÜPFELCHEN

KLEINE STÄRKUNG

Nach dem Baden noch eine Stärkung gefällig? Diese bekommt man auf der Heimfahrt beim Grauen Bär. Die herrliche Sonnenterrasse liegt direkt am Kochelsee.

KM 7

Für den weiteren Abstieg entscheiden wir uns für eine Rundtour und gehen Richtung »Sachenbach« und »Walchensee«. Kurz danach biegen wir rechts auf den Pfad ab und folgen diesem bis zum Walchensee.

5 Auf dem Weg zum Walchensee müssen wir aufpassen: Die Abzweigung nach rechts zu unserem Abstiegsweg verpasst man schnell, obwohl sie ausgeschildert ist. Am besten hat man die GPS-Daten dieser Tour auf dem Handy dabei. Der Pfad, auf den wir abbiegen, schlängelt sich nun teilweise steil durch den Wald nach unten, bis wir nach einer Stunde am Nordostufer des Walchensees ankommen. Der restliche Weg verläuft entlang des Seeufers. Wir können uns eine Badestelle für die lang ersehnte Erfrischung aussuchen und den Tag am See ausklingen lassen. Danach müssen wir nur noch zurück zum Parkplatz laufen.

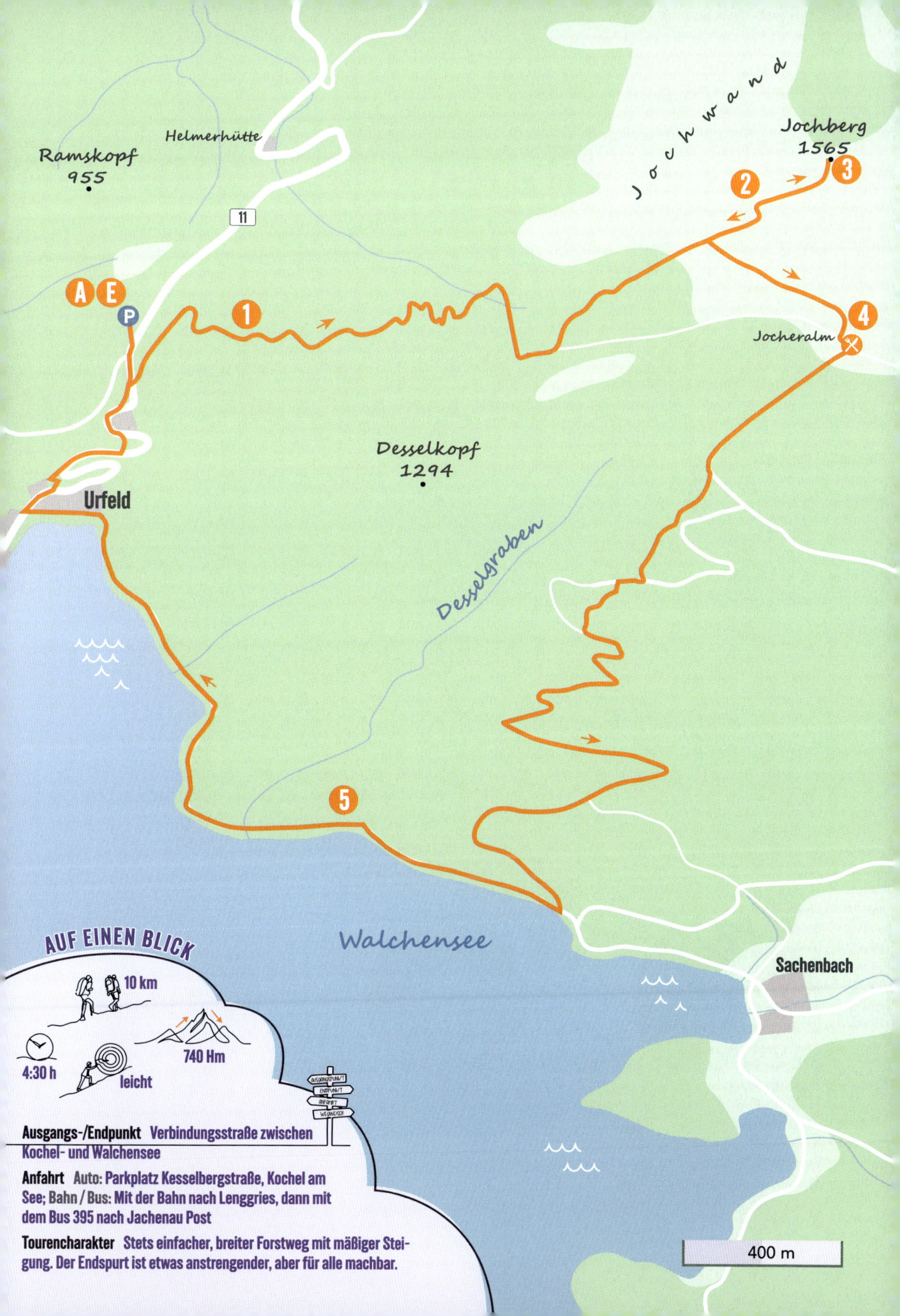

AUF EINEN BLICK

10 km

740 Hm

4:30 h

leicht

Ausgangs-/Endpunkt Verbindungsstraße zwischen Kochel- und Walchensee

Anfahrt Auto: Parkplatz Kesselbergstraße, Kochel am See; Bahn / Bus: Mit der Bahn nach Lenggries, dann mit dem Bus 395 nach Jachenau Post

Tourencharakter Stets einfacher, breiter Forstweg mit mäßiger Steigung. Der Endspurt ist etwas anstrengender, aber für alle machbar.

7

RABENKOPF BEI JACHENAU

DIE PERFEKTE SOMMER-WANDERUNG

Der Rabenkopf (1555 m) ist eine willkommene und weniger besuchte Alternative zu den nahegelegenen stark frequentierten Gipfeln des Jochbergs und Hirschhörnlkopfs. Einige spannende Highlights erwarten uns auf dieser Tour: ein Wasserfall, der nicht nur wie im Bilderbuch aussieht, sondern in dem man auch baden kann sowie Gumpen, die sich als perfekte Badewannen entpuppen, außerdem ein herrlicher Blick auf den Kochelsee und die urige Staffelalm zur Einkehr. Was will man mehr? Schon der Maler Franz Marc kam einige Sommer auf die Staffelalm und verewigte sich dort vor mehr als 100 Jahren mit zwei Zeichnungen direkt auf der Wand: Er fertigte das Fresko eines Hirsches mit Hirschkuh sowie einen Stierkopf – einfach in der Alm nach den Gemälden fragen.

KM 5

Vom Parkplatz in der Jachenau folgen wir den Schildern »Rabenkopf« und »Staffelalm«. Bei der ersten Kreuzung nach ca. 45 Minuten halten wir uns rechts, gehen nicht über die Brücke nach links, sondern folgen dem Schotterweg.

1

KM 5

IMPOSANTER GLASBACHWASSERFALL

Zum Baden oder Staunen

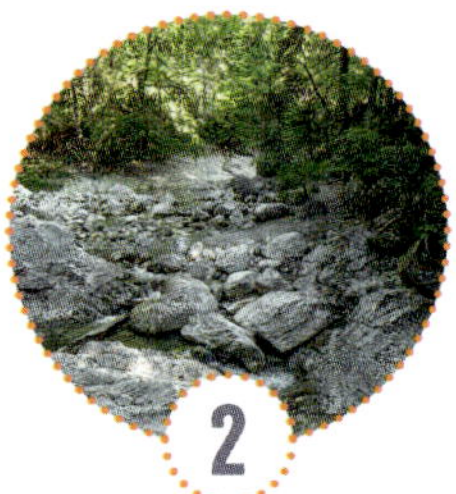

2

KM 7

BADEGUMPEN

Eine weitere Erfrischungsmöglichkeit

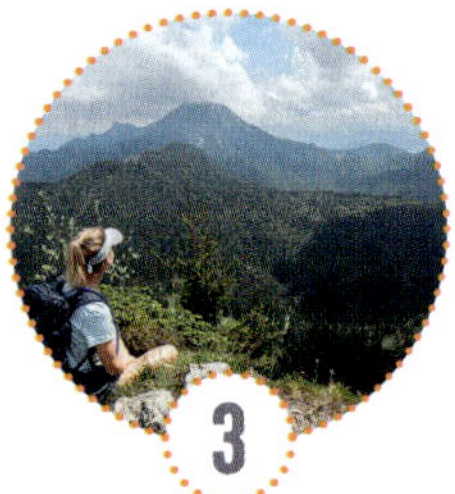

3

KM 9

RABENKOPF

Vielfältiger Ausblick in alle Richtungen

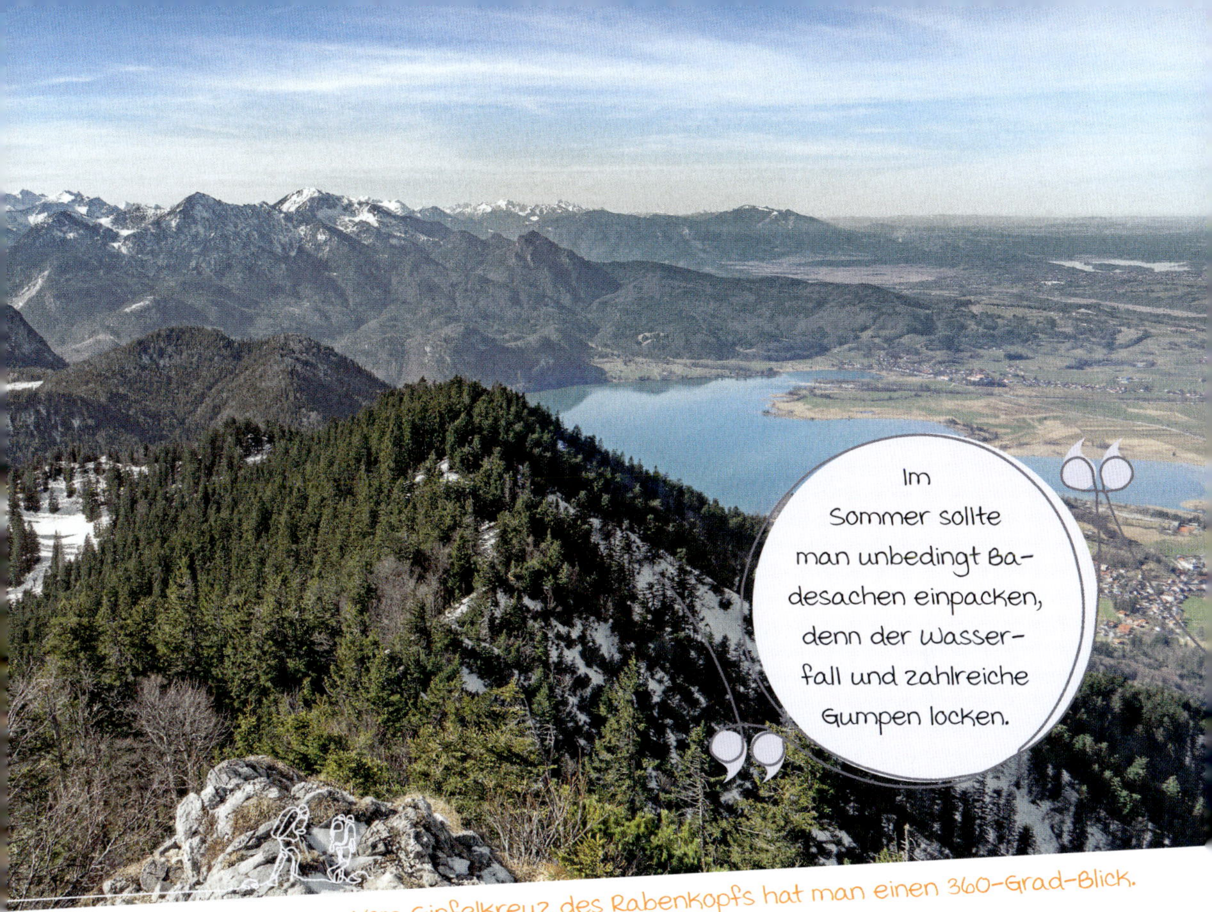

Vom Gipfelkreuz des Rabenkopfs hat man einen 360-Grad-Blick.

1 Die Tour startet auf einer Schotterstraße, die sich gemächlich bergauf zieht. Nach einer Stunde erwartet uns ein Highlight: Wir machen einen Abstecher zum Glasbachwasserfall, der sich in ein türkisblaues Becken ergießt. Das Quellwasser ist zwar eiskalt, aber für die Füße wohltuend. Hartgesottene können bei angemessenem Wasserstand in der Gumpe baden. Die kleine Schlucht ist so idyllisch, dass wir am liebsten länger bleiben würden. Doch wir haben noch 1,5 Stunden Aufstieg zum Rabenkopf vor uns.

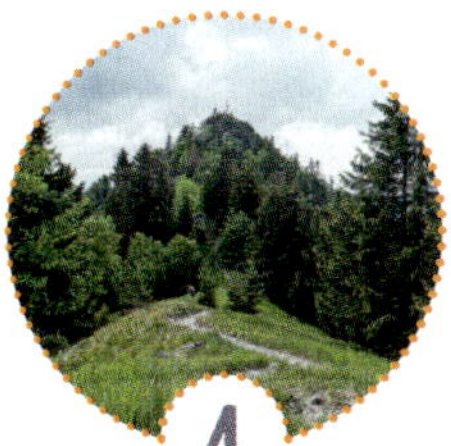

4

KM 10

SCHWARZECK

Kleiner Gipfel mit malerischer Aussicht

5

KM 12

STAFFELALM

Stärkung in uriger Umgebung

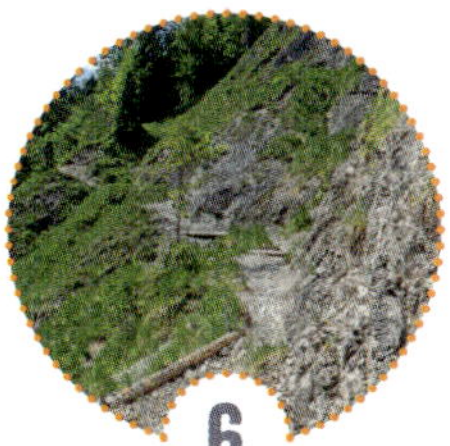

6

KM 13

ABENTEUERLICHE RAPPINSCHLUCHT

Ein Highlight zum Schluss

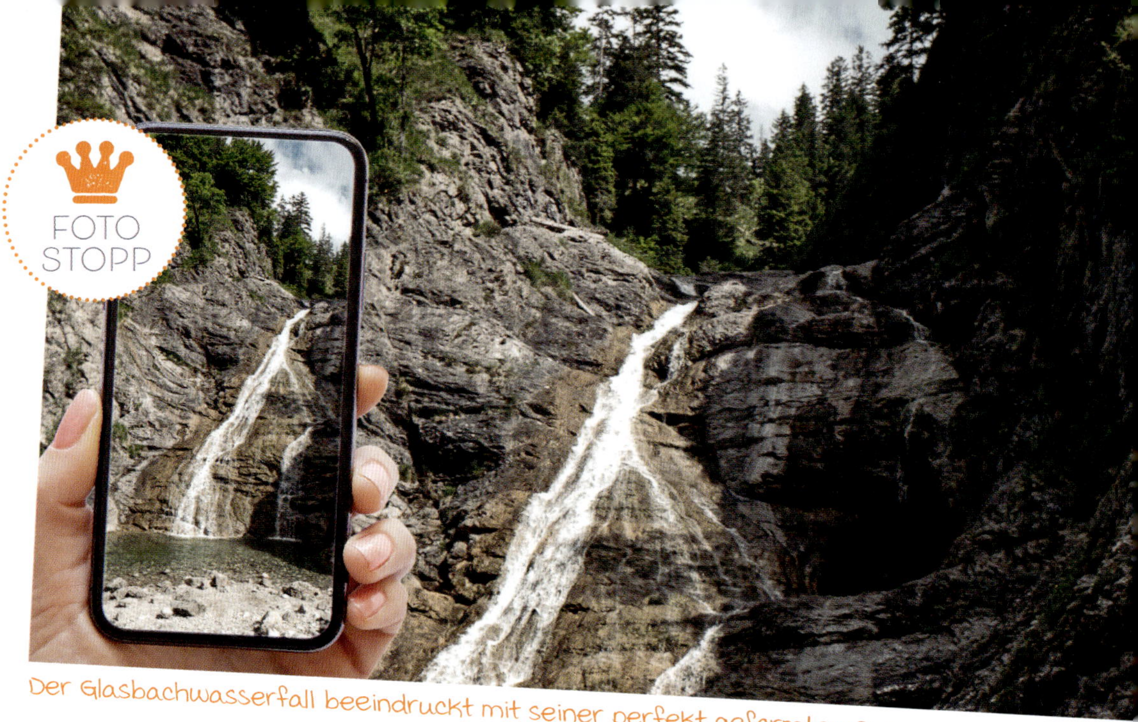

Der Glasbachwasserfall beeindruckt mit seiner perfekt geformten Gumpe.

KM 7

Vom Wasserfall nehmen wir den gleichen Weg zurück zum Hauptweg und folgen den Schildern Richtung »Rabenkopf« und »Staffelalm«.

2 Entlang des Staffelbaches auf der Schotterstraße wandernd, sehen wir immer wieder kleine Gumpen, die sich perfekt zum Baden eignen. Wer noch kein Bad im Wasserfall genommen hat, kann vielleicht bei diesen perfekt geformten Badewannen nicht widerstehen? Achtung: Dies ist nur bei geeignetem Wasserstand möglich! Die Schotterstraße geht bald in einen Wanderpfad über. Im Frühling wird es hier besonders farbenfroh, denn die saftig grünen Wiesen erblühen in allen Farben. Ganz nebenbei bringen wir einige steile Höhenmeter hinter uns und können plötzlich in der Ferne schon die Staffelalm erkennen.

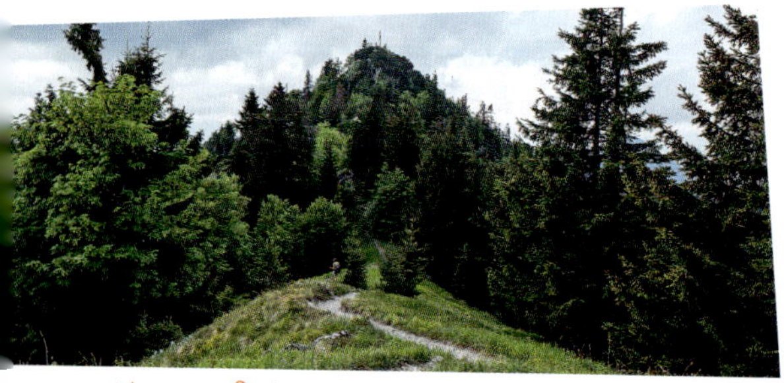

Blick auf das Schwarzeck vom Rabenkopf

i-TÜPFELCHEN

TÜRKISER BADETRAUM

In nur zehn Minuten ist man ab Beginn der Mautstraße am Südostufer des Walchensees angekommen. Dort kann man baden oder sich ein Stand-up-Paddle-Board ausleihen.

KM 9

Wir passieren zunächst die Staffelalm und folgen dem Stufenweg zum Gipfel.

3 **Die letzten 20 Minuten** zum Rabenkopf haben es in sich. Doch bevor uns die Puste ausgeht, haben wir den schmalen Gipfel schon erreicht. Der Ausblick kann sich sehen lassen. Nach Westen erstreckt sich der Kochelsee. An einem klaren Tag kann man sogar den Staffelsee und Starnberger See in der Ferne erkennen. Im Norden beeindruckt das angrenzende Loisachtal. Und ganz nah vor uns ragen die Benediktenwand, der Roß- und Buchstein, der Jochberg und das Demeljoch in die Höhe. Wir lassen uns kurz auf den wenigen Felsen am Gipfelkreuz nieder, um die Aussicht zu bestaunen und machen uns dann auf Richtung Staffelalm für eine Stärkung und längere Pause.

Die Staffelalm ist klein, aber fein.

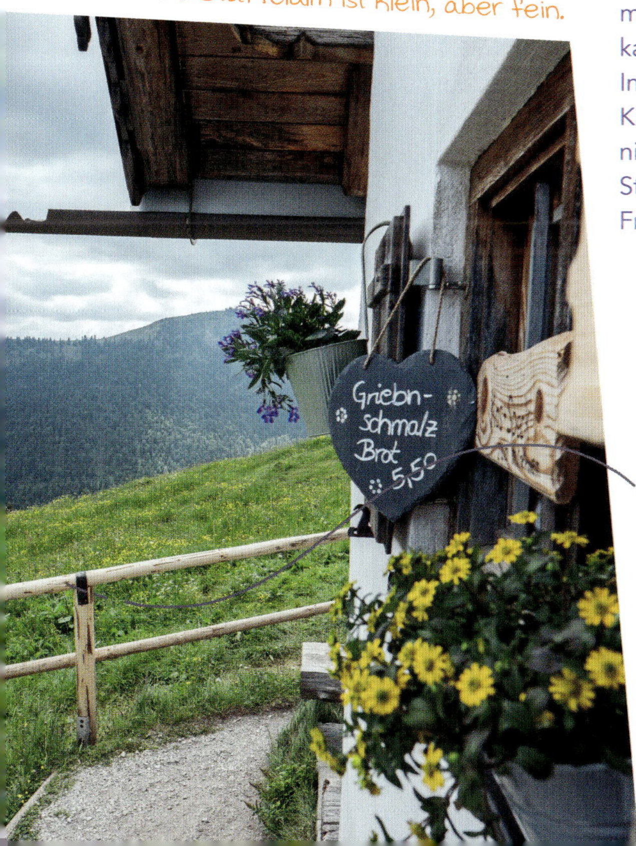

KM 10

Vom Gipfel aus steigen wir nach Norden über das Schwarzeck ab. Dafür folgen wir den Schildern nach rechts.

4 **Zur Abwechslung** und, um dem Gegenverkehr auszuweichen, nehmen wir nicht den gleichen Weg zurück, sondern steigen über das Schwarzeck ab. Dies ist ein kleiner Aussichtsgipfel, der sich unweit unterhalb des Rabenkopfs befindet. Ein schmaler Pfad führt uns die knapp 300 Meter vom Rabenkopf hinunter zum Schwarzeck.

KM 12

Vom Schwarzeck schlängelt sich der Weg nach Osten weiter nach unten, dann biegen wir rechts zur Staffelalm ab.

5 **Vor dem Abstieg** kehren wir in der Staffelalm ein. Diese kleine, urige Hütte mit nur wenigen Plätzen bietet Getränke, kalte Brotzeit und hausgemachte Kuchen an. In der Sonne und mit bestem Blick auf das Karwendel und das Wettersteingebirge genießen wir hier die Nachmittagssonne. Die Staffelalm war übrigens bereits vom Künstler Franz Marc geschätzt.

In der Alm kann man zwei Zeichnungen von Franz Marc bestaunen – einfach die Sennerin fragen!

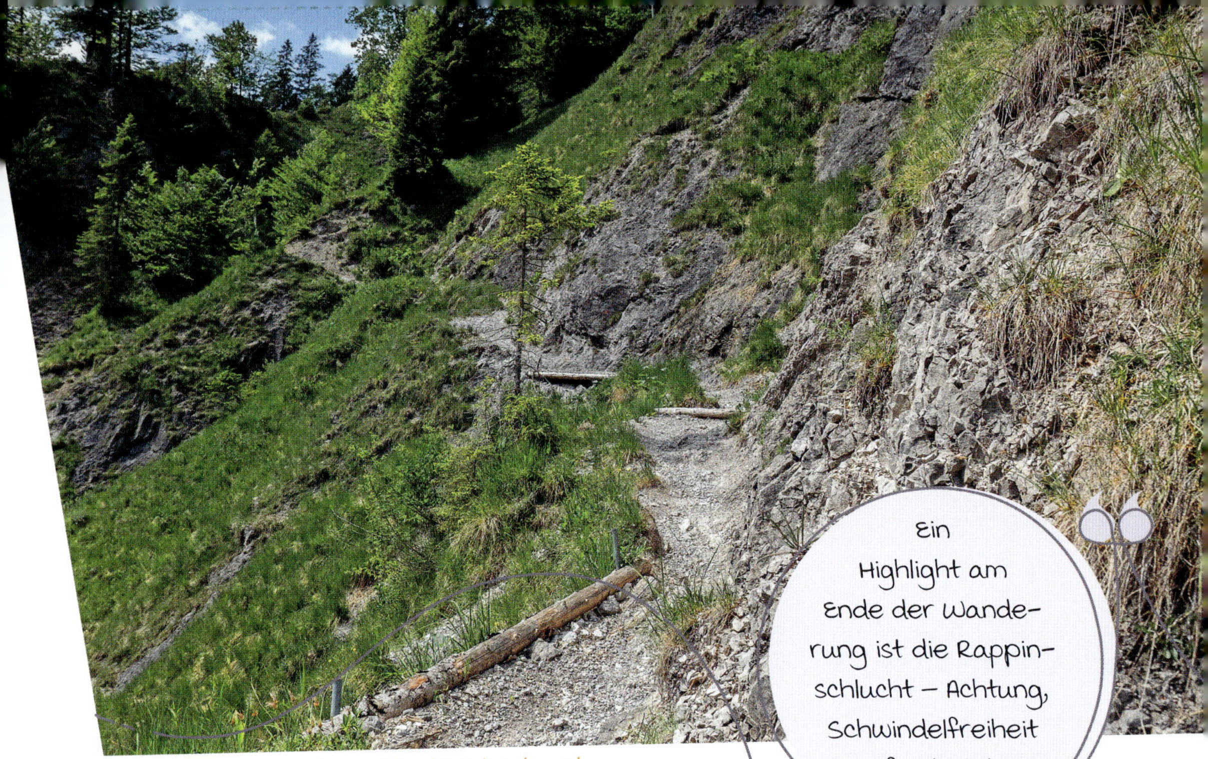

Der Weg durch die Schlucht ist schmal.

Ein Highlight am Ende der Wanderung ist die Rappinschlucht – Achtung, Schwindelfreiheit erforderlich.

i-TÜPFELCHEN

FRANZ MARC MUSEUM

Nachdem man auf der Staffelalm bereits den Herzensort von Franz Marc besucht hat, kann man sich im gleichnamigen Museum direkt am Kochelsee weiter auf seine Spuren begeben.

KM 13

Wir wählen einen anderen Rückweg und halten uns bei der Staffelalm rechts. Dann nehmen wir den Weg Richtung Süden nach Jachenau durch die Rappinschlucht.

6 Nach unten bis zum Anfang der Rappinschlucht führt uns ein einfacher Weg zunächst über einen Wiesenhang und später durch den Wald. Die Schlucht verspricht einen Hauch von Abenteuer zum Schluss. Ein schmaler Weg durch die Schlucht wird am Ende abschüssig und ausgesetzt, nach wenigen hundert Metern aber wieder breiter. Schwindelfrei sollte man trotzdem sein. Nach der Schlucht führt der Pfad über eine Holzbrücke zurück auf die breite Forststraße, die wir bereits vom Aufstieg kennen. Nun gilt es, nur noch für ein paar Kilometer auf der Schotterstraße bis zum Parkplatz zu marschieren – oder bis zur Badegumpe, die man sich zu Beginn der Wanderung ausgesucht hat. Wer nicht schwindelfrei ist, nimmt lieber den Aufstiegsweg zurück zum Parkplatz.

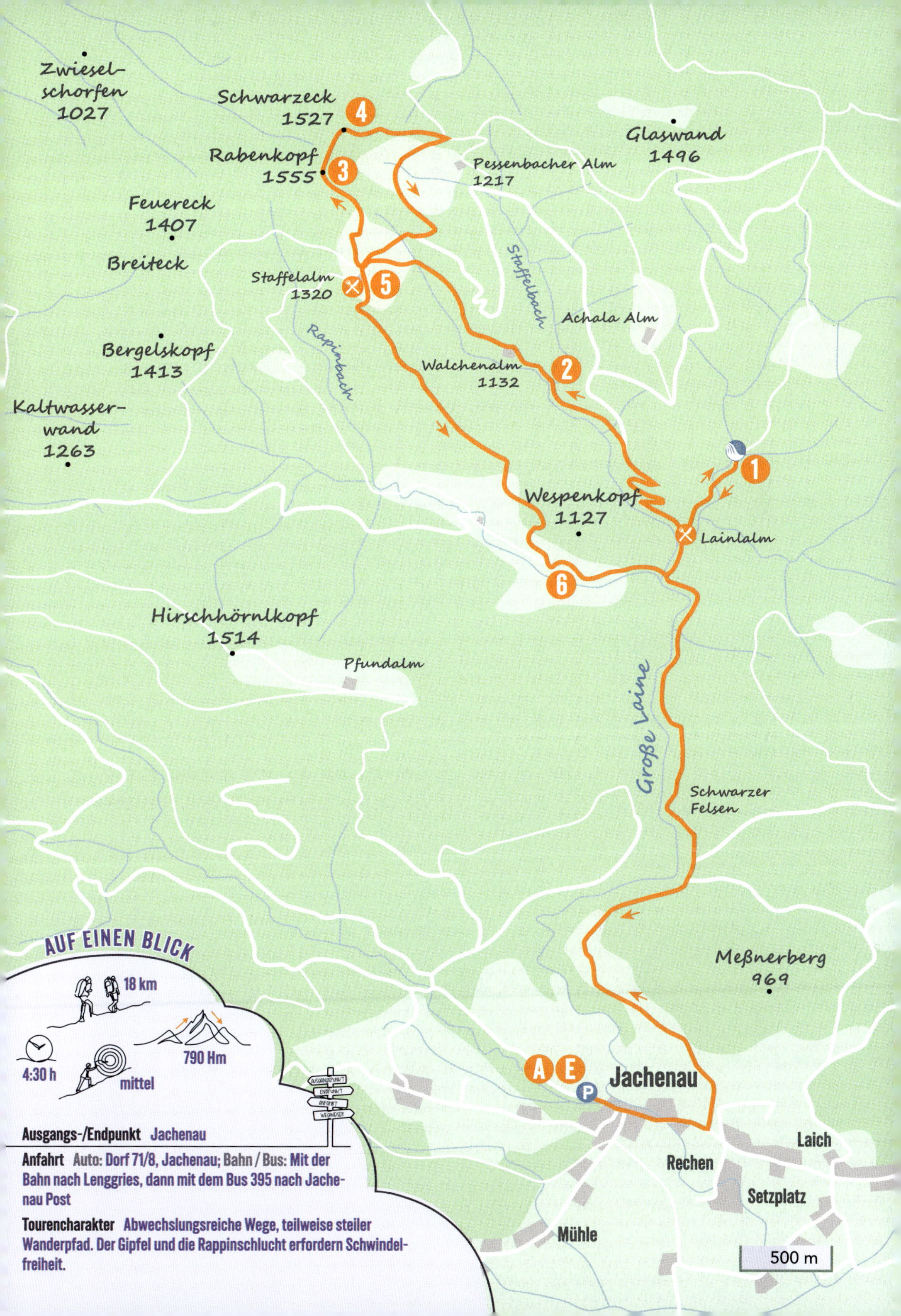

AUF EINEN BLICK

18 km

790 Hm

4:30 h

mittel

Ausgangs-/Endpunkt Jachenau

Anfahrt Auto: Dorf 71/8, Jachenau; Bahn / Bus: Mit der Bahn nach Lenggries, dann mit dem Bus 395 nach Jachenau Post

Tourencharakter Abwechslungsreiche Wege, teilweise steiler Wanderpfad. Der Gipfel und die Rappinschlucht erfordern Schwindelfreiheit.

8

HIRSCHHÖRNLKOPF BEI JACHENAU

GANZJAHRES-ALLROUNDER

Die Wanderung auf den Hirschhörnlkopf (1515 m) ist eine schöne Alternative zum sehr beliebten Jochberg, der nur wenige Kilometer Luftlinie entfernt ist. Die Aussicht vom Hirschhörnlkopf steht dem großen Bruder in nichts nach. Denn auch der Hirschhörnlkopf bietet einen fantastischen Panoramablick auf den Walchensee und die umliegenden Berge. Aufgrund des Aufstiegs im Süden des Gipfels eignet sich diese Tour auch besonders gut im Winter. Selbst im Schnee ist sie gut machbar, dann aber am besten gut ausgerüstet mit Wanderstöcken und bei Bedarf mit Grödeln. Diese Allrounder-Tour ermöglicht aber nicht nur ein einmaliges Wintererlebnis, sondern eignet sich auch hervorragend als leichte erste Frühlingswanderung, um die Saison gebührend einzuläuten. Egal zu welcher Jahreszeit, die Wanderung auf den Hirschhörnlkopf ist immer eine gute Idee, denn sie ist kurzweilig und besonders aussichtsreich.

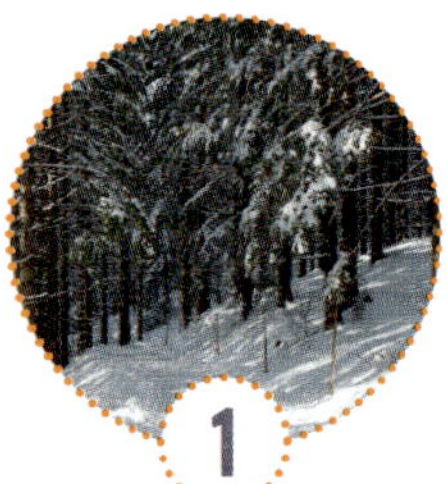

1

KM 1

TAL DER KLEINEN LAINE

Bequeme Strecke zu Beginn

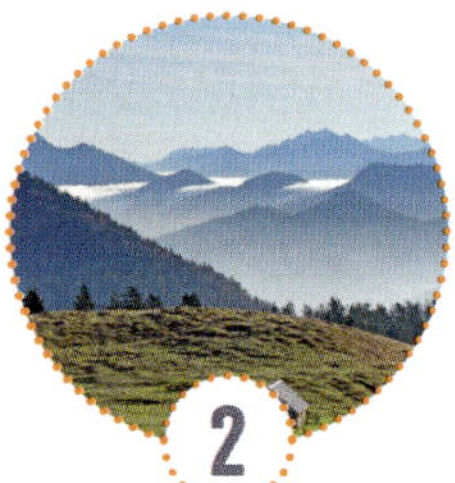

2

KM 5

PFUNDALM

Perfekt für eine kurze Verschnaufpause

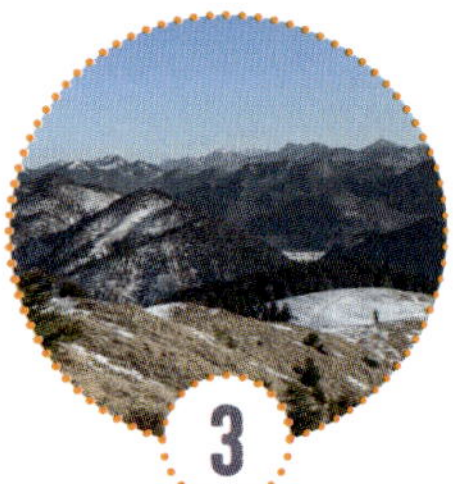

3

KM 5–6

GRASHÜGEL

Endspurt mit fantastischer Fernsicht

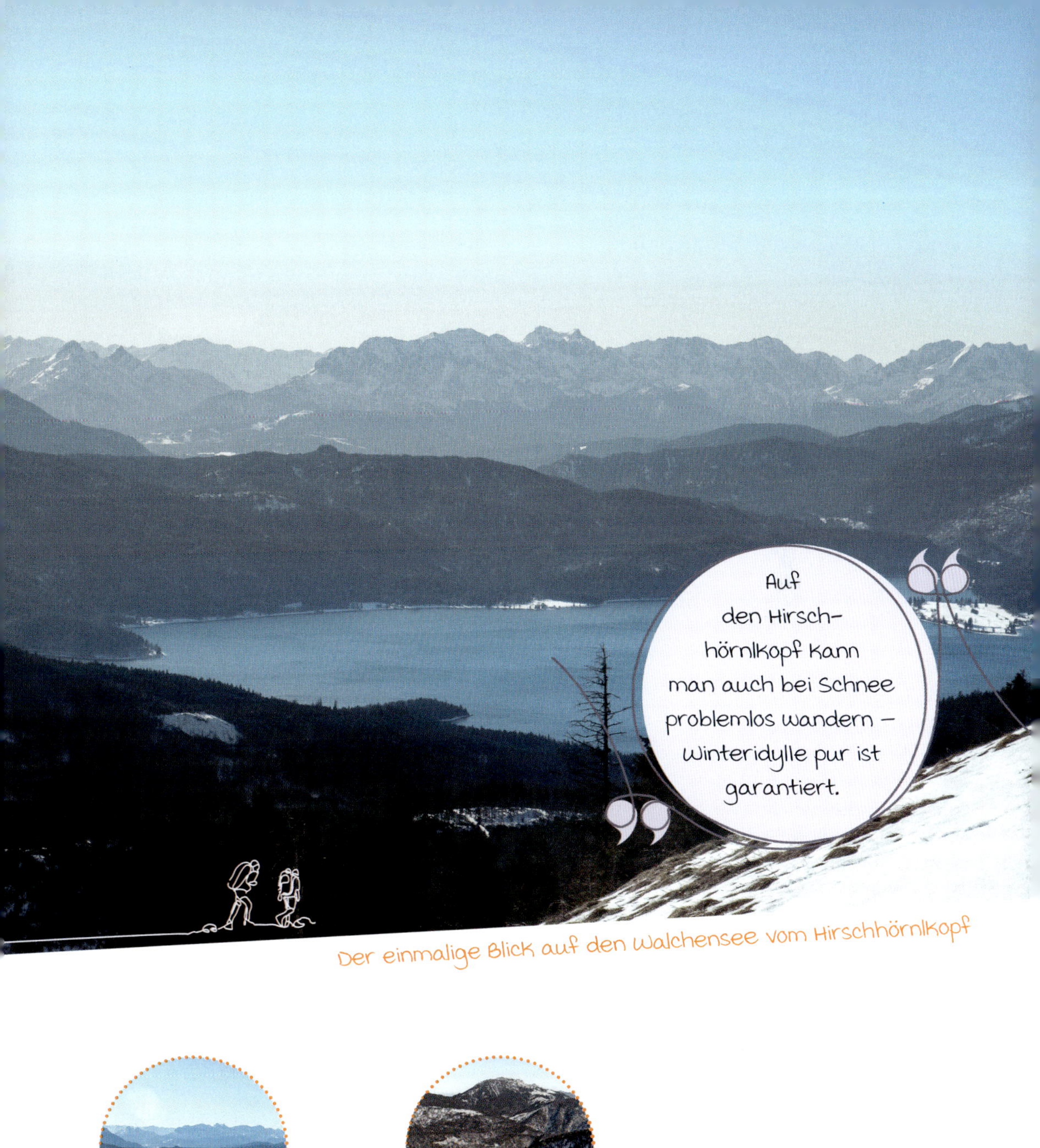

Der einmalige Blick auf den Walchensee vom Hirschhörnlkopf

KM 6

HIRSCHHÖRNLKOPF

Beeindruckendes Panorama

KM 9

KOTALM

Abwechslungsreicher Rundweg

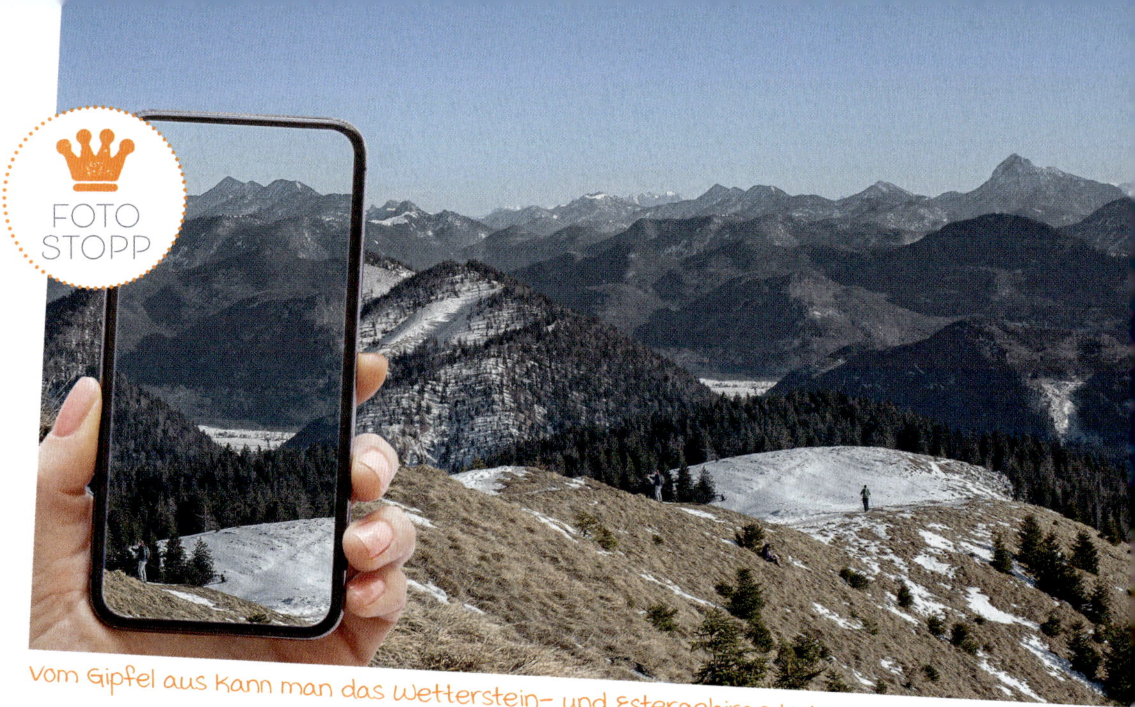

Vom Gipfel aus kann man das Wetterstein- und Estergebirge knipsen.

KM 5

Vom Parkplatz aus richten wir uns nach den Schildern zum »Hirschhörnlkopf«. Nach einer Viertelstunde biegen wir rechts ab und folgen dem Weg und den Schildern.

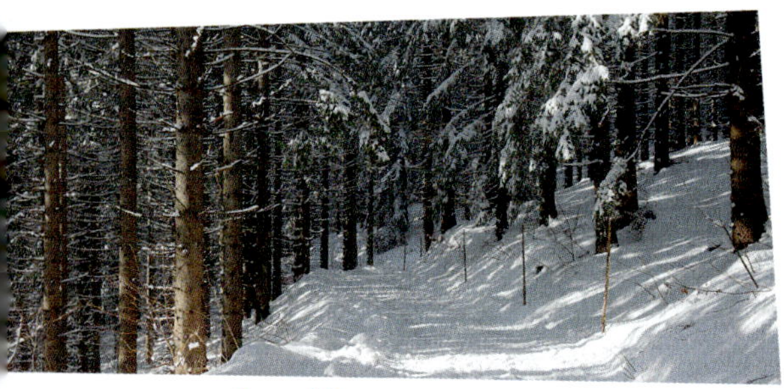

Begehbarer Weg auch bei Schnee

1 **Im beschaulichen Jachenau** beginnt diese Wanderung und ist ab dem Parkplatz sehr gut ausgeschildert. Zum Auftakt laufen wir uns langsam auf der breiten Forststraße ein. Zu Beginn können wir bereits das heutige Ziel, den Hirschhörnlkopf, entdecken. Die Forststraße verläuft zunächst auf offenem Gelände entlang eines kleinen Baches, der Kleinen Laine und führt uns durch das idyllische Tal der Kleinen Laine. Nach einer guten Viertelstunde führt der Weg in ein Waldstück und verläuft weiter im Schatten. Nun wird es auch anspruchsvoller, sonst wäre es ja auch langweilig, oder?

i-TÜPFELCHEN

KULINARISCHER TRAUM

Auf der Rückfahrt kann man sich im Jachenauer Dorfladen mit regionalen Produkten, wie Käse oder Fleischspezialitäten, eindecken – oder vor der Wanderung mit einer Leberkässemmel.

KM 5

Nach ca. 45 Minuten beginnt ein schmaler Pfad, der uns im Zickzack weiter den Berg hinauf führt, bis wir auf offenes Gelände und zur Pfundalm gelangen.

2 Serpentine für Serpentine kommen wir immer höher hinaus. Gott sei Dank noch meist im Schatten des Waldes. Einige Schweißperlen später lichtet sich der Wald allmählich und wir erreichen die Pfundalm. Diese wird auch als Bärenhauptalm bezeichnet, weil der Bergrücken, auf dem sie sich befindet der Bärenhaupt ist. Die Alm ist zwar nicht bewirtschaftet, hält aber Sitzgelegenheiten für eine kurze Verschnaufpause und einen überraschend weitreichenden Ausblick bereit, der ein echtes Highlight auf dieser Wanderung ist.

Kurze Verschnaufpause an der Pfundalm

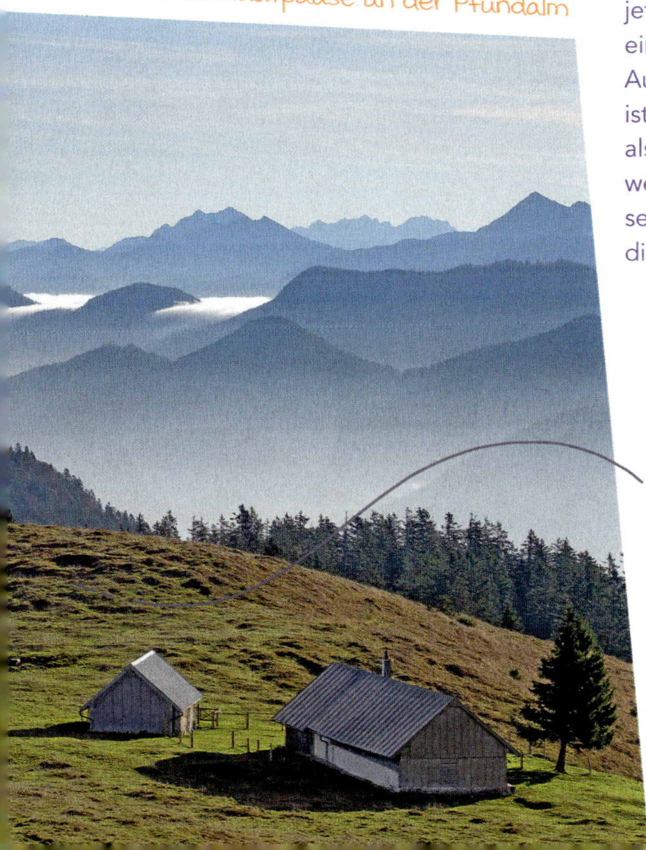

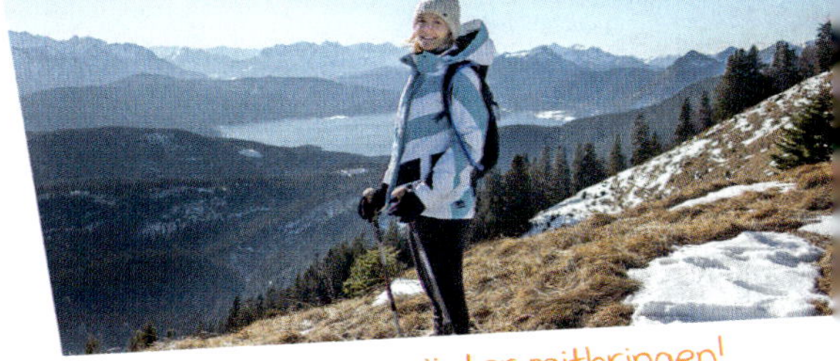

Wanderstöcke im Winter mitbringen!

KM 5

Wir folgen immer weiter dem Steig, der über einen Grashügel nach oben führt. Dieser wird schmaler und steiler und führt uns bis zum Gipfel.

3 Nun lichtet sich der Wald und das letzte Stück verläuft über offenes Gelände. Wir können am Ende des Grashügels bereits das Tagesziel erkennen und nach wenigen Höhenmetern offenbart sich auch schon ein beeindruckender Blick auf den Walchensee. Der glitzernde See präsentiert sich bereits jetzt in seiner ganzen Pracht und verheißt ein Panorama, das die Anstrengungen des Aufstiegs mehr als belohnen wird. Vielleicht ist das letzte Stück Aufstieg sogar schöner als das trubelige Gipfelkreuz. Deswegen und weil das letzte Stück ganz schön steil ist, lassen wir uns beim Aufstieg Zeit und genießen diese herrliche Umgebung.

Wer die Tour um ca. drei Kilometer verkürzen möchte, nimmt den kürzeren Aufstiegsweg wieder nach unten.

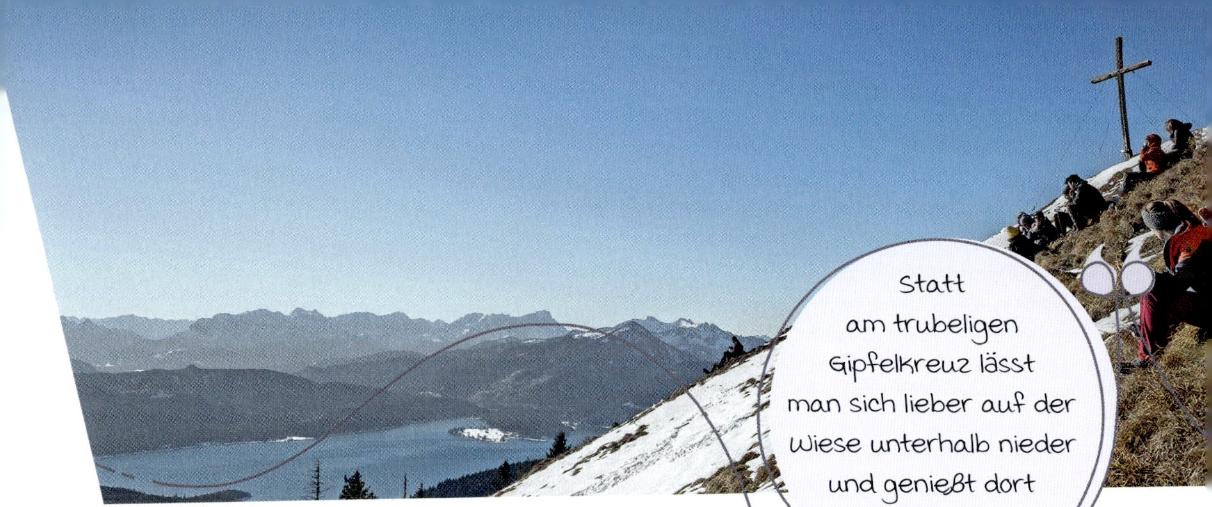

Hirschhörnlkopf im Winter

> Statt am trubeligen Gipfelkreuz lässt man sich lieber auf der Wiese unterhalb nieder und genießt dort seine Brotzeit.

TRAUMHAFT

SEEBAD

Nach einer Winterwanderung gibt es nichts Besseres, als in der heißen Sauna die Seele baumeln zu lassen: Auf der Rückfahrt bietet sich hierfür das Seebad Starnberg an.

KM 6

Nach dem steilen Grashügel haben wir das Gipfelkreuz des Hirschhörnlkopfs schon erreicht und damit das Tagesziel und eine fantastische Aussicht.

4 Angesporrnt vom Ausblick, der Schritt für Schritt schöner wird, haben wir den Grashügel in ca. 20 Minuten erklommen und genießen eine fantastische Fernsicht in alle Richtungen: vom Guffert im Osten über das Karwendel im Süden und vom Wetterstein- bis zum Estergebirge im Südwesten. Vor uns liegt der Walchensee in seiner unvergleichlichen Schönheit. Im Norden können wir den Ammersee erkennen und natürlich die Gipfel in nächster Nähe, etwa den Jochberg oder den Rabenkopf. Was für ein herrlicher Rundumblick!

KM 9

Wir nehmen zunächst den gleichen Weg über den Wiesenhang nach unten, biegen dann nach rechts ab Richtung »Kotalm«. Bei den nächsten beiden Kreuzungen halten wir uns links und folgen immer den Schildern Richtung »Jachenau«.

5 Für den Abstieg entscheiden wir uns für einen Rundweg – das ist abwechslungsreicher, als wieder den gleichen Weg nach unten zu nehmen. Dieser ist zwar um knapp drei Kilometer länger als der Aufstiegsweg, das nehmen wir jedoch gerne in Kauf. Während des Abstiegs lohnt es sich nochmal umzudrehen und einen Blick auf den Jochberg zu werfen. Auf dem Weg passieren wir die Kotalm. Diese ist zwar nicht bewirtschaftet, bietet aber eine Trinkwasserquelle.

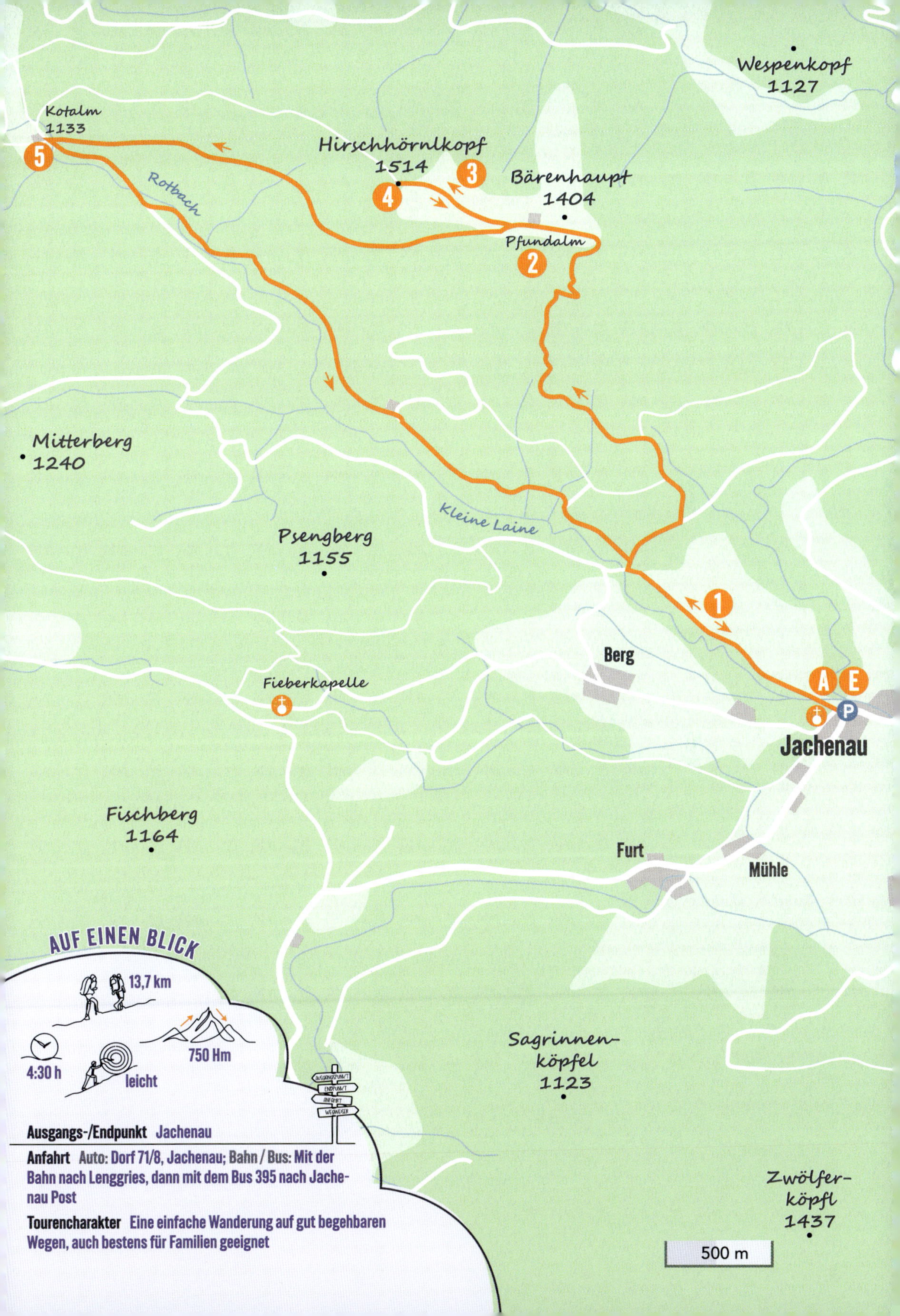

AUF EINEN BLICK

13,7 km

750 Hm

4:30 h

leicht

Ausgangs-/Endpunkt Jachenau

Anfahrt Auto: Dorf 71/8, Jachenau; Bahn / Bus: Mit der Bahn nach Lenggries, dann mit dem Bus 395 nach Jachenau Post

Tourencharakter Eine einfache Wanderung auf gut begehbaren Wegen, auch bestens für Familien geeignet

9

HEIGELKOPF, BLOMBERG UND ZWIESEL

VON GIPFEL ZU GIPFEL

Bist du bereit für ein Abenteuer, das nicht nur dreifaches Gipfelglück verspricht, sondern auch Wanderneulingen eine einmalige Gelegenheit bietet? Auf dieser Tour erklimmen wir in kürzester Zeit gleich drei Gipfel: den Heigelkopf (1205 m), den Zwiesel (1348 m) und den Blomberg (1248 m), den stolzen Hausberg von Bad Tölz. Der Blomberg ist nicht zuletzt aufgrund seiner einfachen Erreichbarkeit mit der Blombergbahn und den gebotenen spaßigen Aktivitäten, die Sommer wie Winter für Action sorgen, beliebt. Die Wanderung von Gipfel zu Gipfel dauert nur etwa vier Stunden und belohnt uns mit wunderschönen Aussichtspunkten auf das Tölzer Land. Obwohl es in den bayerischen Voralpen spektakulärere Panoramen gibt, ist diese Tour mit ihren vielfältigen Ausblicken in alle Richtungen ein echtes Highlight in der Region Bad Tölz.

KM 1

Vom Parkplatz aus folgen wir der Teerstraße nach links. Nach ca. 100 Metern teilt sich der Weg und wir halten uns rechts, den Schildern zum »Heigelkopf« und zum »Blomberghaus« folgend.

1 **Bevor es losgeht,** sollte man sich nicht von den Schildern verwirren lassen. Sie geben an, dass man drei Stunden zum Heigelkopf braucht – man hat ihn aber bereits in 1,5 Stunden erreicht. Nachdem wir die Teerstraße hinter uns gelassen haben, verläuft die Strecke etwas steiler und nach wenigen Minuten

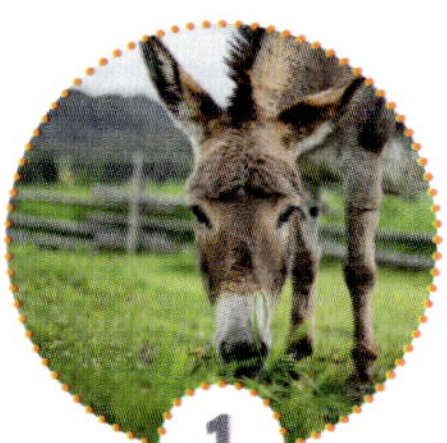

1

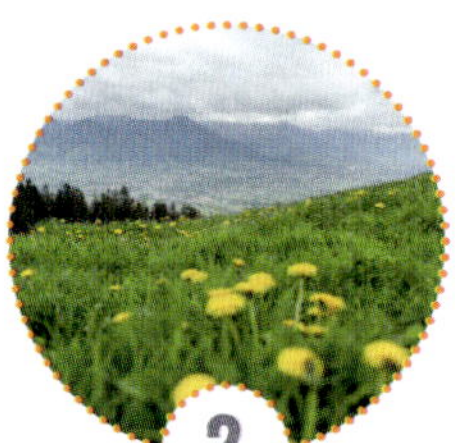

2

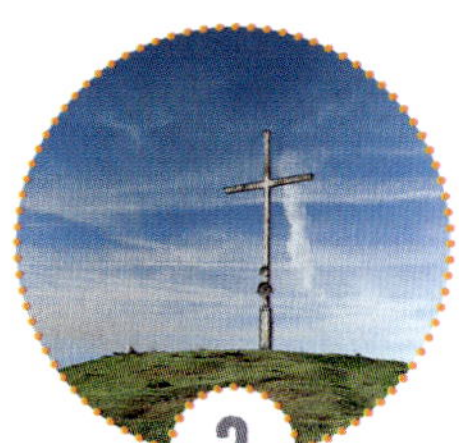

3

KM 1
BAUN-ALM
Wo man den Eseln »Hallo« sagen kann

KM 3
HEIGELKOPF
Erstes Gipfelkreuz erreicht

KM 4
BLOMBERG
Der zweite und trubeligste Gipfel

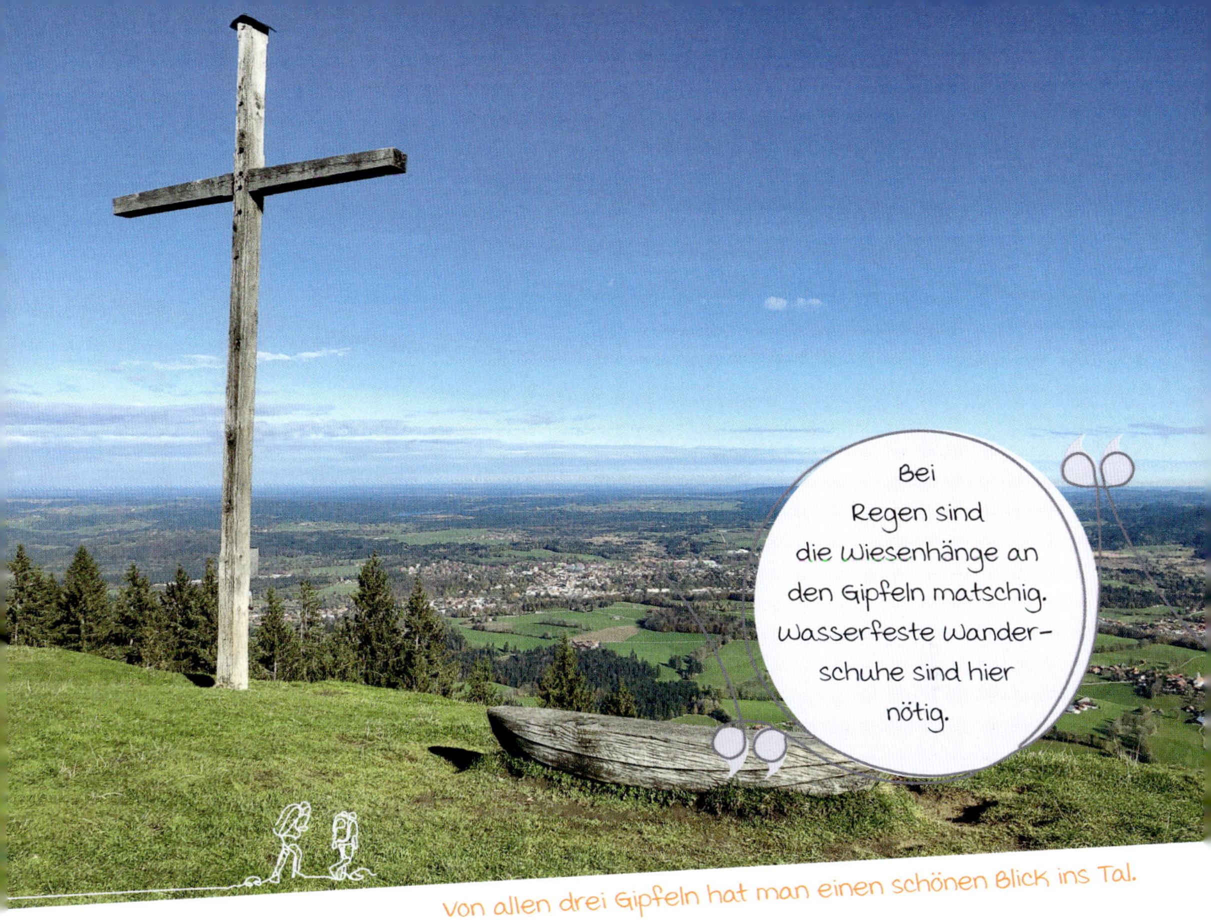

Bei Regen sind die Wiesenhänge an den Gipfeln matschig. Wasserfeste Wanderschuhe sind hier nötig.

Von allen drei Gipfeln hat man einen schönen Blick ins Tal.

lichtet sich der Wald. Der Weg führt uns auf offenes Gelände, vorbei an der Baun-Alm, auf der Rinder artgerecht gezüchtet werden. Hier erwartet vor allem Kinder ein besonderes Highlight: Unter die Kühe auf der Weide haben sich zwei Esel gemischt. Mit etwas Geduld kommen sie an den Zaun und lassen sich aus nächster Nähe bestaunen. Bitte beachtet: Die Tiere dürfen nicht gefüttert werden! Hier lohnt auch ein Blick zurück. Denn nach nur 20 Minuten Fußmarsch hat man bereits einen weitreichenden Blick über Wackersberg.

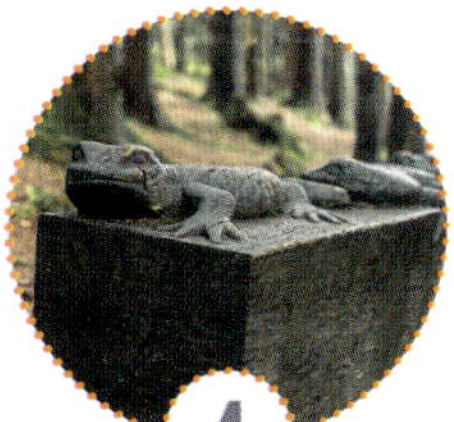

4

KM 4–5

KUNSTWANDERWEG

Kunstvolle Schnitzarbeiten bestaunen

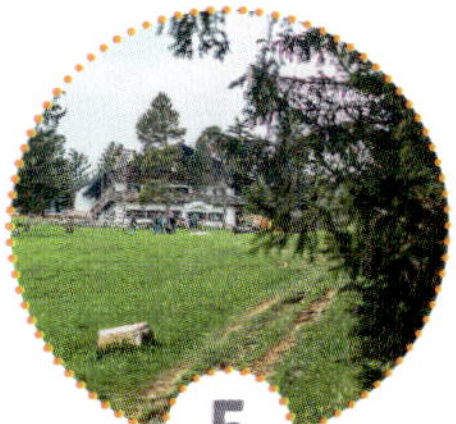

5

KM 5

BLOMBERGHAUS

Sollen wir einkehren oder passieren?

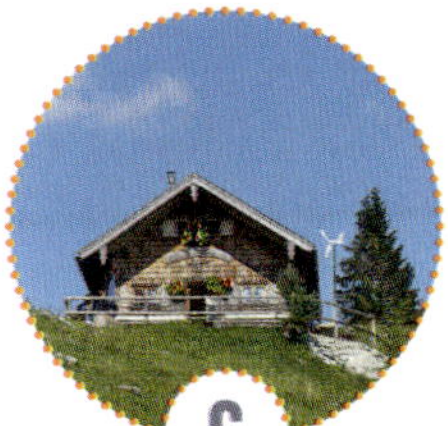

6

KM 6

ZWIESEL

Der höchste von den Dreien

FOTO STOPP

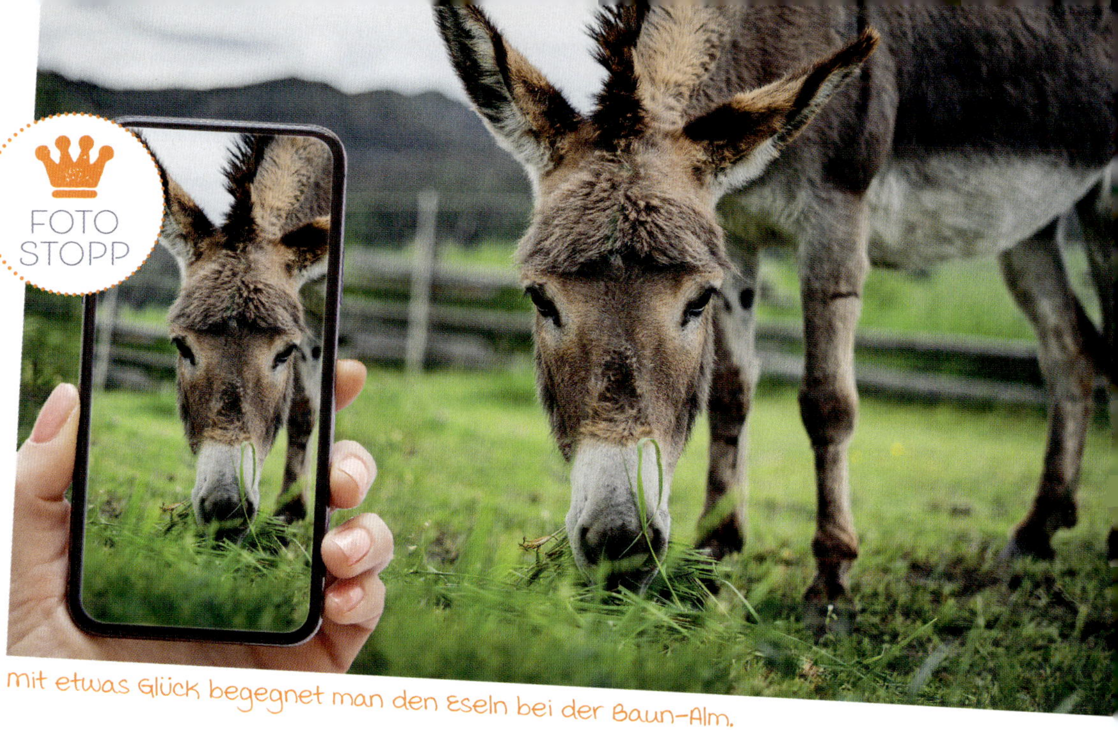

Mit etwas Glück begegnet man den Eseln bei der Baun-Alm.

KM 3

Wir folgen dem breiten Wanderpfad. Nach ca. einer halben Stunde führt der Weg in den Wald. Bei der nächsten Kreuzung halten wir uns, dem Schild Richtung »Heigelkopf« folgend, rechts.

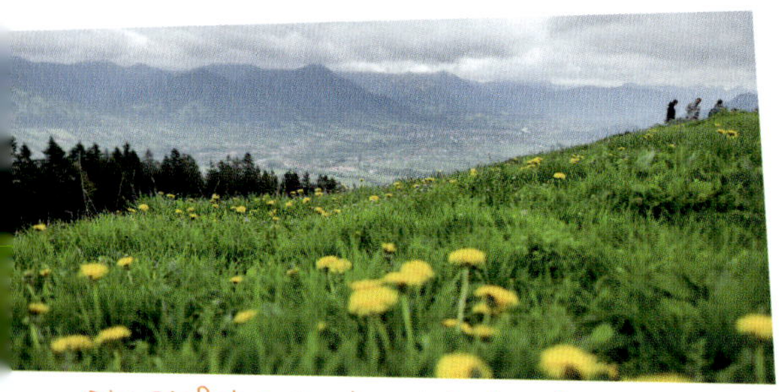

Die Gipfelwiese des Heigelkopfs im Sommer

2 **Etwas felsiger** wird der Weg nach einer halben Stunde und er führt uns nun über Stock und Stein. Im kühlen Schatten des Waldes schlängelt er sich immer weiter nach oben. Sobald der Wald sich lichtet, wird der Blick auf das Gipfelkreuz des Heigelkopfs auf der linken Seite frei. Motivierten Schrittes überqueren wir den Wiesenhang bis zum ersten Gipfel des Tages, dem Heigelkopf. Drei Bänke, eine großzügige Wiese und ein phänomenaler Ausblick auf Wackersberg laden zur ersten Rast und zum Genießen des Augenblicks ein.

i-TÜPFELCHEN

WINTERTRAUM

Diese schöne Drei-Gipfel-Tour kann man auch im Winter machen, sie ist bei Schnee ein wahres Winter Wonderland. Für die rutschigen Gipfel nimmt man am besten Wanderstöcke zur Hilfe.

KM 4

Wir überqueren nun den Gipfel des Heigelkopfs in westlicher Richtung und folgen dem Schotterweg. Dieser geht zunächst ein paar Meter bergab, bevor er wieder steil nach oben bis zum Blomberg führt.

3 **Den Blomberg Ostgipfel** gilt es nun, als nächsten Gipfel zu erklimmen. Diesen erreichen wir nach nicht einmal 20 Minuten. Auf einer der zwei Bänke am Gipfelkreuz lassen wir uns kurz nieder und blicken über das Tölzer Land, bevor wir den dritten Gipfel in Angriff nehmen.

KM 4–5

Wir folgen weiter dem Schotterweg, passieren die Wackersberger Alm und die Bergstation der Blombergbahn.

Schnitzwerke bietet der Kunstwanderweg.

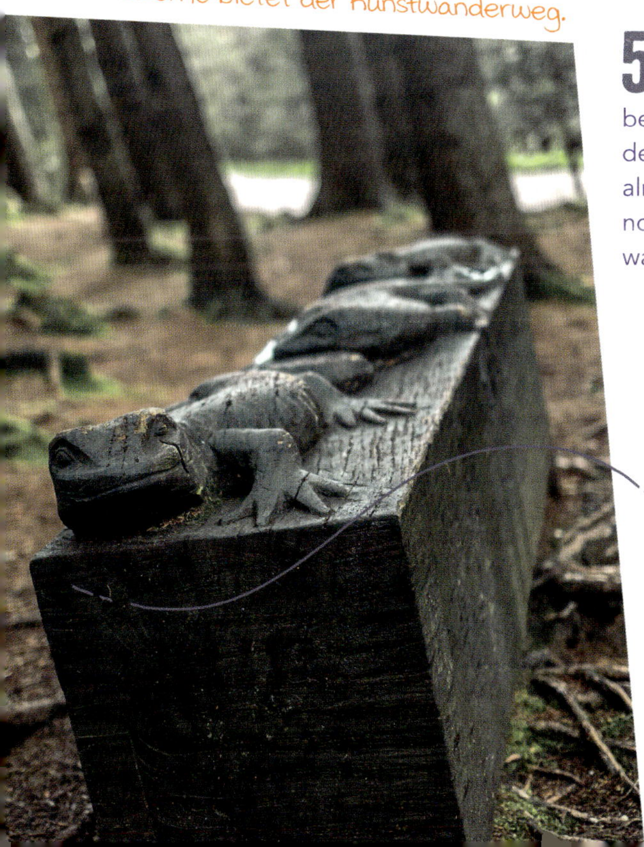

4 **Kurz nach dem Blomberg** können wir das nächste Ziel, den Zwiesel, bereits erspähen. Zunächst müssen wir aber noch am Gewusel an der Blombergbahn vorbei. Der Blomberg ist ein beliebtes Ausflugsziel für Besucher, die nicht so gut zu Fuß sind. Von der Bergstation können diese in nur wenigen Minuten zum Blomberghaus wandern und ein tolles Bergpanorama erleben, ohne lange gehen zu müssen. Diesen trubeligen Teil der Wanderung lassen wir einfach flotten Schrittes hinter uns. Zwischen der Wackersberger Alm und dem Blomberghaus präsentiert der Kunstverein Bad Tölz 30 Kunstwerke von namhaften Künstlern aus Oberbayern, darunter vor allem Schnitzwerke und Skulpturen aus natürlichen Materialien. Hier nehmen wir uns etwas Zeit, um die Unikate zu bestaunen.

KM 5

Der 1,5-Kilometer lange Kunstwanderweg führt uns zum Blomberghaus.

5 **Wir müssen uns entscheiden**, wo wir nun einkehren möchten: Hier im Blomberghaus auf 1200 Metern Höhe oder nach der Wanderung an der ruhigeren Waldherralm. Sie ist unweit des Parkplatzes, aber dennoch idyllisch gelegen. Das Blomberghaus wartet mit einer umfangreichen Karte mit

Der Kunstwanderweg ist auch für Kinder spannend. Am besten plant man hierfür zusätzliche Zeit ein.

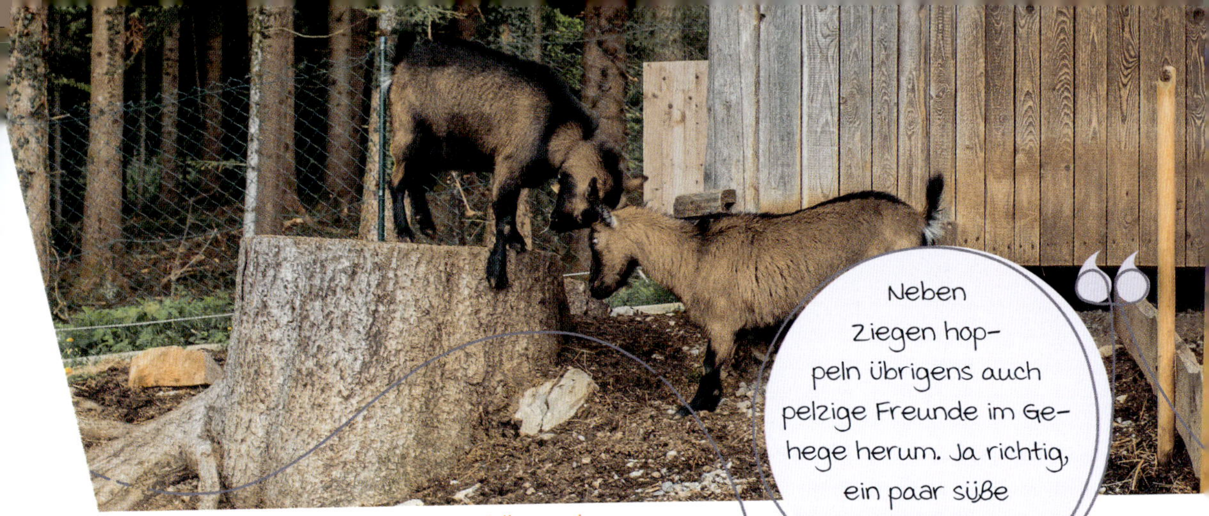

Der kleine Streichelzoo der Waldherralm

Neben Ziegen hoppeln übrigens auch pelzige Freunde im Gehege herum. Ja richtig, ein paar süße Hasen!

TRAUMHAFT

FÜR KINDER

An der Waldherralm erwartet die Kleinsten ein besonderes Highlight: Sie können Ziegen vom Zaun aus beobachten und mit etwas Glück sogar streicheln. Und manchmal ist richtig Action im Gehege!

kalten und warmen bayerischen und tirolerischen Schmankerln auf uns und sogar Frühstück und vegetarische Optionen gibt es. Die Waldherralm hingegen serviert neben bayerischen auch internationale Gerichte, wie ein leckeren Cocos-Curry, sowie hausgemachten Kuchen.

KM 6

Nach dem Blomberghaus folgen wir der Schotterstraße und den Schildern Richtung »Zwiesel«, der noch ca. zwei Kilometer entfernt ist. An der Gabelung verlassen wir die Schotterstraße und folgen dem Weg hoch zum Zwiesel. Für den Abstieg laufen wir zunächst über den bereits bekannten Weg den Wiesenhang hinunter, halten uns dann aber rechts und folgen den Schildern »Wackersberg über Waldherralm«.

6 **Den Zwiesel**, als den letzten und höchsten Gipfel im Bunde, haben wir in einer guten halben Stunde erreicht. Wow, drei Gipfel in einer nicht allzu langen Wanderung! Von hier aus sehen der Heigelkopf und Blomberg richtig klein aus. Kein Wunder, denn sie sind über 100 Meter niedriger als der Zwiesel. Der anstrengendste Teil der Wanderung ist vorbei und nun gilt es, die unendlichen Weiten des Isartals zu genießen. Mächtig stolz kann man auch auf sich sein, bei drei Gipfeln an einem Tag! Der Abstieg führt uns zunächst mit bester Aussicht nach unten, bis der Weg in den Wald führt und sich, stets an einem kleinen Bach entlang, nach unten bis zum Parkplatz schlängelt.

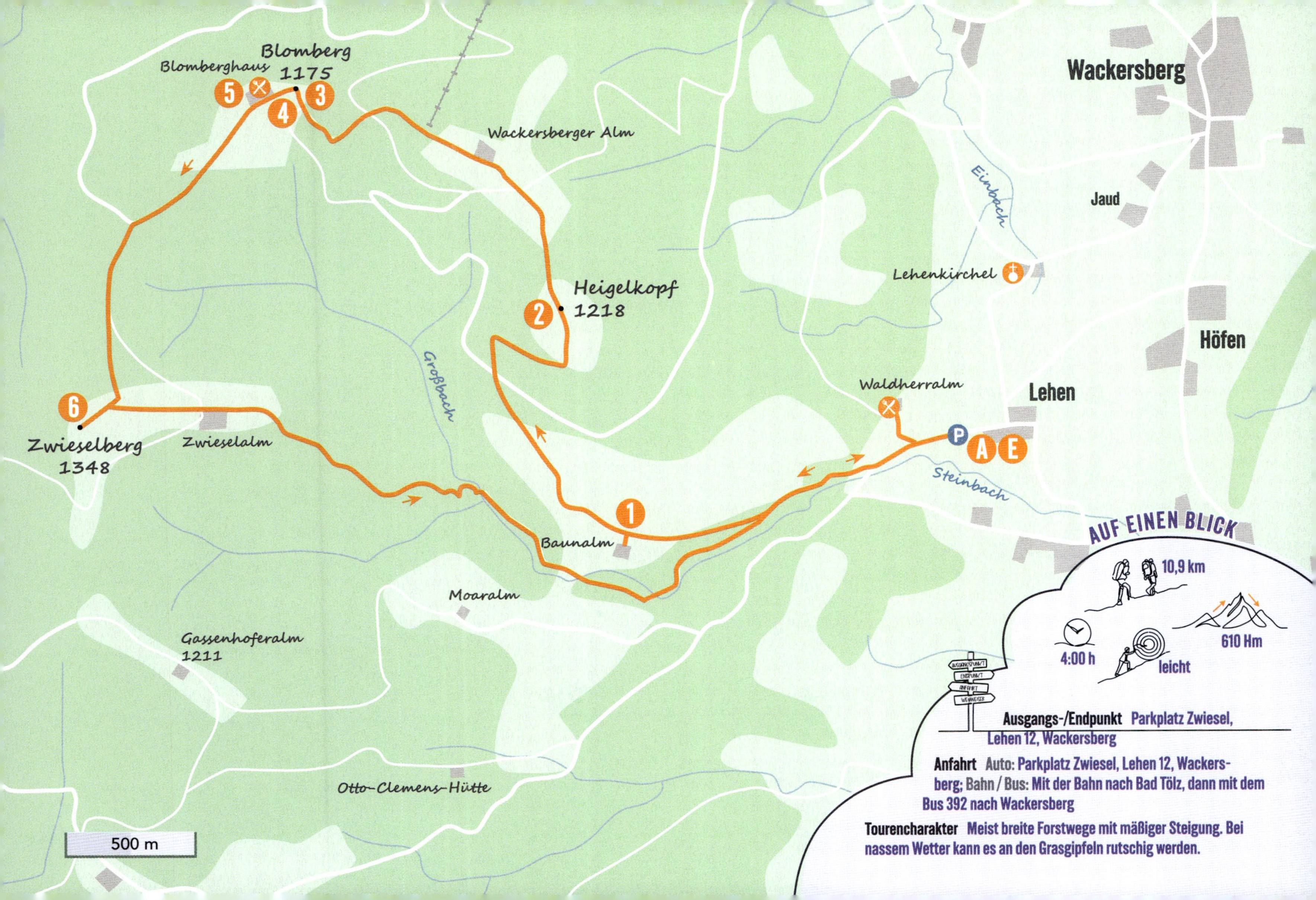

AUF EINEN BLICK

10,9 km

4:00 h

leicht

610 Hm

Ausgangs-/Endpunkt Parkplatz Zwiesel, Lehen 12, Wackersberg

Anfahrt Auto: Parkplatz Zwiesel, Lehen 12, Wackersberg; Bahn / Bus: Mit der Bahn nach Bad Tölz, dann mit dem Bus 392 nach Wackersberg

Tourencharakter Meist breite Forstwege mit mäßiger Steigung. Bei nassem Wetter kann es an den Grasgipfeln rutschig werden.

10

GROSSER HÖHENWEG BRAUNECK

PANORAMATOUR BEI LENGGRIES

Der Große Höhenweg Brauneck hätte eher den Namen Panoramaweg verdient, denn uns bieten sich atemberaubende Aussichten nonstop! Die verschiedenen Fernblicke entlang des Weges stellen sogar das Brauneck (1555 m) selbst in den Schatten. Das Brauneck ist der Hausberg von Lenggries und ein Ausläufer der Benediktenwand. Die Landschaft in dieser Gegend der bayerischen Voralpen ist sehr beeindruckend und so ganz anders als andere Ecken. Der Höhenweg führt uns von der Bergstation der Brauneckbahn über das Brauneck und das Stangeneck bis zum 1712 Meter hohen Latschenkopf. Das Brauneckgebiet ist sehr gut erschlossen und auch bei Skifahrern und Gleitschirmfliegern beliebt. Kein Wunder, dass es hier eine Almendichte wie nirgendwo anders in den bayerischen Voralpen gibt. Man hat also eine breite Auswahl für die mittägliche Stärkung.

KM 0

Vom Parkplatz aus nehmen wir die Brauneckbahn nach oben, die uns mühelos auf 1.520 m bringt.

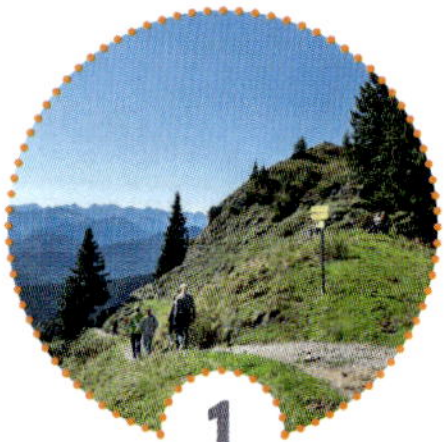

1

KM 0

BRAUNECKBAHN

Mit der Bahn auf 1517 Meter

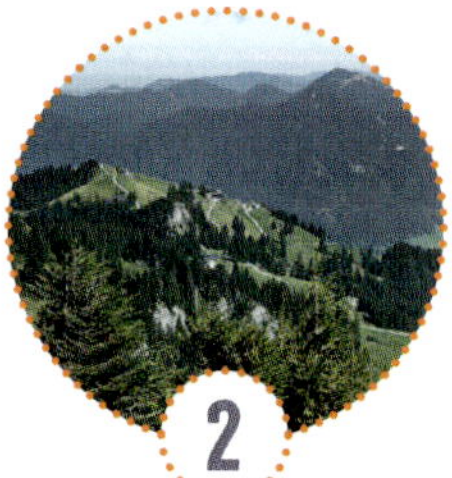

2

KM 1

BRAUNECK

Nur zehn Minuten zum Gipfelkreuz

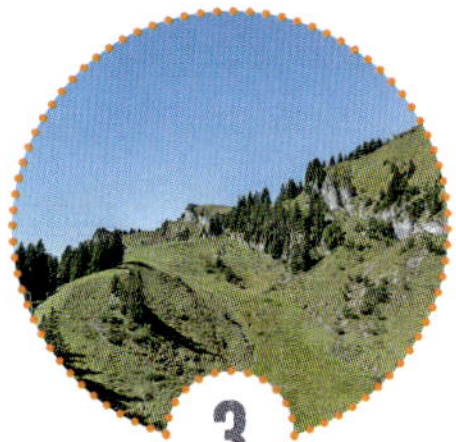

3

KM 2

STANGENECK

Herrlicher Ausblick in alle Richtungen

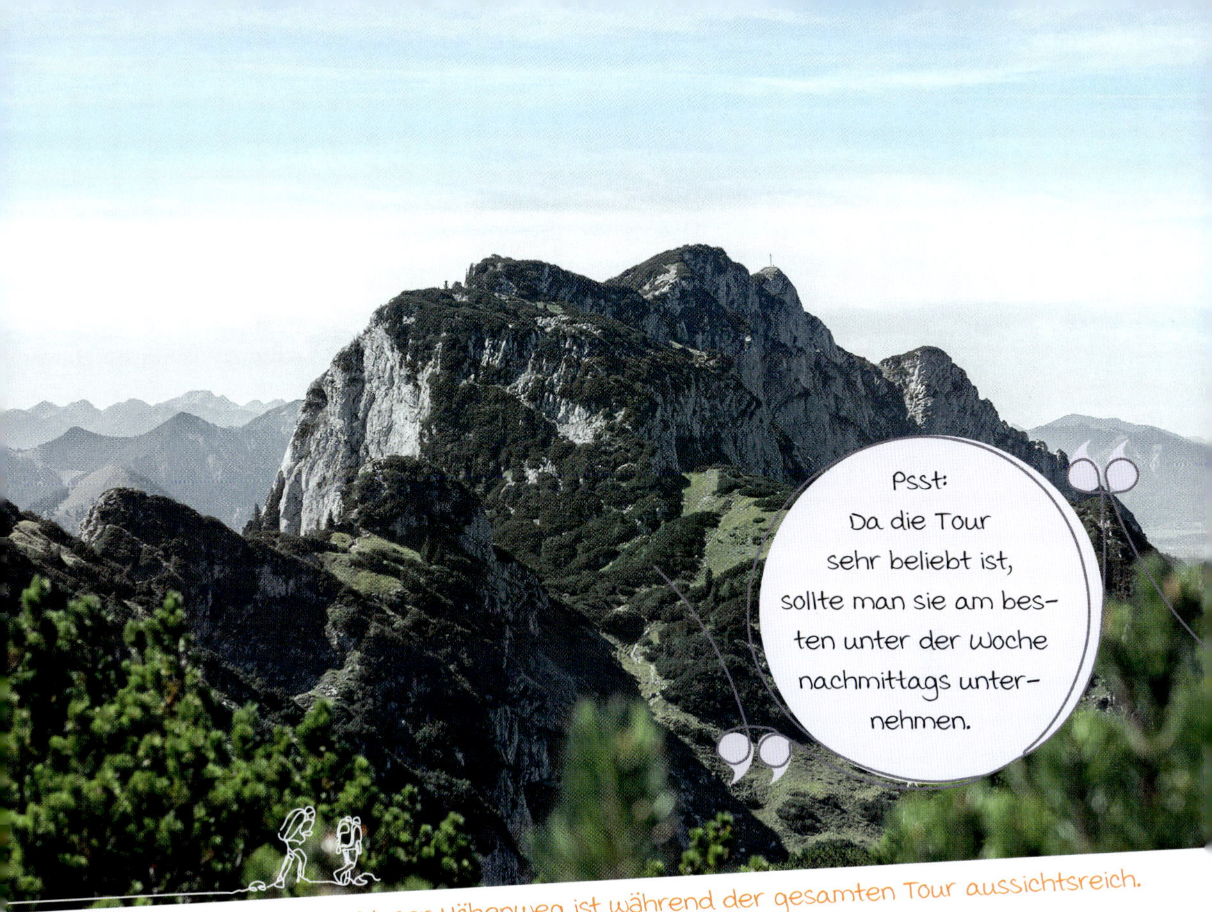

Dieser Höhenweg ist während der gesamten Tour aussichtsreich.

1 **Mit Hilfe der Brauneckbahn** sparen wir uns einige Höhenmeter und kommen während der Fahrt in den Genuss von vielfältigen Ausblicken und können so nicht nur die Sicht vom Brauneck-Gipfel bewundern. Den Höhenweg zu gehen, ohne mit der Bahn hinaufzufahren, ist aufgrund der Länge nicht zu empfehlen. Trotz der Unterstützung der Bahn marschieren wir für 3,5 genussvolle Stunden auf dieser Panoramatour. Dabei kommen wir in den Genuss von gleich mehreren Gipfeln und einigen Almen. Auf geht's!

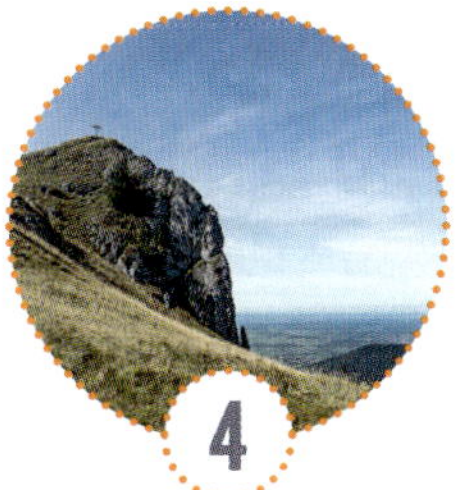

4

KM 2

VORDERER KIRCHSTEIN

Lohnender Abstecher mit grüner Gipfelwiese

5

KM 3

LATSCHENKOPF

Der höchste Punkt der Wanderung

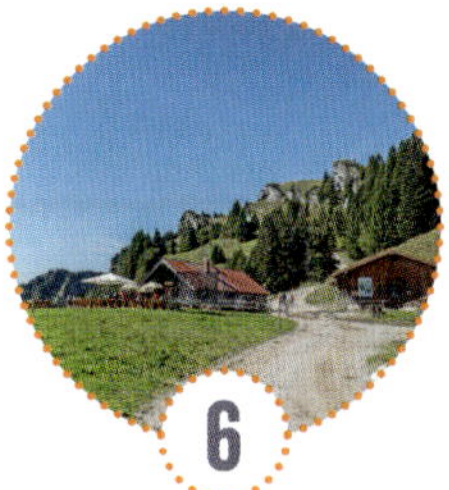

6

KM 4

ALMEN

Große Auswahl an schönen Hütten

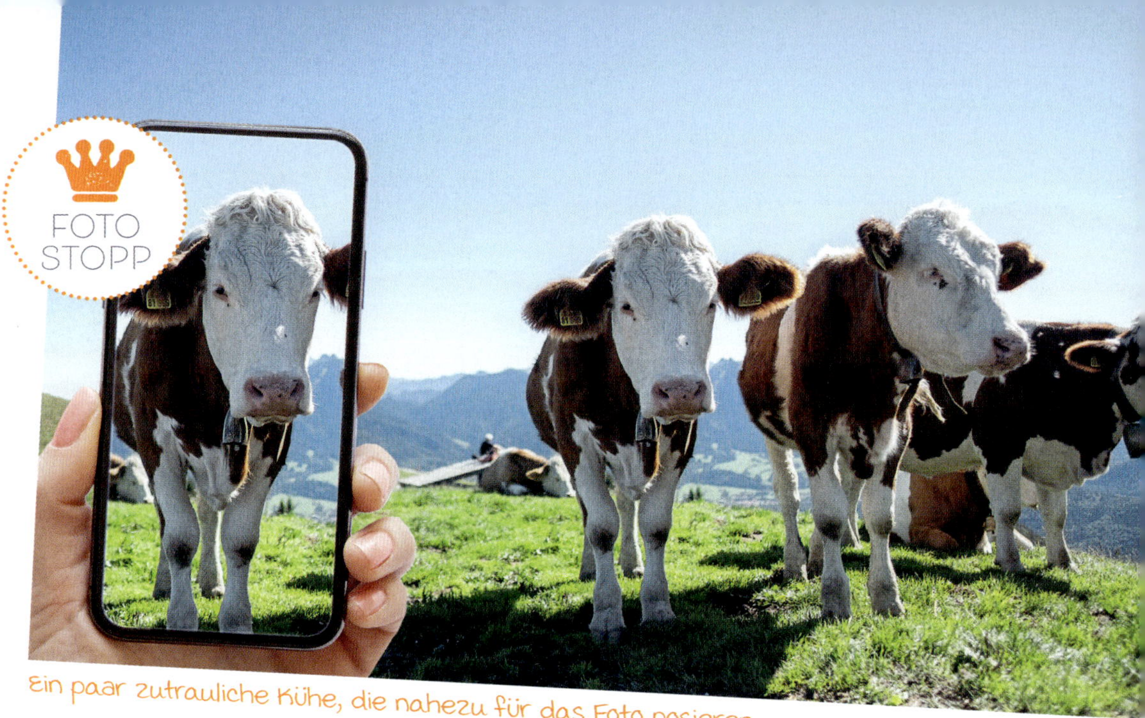

Ein paar zutrauliche Kühe, die nahezu für das Foto posieren

KM 1

Von der Bergstation der Brauneckbahn kommend, halten wir uns rechts und folgen den Schildern hoch zum Brauneck-Gipfel.

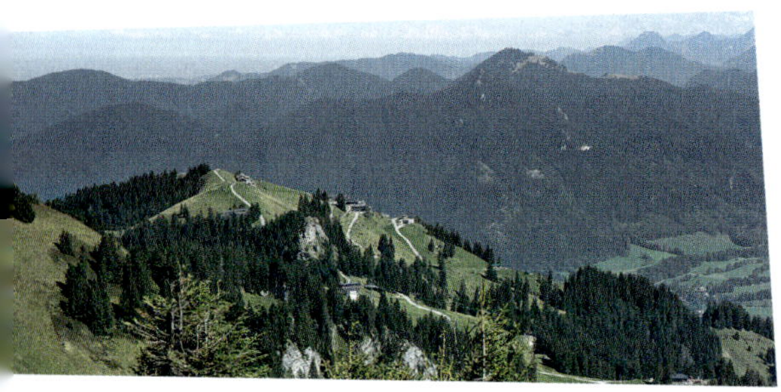

2 **Nur zehn Minuten** wandern wir steil bergauf, dann haben wir schon den Gipfel des Braunecks auf 1555 m erreicht. Hier setzen wir uns kurz auf der runden Steinbank hin und genießen den Wahnsinnsblick über die Jachenau und das Karwendel im Süden sowie über das Isartal und Bad Tölz im Norden. Vielleicht sieht man sogar ein paar Paraglider nach unten segeln. Doch es wird noch besser, deswegen wandern wir direkt weiter.

i-TÜPFELCHEN

TRAUM VOM FLIEGEN

Für ein ganz besonderes Erlebnis sorgt ein Gleitschirmflug vom Brauneck ins Tal. Wie praktisch – meist landet man direkt am Parkplatz der Brauneckbahn, unserem Ausgangspunkt.

KM 2

Auf dem schmalen Weg wandernd, lassen wir uns von den Schildern Richtung »Stangeneck« und »Latschenkopf« leiten.

3 Einmalige Panoramen bieten sich uns während des kompletten Wegs bis zum nächsten Gipfel sowie am Stangeneck (1648 m) selbst. Während des kompletten Marschs blicken wir auf saftig grüne Hügel, beeindruckende Felsspitzen und können meist bis ins Tal sehen. Bei diesem einmaligen Fernblick fragen wir uns, wie das eigentlich noch getoppt werden kann. Angespornt von der herrlichen Umgebung marschieren wir motiviert weiter Richtung Latschenkopf.

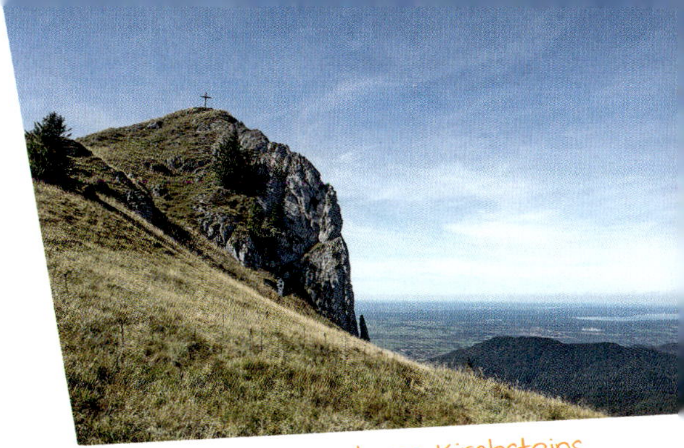

Der Gipfel des Vorderen Kirchsteins

KM 2

Dann folgen wir immer dem Großen Höhenweg und den Schildern Richtung »Latschenkopf« und »Großer Höhenweg«.

4 Auf dem Weg zum Latschenkopf machen wir noch einen kleinen Abstecher zum Vorderen Kirchstein, der auf 1670 m liegt und damit der zweithöchste Gipfel der heutigen Wanderung ist. Dies sind nur wenige Meter Umweg, die jedoch sehr lohnend sind. Auf dem gesamten Weg jagt eine tolle Aussicht die nächste und wir kommen aus dem Staunen gar nicht mehr heraus. An einem schönen Tag kann man auf der grünen Gipfelwiese, die den Vorderen Kirchstein säumt, die Sonnenstrahlen genießen, bevor man den weiteren Weg in Angriff nimmt.

Schön bewachsene Gipfel prägen die Tour.

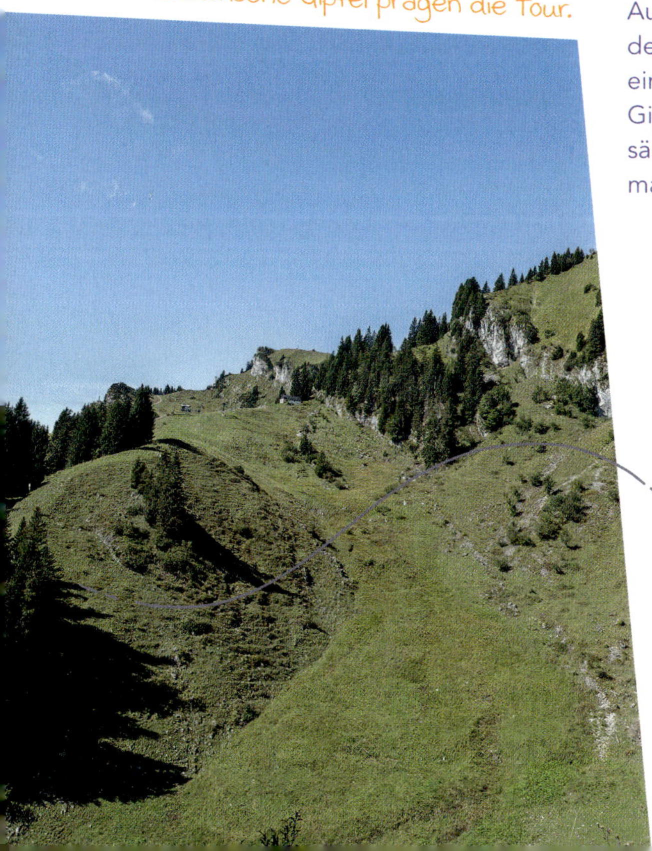

Auf diesem Höhenweg entdecken wir ein Fotomotiv nach dem nächsten. Ein Highlight ist der Blick auf den Latschenkopf.

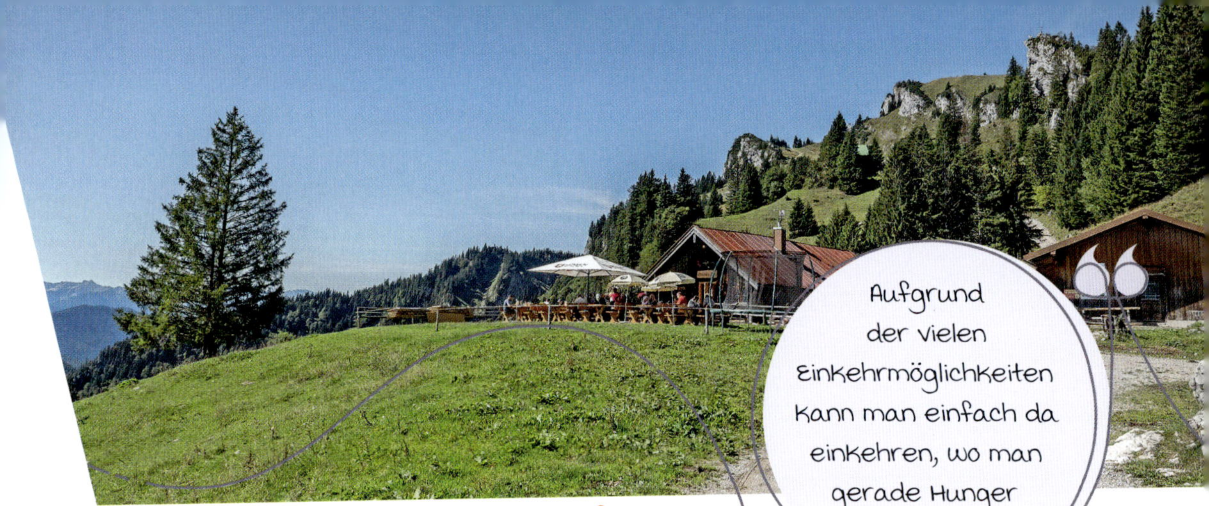

Die Stie-Alm unterhalb des Latschenkopfs

Aufgrund der vielen Einkehrmöglichkeiten kann man einfach da einkehren, wo man gerade Hunger hat.

TRAUMHAFT

REGIONAL LECKER

Die Stie-Alm betreibt eine Käserei und das auf 1500 Metern. Die Bewegung, die frische Luft und die kräuterreichen bayerischen Wiesen sollen das Geheimrezept sein – und das schmeckt man auch!

KM 3

Es geht weiter auf dem aussichtsreichen Höhenweg und wir richten uns weiterhin weiter nach den Schildern »Latschenkopf« und »Großer Höhenweg«.

5 **Hinter jeder Ecke** ergibt sich ein neuer, beeindruckender Blickwinkel ins Tal, auf die umliegenden Gipfel oder die nächste Felswand. Deswegen nehmen wir uns extra viel Zeit für diesen schönen Höhenweg. Der Wanderpfad wird nun immer schmaler und steiler und wir sehen den Latschenkopf (1712 m), den höchsten Gipfel des Rundwegs, schon vor uns. Nach einigen fordernden Höhenmetern haben wir diesen erklommen und erneut eine fantastische Aussicht auf die Umgebung.

KM 4

Vom Latschenkopf folgen wir rechts dem steilen Geröllweg zum Gatterl. Dann halten wir uns links Richtung »Stie-Alm«. Stets auf dem breiten Wanderweg entlang der Südflanke des Höhenwegs bleibend, gelangen wir zurück zur Bergstation der Brauneckbahn.

6 **Die Hüttendichte** auf dem Höhenweg könnte die höchste der bayerischen Voralpen sein. Auch wir wollen uns eine Pause gönnen und haben dabei die Wahl: Nach dem Latschenkopf folgen die Stie-Alm, die Strasser Alm, die Quenger Alm und die Tölzer Hütte. An der Gipfelstation der Bergbahn befinden sich das Panorama-Restaurant und das Brauneck-Gipfelhaus. Nach der Rast verläuft der Weg zurück zur Brauneckbahn meist sanft bergab und wir lassen die Wanderung gemütlich ausklingen.

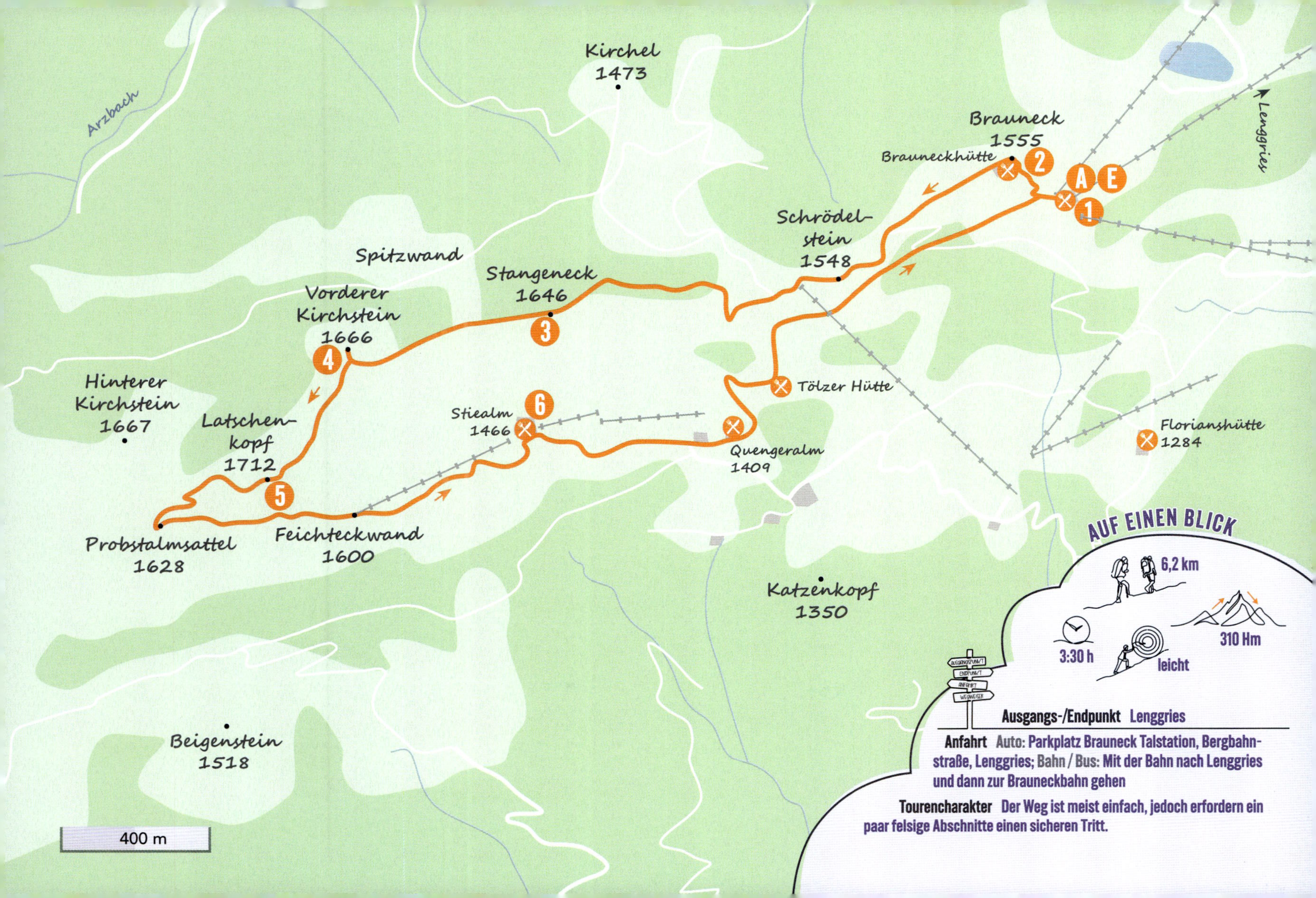

AUF EINEN BLICK

6,2 km

3:30 h

310 Hm

leicht

Ausgangs-/Endpunkt Lenggries

Anfahrt Auto: Parkplatz Brauneck Talstation, Bergbahnstraße, Lenggries; Bahn / Bus: Mit der Bahn nach Lenggries und dann zur Brauneckbahn gehen

Tourencharakter Der Weg ist meist einfach, jedoch erfordern ein paar felsige Abschnitte einen sicheren Tritt.

11

GRASLEITENKOPF UND GRASLEITENSTEIN

RUHIGE GIPFEL BEI LENGGRIES

Diese Tour besticht mit einem menschenleeren Gipfel, einer überraschend dramatischen Aussicht und einem Kamm für Einsteiger. Sie bietet nicht nur einmalige Perspektiven auf Lenggries, sondern bewegt sich perfekt zwischen Abenteuer und einfacher Bergwanderung. Schwindelfreiheit ist zumindest am Gipfel trotzdem notwendig! Überraschenderweise endet der Weg für viele Wanderer und Mountainbiker in dieser Ecke bei der Lenggrieser Hütte. Dabei sind der Grasleitenkopf (1434 m) und Grasleitenstein (1269 m) die weitaus aussichtsreicheren Ziele. Da der Grasleitenkopf nicht ausgeschildert ist, trifft man hier nur wenige Wanderer, was eine äußerste Rarität in den bayerischen Voralpen ist. Dies ist also die einmalige Gelegenheit, das Gipfelglück ganz für sich allein zu erleben. Am besten packt man sich bei dieser Tour eine Brotzeit ein, sodass man die beiden schönen Gipfel so lange wie möglich genießen kann, ohne dass der Hunger einen weiter treibt. Einkehren kann man beim Abstieg trotzdem noch.

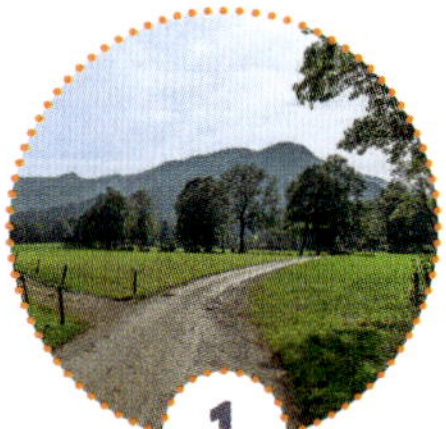

1

KM 3

BLICK AUF GRASLEITENSTEIN

Am Fuße des Tagesziels

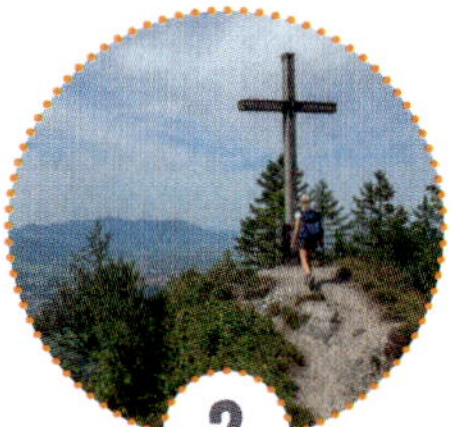

2

KM 4

GRASLEITENSTEIN

Mutprobe vor dramatischem Ausblick

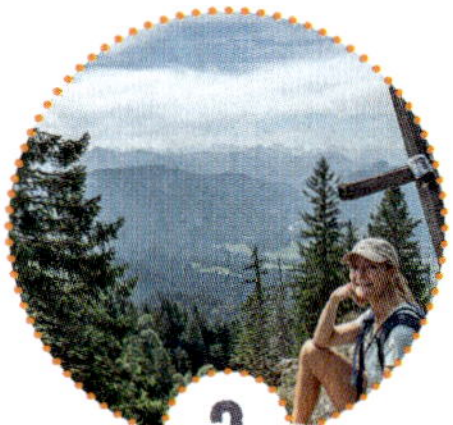

3

KM 5

GRASLEITENKOPF

Ruhiges Gipfelglück mit Fernsicht

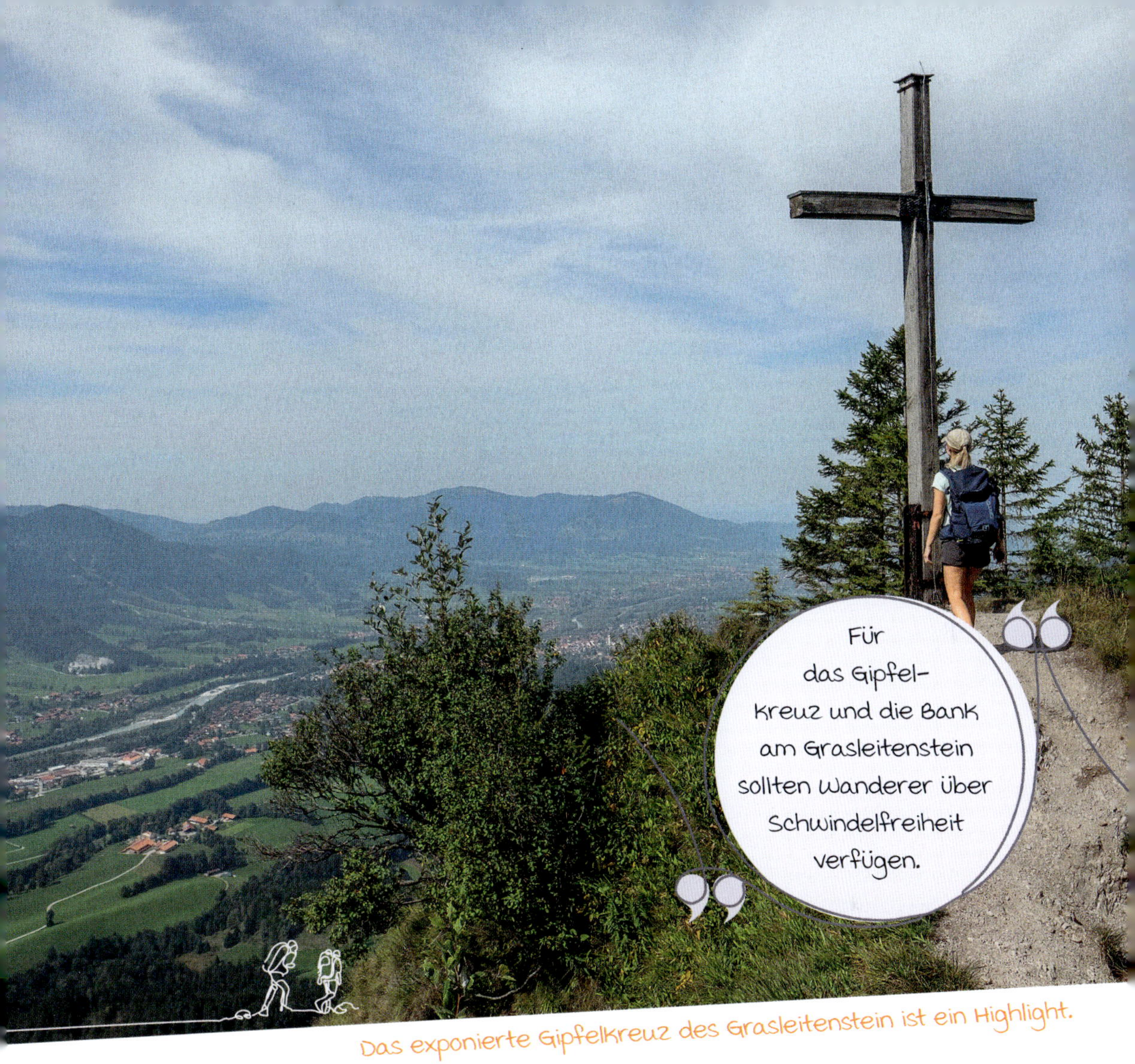

Das exponierte Gipfelkreuz des Grasleitenstein ist ein Highlight.

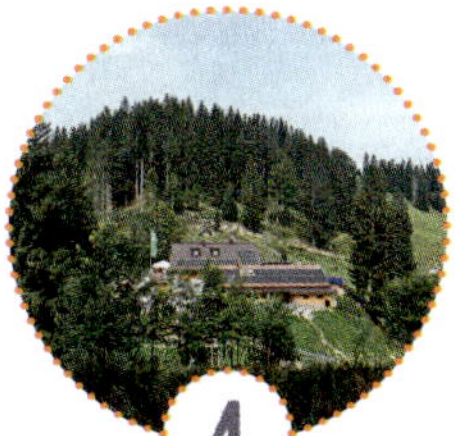

4

KM 5

LENGGRIESER HÜTTE

Der gemütliche Teil beginnt

5

KM 7

BLICK AUF BRAUNECK UND ISARTAL

Idyllischer Abschluss

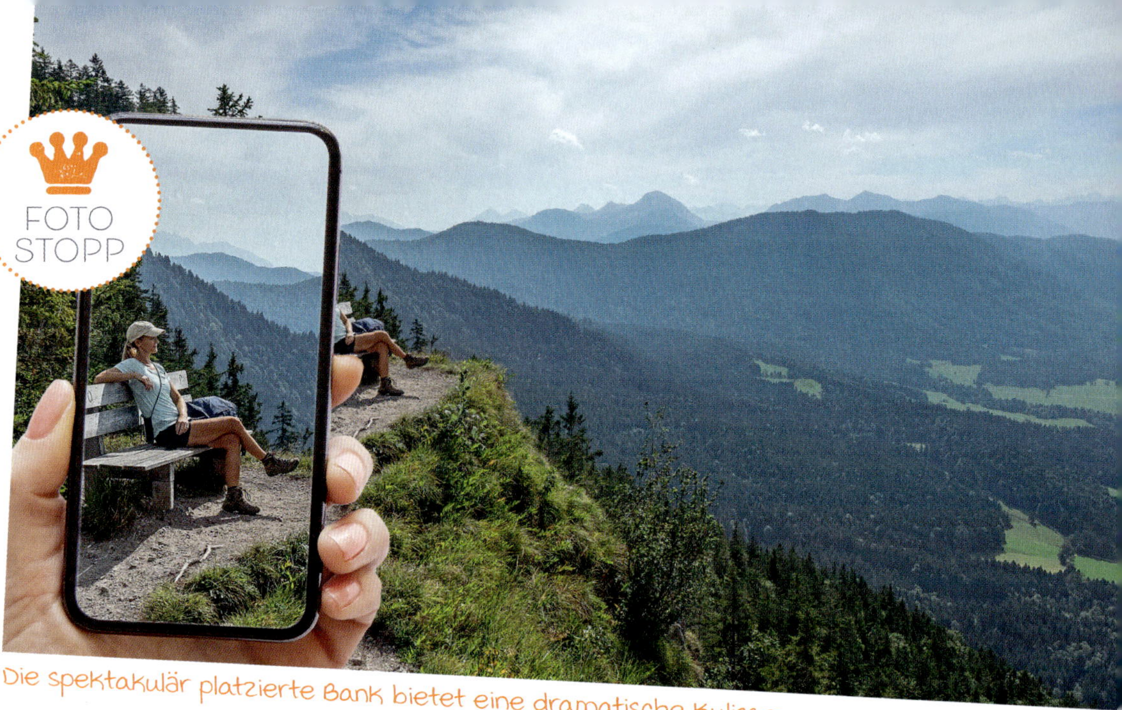

Die spektakulär platzierte Bank bietet eine dramatische Kulisse.

KM 3

Vom Parkplatz in der Hohenburgstraße verlassen wir das Dorf Richtung Süden über die Teerstraße und halten uns am Ende links.

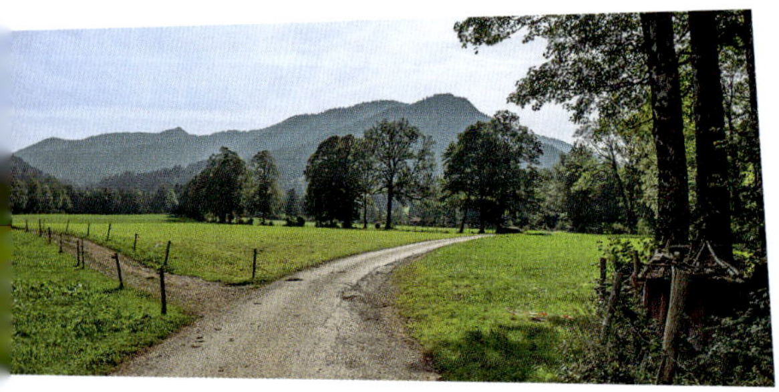

1 **Unser Tagesziel, den Grasleitenkopf,** können wir schon vor uns in die Höhe ragen sehen, sobald wir das Dorf hinter uns gelassen haben. Wir folgen immer der Straße, die uns zum Fuße des Bergs führt. Allmählich wird der Weg schmaler, steiler und schweißtreibender. Er bringt uns immer weiter nach oben, meist im Halbschatten der Bäume. Nach ca. 45 Minuten werden wir bereits mit einem schönen Blick auf die gegenüberliegenden Berge belohnt. Achtung: Man darf nicht verpassen, am Ende des Ortes links abzubiegen. Die Schilder Richtung »Lenggrieser Hütte, Seekarkreuz und Grasleitenstein« weisen nämlich geradeaus. Diese Route wird dann unser Abstiegsweg sein.

TRAUMHAFT

MITBRINGSEL

Auf dem Rückweg steht kurz vor dem Parkplatz auf der linken Seite der Automat »Isarwinkler Pumpheisl«. Aus ihm kann man sich regionale Käsespezialitäten mitnehmen.

KM 4

Wir folgen dem Pfad über den Wiesenhang und der Beschilderung Richtung »Grasleitenstein« weiter bergauf. Am Ende führt der Pfad entlang eines Kamms zum Gipfelkreuz.

2 **Nach ca. 1,5 Stunden** haben wir den Grasleitenstein, den niedrigeren der beiden Berge, auf 1269 Metern erreicht. Der Ausblick von hier ist aber keinesfalls weniger spektakulär als vom Grasleitenkopf. Wir können über das Isartal bis zum Brauneck, Karwendel und zum Wettersteingebirge blicken. Der Grasleitenstein hat eine äußerst exponierte Lage und es geht vom Gipfel steil nach unten. Und noch dramatischer wurde die Bank am Abgrund platziert. Um hier zu sitzen, muss man nicht nur schwindelfrei sein, sondern auch eine ordentliche Portion Mut mitbringen.

Zweiter Gipfel der Tour: der Grasleitenkopf

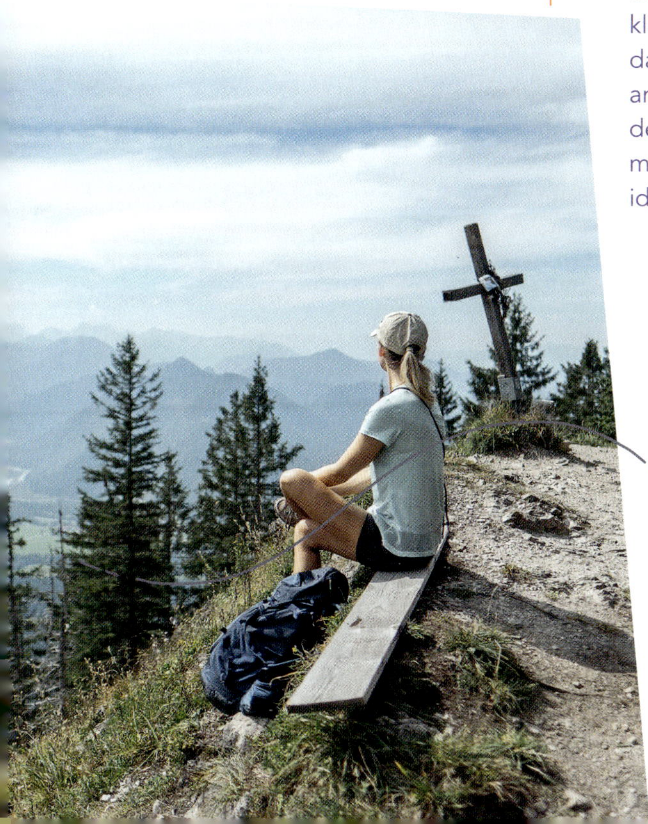

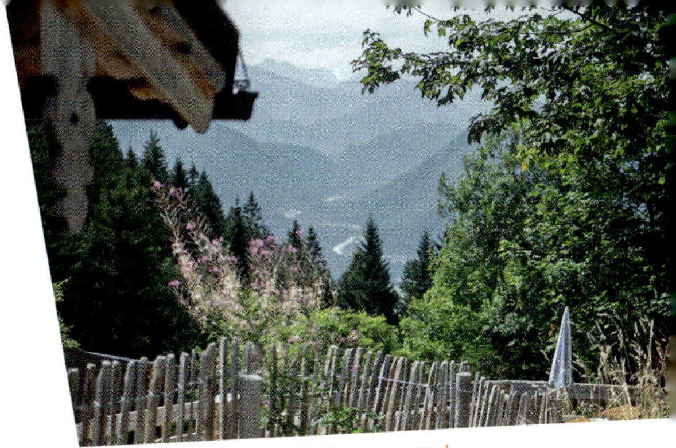

Blick von der Hütte ins Tal

KM 5

Wir folgen dem schmalen Pfad weiter Richtung Südosten, bis wir nach einer guten halben Stunde den Grasleitenkopf erreichen.

3 **Nach einer kurzen Rast** geht es weiter Richtung Grasleitenkopf. Den Pfad kann man nicht verpassen, da es der einzige Weg weit und breit ist. Sanft ansteigend schlängelt sich der schmale Steig bis zum Gipfelkreuz des Grasleitenkopfs. Auch hier sind wir erneut überrascht von der weitreichenden Aussicht, die uns dort erwartet. Ein kleines hölzernes Gipfelkreuz und ein Brett, das als Bank dient, wurden hier provisorisch angebracht. Aufgrund der fehlenden Beschilderung kommen hierher meist nur Einheimische und mit etwas Glück hat man diesen idyllischen Fleck ganz für sich allein.

Zum Grasleitenkopf führt keine Beschilderung – am besten die GPS-Tourdaten auf dem Handy parat haben.

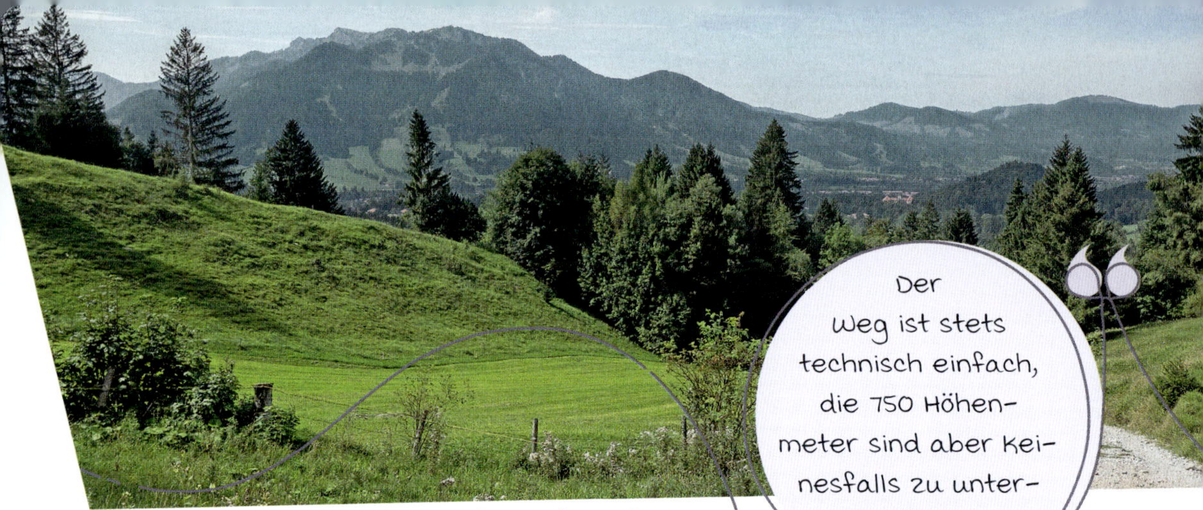

Man wandert meist auf aussichtsreichen Wegen.

> Der Weg ist stets technisch einfach, die 750 Höhenmeter sind aber keinesfalls zu unterschätzen.

TRAUMHAFT

MEHR ENTDECKEN

Nahe dem Parkplatz gibt es einiges zu entdecken: für Geschichtsbegeisterte die Ruine Hohenburg, für Ruhesuchende den Schlossweiher und für Foodies das vegetarische Bistro Hirschbachstüberl.

KM 5

Vom Grasleitenkopf folgen wir dem einzigen Weg, der bergab führt, und halten uns dann rechts.

4 **Nach dem zweiten Streich** folgt der dritte, denn ein weiteres Ziel, die Lenggrieser Hütte steht noch auf dem Programm. Kurz nach dem Gipfel des Grasleitenkopfs können wir die Lenggrieser Hütte bereits unterhalb erspähen und steigen immer der Nase nach zur Hütte ab. Auf der schönen Sonnenterrasse treffen wir plötzlich auf mehrere Wanderer und Mountainbiker, die die Lenggrieser Hütte als Ziel ausgewählt haben. Wir leiten den gemütlichen Teil des Tages ein und genießen die schöne Aussicht und das deftige bayerische Essen.

KM 7

Wir folgen dem Weg, der sich von der Lenggrieser Hütte rechts durch den schattigen Wald nach unten schlängelt. Dann stoßen wir auf den breiten Aufstiegsweg, der uns durch die Felder am Fuße des Berges zurück zum Parkplatz führt.

5 **Der Abstieg führt auf direktem Weg** nach unten und nicht mehr über Grasleitenkopf und Grasleitenstein. Während des Abstiegs werden wir noch einige Male mit einem schönen Blick auf das Isartal und das gegenüberliegende Brauneck verwöhnt. Nach einer guten Stunde haben wir den Fuß des Berges erreicht und schlendern die letzten Meter auf dem flachen Schotterweg und durch saftig grüne Wiesen zurück nach Hohenburg zum Parkplatz.

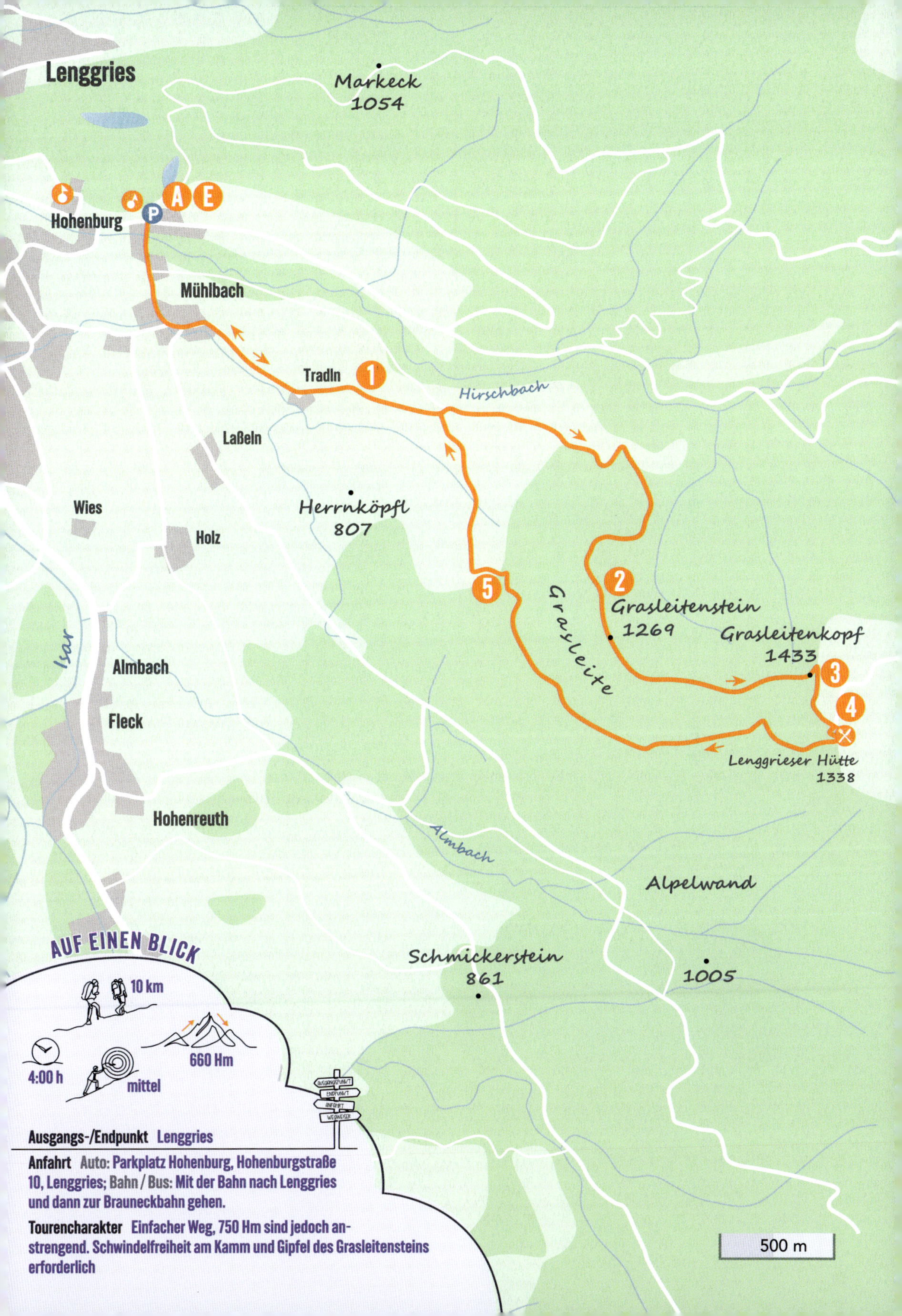

AUF EINEN BLICK

10 km

660 Hm

4:00 h

mittel

Ausgangs-/Endpunkt Lenggries

Anfahrt Auto: Parkplatz Hohenburg, Hohenburgstraße 10, Lenggries; Bahn / Bus: Mit der Bahn nach Lenggries und dann zur Brauneckbahn gehen.

Tourencharakter Einfacher Weg, 750 Hm sind jedoch anstrengend. Schwindelfreiheit am Kamm und Gipfel des Grasleitensteins erforderlich

12

HOCHALM BEI LENGGRIES

WANDERGLÜCK UND WASSERSPASS

Eine leichte Wanderung für einen heißen Sommertag erwünscht? Die Tour auf die Hochalm (1428 m) punktet mit ihrer Einfachheit und gleich mehreren wilden Bademöglichkeiten, aus denen wir nach Gusto wählen können. Wir können uns entweder eine perfekt geformte Badewanne, alias Gumpe, am Ende der Wanderung im Gerstenrieder Graben aussuchen, an der versteckten Lichtung am Walchen nur unweit des Parkplatzes in den Bach springen oder auf der Heimfahrt am Sylvensteinspeicher anhalten und ein paar Züge schwimmen. Doch nicht nur des Badevergnügens wegen gehen wir diese Tour gerne, auch wegen des erstaunlich tollen Ausblicks von der Alm. Im Süden blicken wir auf den Sylvensteinspeicher, im Norden bis nach Lenggries und im Nordwesten können wir die Benediktenwand sowie den Rosskopf und Buchstein erkennen. Zudem verläuft die Wanderung meist im Schatten und ist mit seinen 10 Kilometern richtig kurzweilig – perfekt für den Sommer oder zur Eröffnung der Wandersaison.

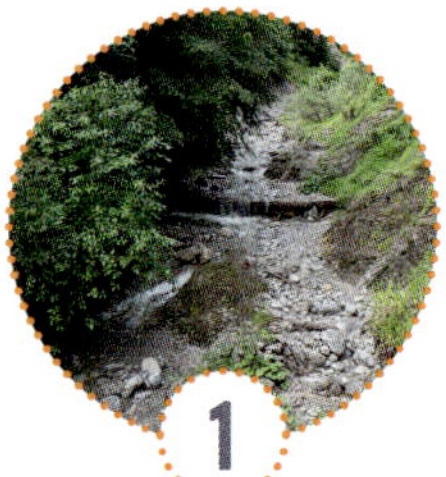

1

KM 1

GERSTENRIEDER GRABEN

Badevergnügen in eiskalten Gumpen

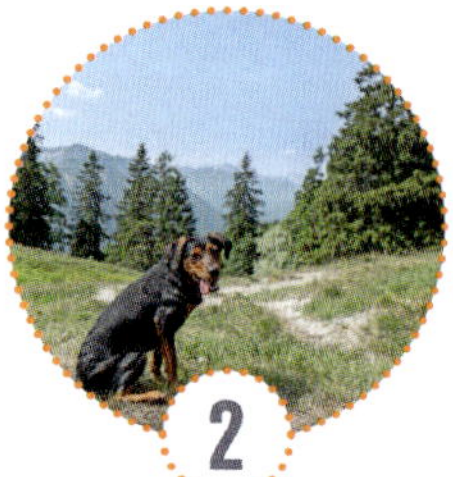

2

KM 4

SONNIGER SATTEL

Rastmöglichkeit in der Wiese

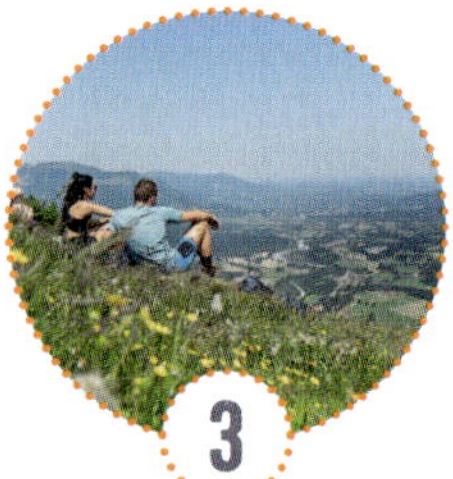

3

KM 5

HOCHALM

Relaxen auf idyllischem Wiesengipfel

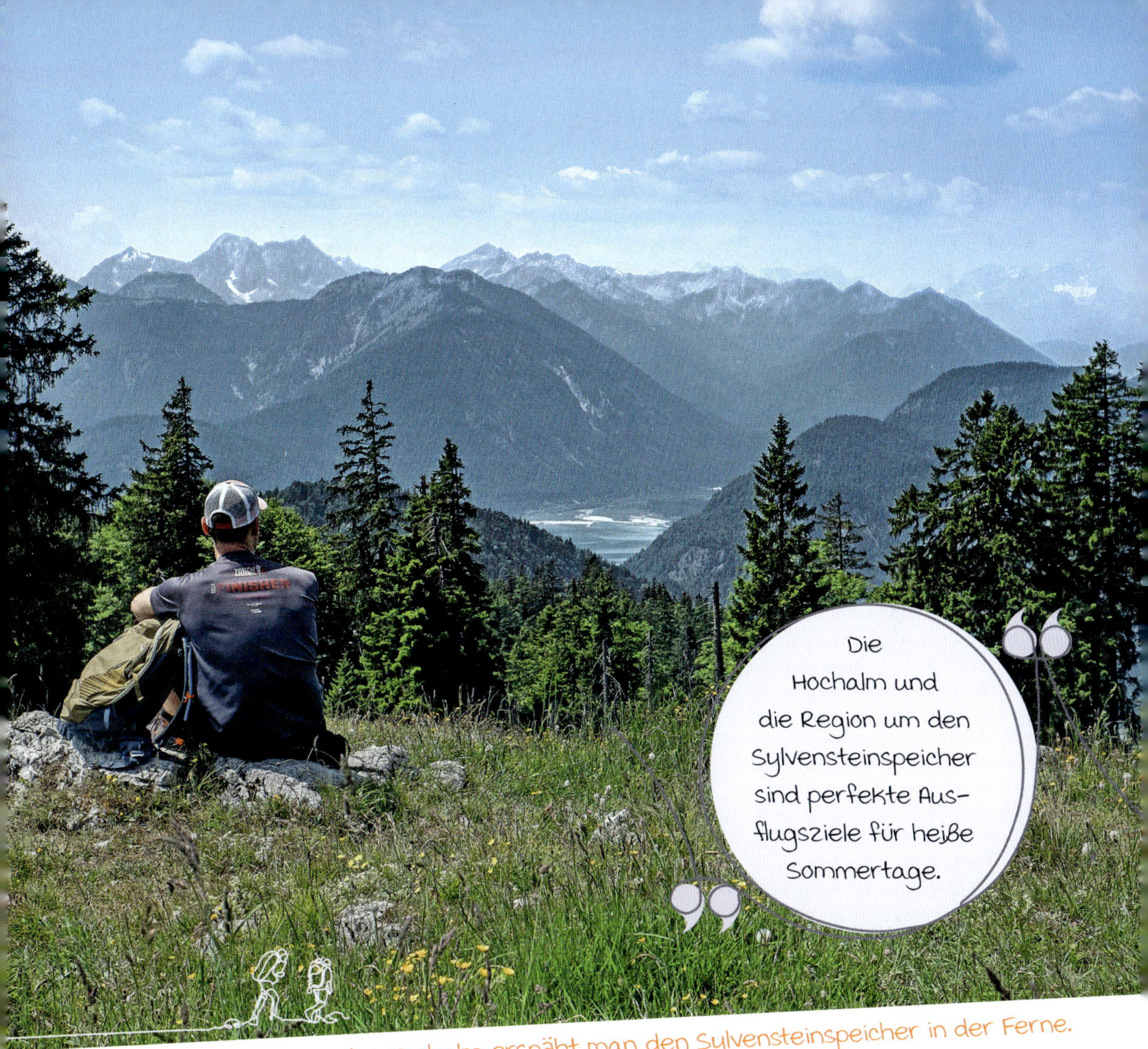

> Die Hochalm und die Region um den Sylvensteinspeicher sind perfekte Ausflugsziele für heiße Sommertage.

Von der Hochalm erspäht man den Sylvensteinspeicher in der Ferne.

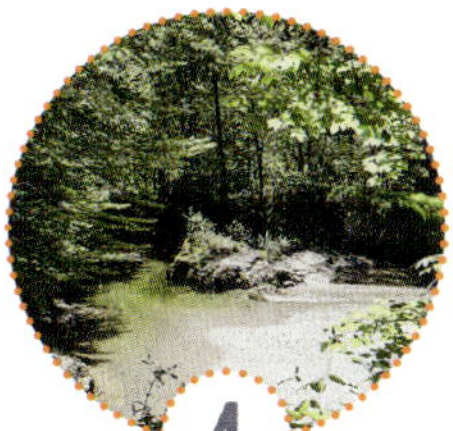

4

KM 10

BADEVERGNÜGEN

Eine von mehreren Badestellen

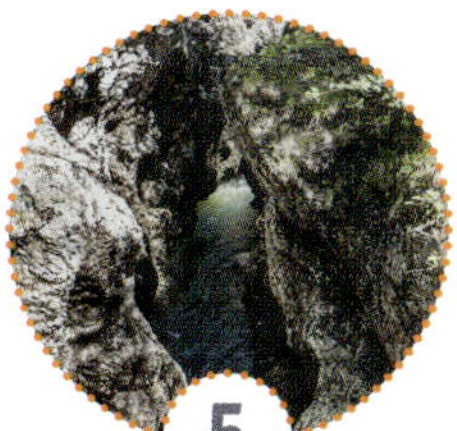

5

KM 11

WALCHENKLAMM

Ein rasantes Spektakel erwartet uns

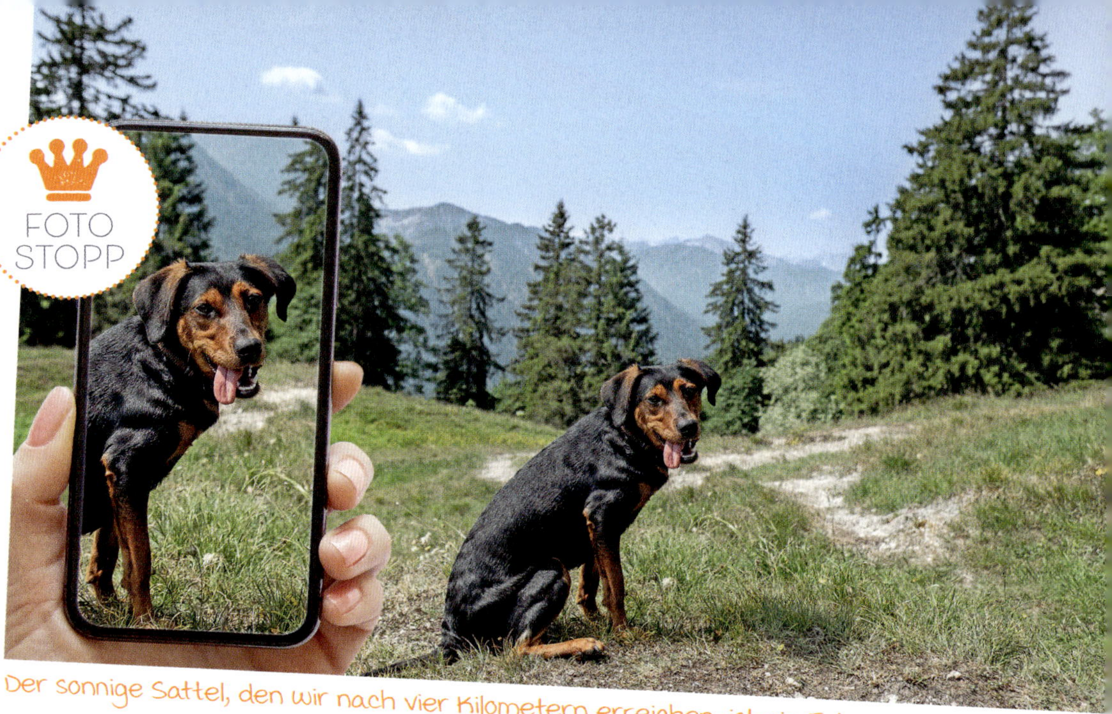

Der sonnige Sattel, den wir nach vier Kilometern erreichen, ist ein Foto wert.

KM 1

Vom Parkplatz am Walchen, dem Seitenzufluss des Sylvensteinspeichers, folgen wir dem Schotterweg am Ende des Parkplatzes.

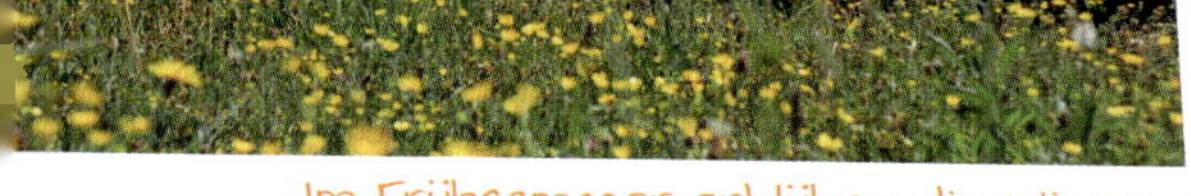

Im Frühsommer erblühen die Wiesen.

1 **Es geht direkt steil los**, aber davon darf man sich nicht abschrecken lassen. Bald wird die Steigung weniger. Meist durch den Wald, vorbei am gemächlich plätschernden Gerstenrieder Graben führt der Wanderpfad weiter mäßig ansteigend bergauf. Im niedrigen Bach haben sich immer wieder kleine Becken in den Felsboden geformt und wir halten schon nach einer besonders schönen Gumpe am Wegrand Ausschau, in der wir uns nach der Wanderung abkühlen können.

i-TÜPFELCHEN

TÜRKISER TRAUM

Ein Abstecher zum Sylvensteinspeicher darf bei dieser Wanderung nicht fehlen. Am besten kann man diesen von der Staumauer am Nordende und von der Faller-Klamm-Brücke aus bestaunen.

KM 4

Wir folgen immer weiter dem einzigen Wanderpfad. Es gibt zwar keine Beschilderung, aber auch keine Abzweigung.

2 **Nach ca. 30 Minuten** lassen wir den Wald hinter uns. Nun führt ein schmaler, aber einfacher Steig über offenes Gelände. Die Steigung ist stets mäßig und auch für Ungeübte machbar. Richtig gemütlich geht es weiter und weiter bergauf, was die Wanderung sehr kurzweilig macht. Nach ca. einer Stunde haben wir ein erstes Aussichtsplateau erreicht, an dem sich der Wald lichtet und den Blick auf die umliegenden Berge freigibt. Dies ist aber noch nicht das Ziel. Hier nutzen wir die Gelegenheit, um kurz auf der Wiese zu verschnaufen und Kraft für das letzte Stück zu tanken.

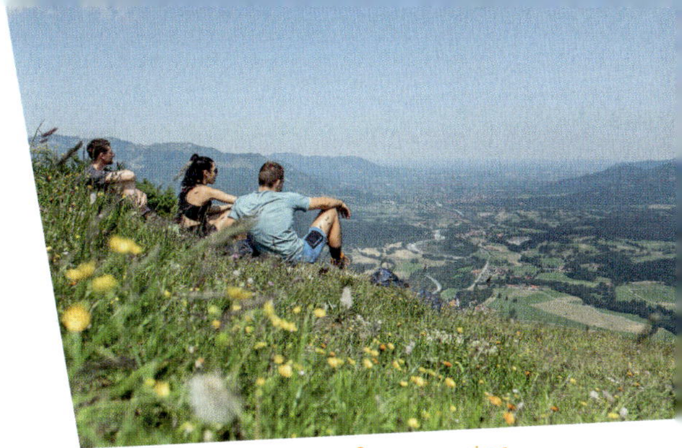

Blick vom Gipfel auf Lenggries

KM 5

Wir folgen weiter dem schmalen Pfad, der am Ende über offenes Gelände bei sanfter Steigung bis zum Gipfelkreuz führt.

3 **Oben angekommen**, erwartet uns ein 360-Grad-Blick und ein breites Gipfelareal zum Entspannen und Genießen. Für die Rast stehen zwei Bänke, diverse Steine oder die Wiese zur Auswahl. Wir machen es uns in der Wiese bequem und lassen den Blick in alle Richtungen schweifen. Im Süden erstreckt sich der Sylvensteinspeicher, während der Blick nach Norden bis nach Lenggries reicht. Im Nordwesten werden die Gipfel der Benediktenwand, des Rosskopfs und des Buchsteins sichtbar. An deren Fuß schmiegt sich die bekannte Tegernseer Hütte, die ebenfalls ein lohnendes Ziel für eine Wanderung ist (weitere Informationen auf Seite 92).

Die Faller-Klamm-Brücke

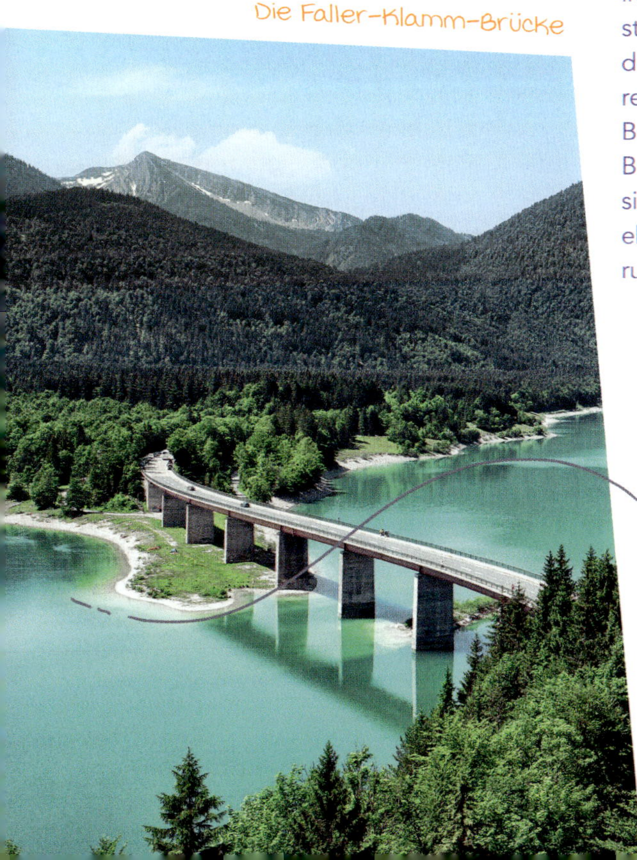

Badesachen, SUP-Board oder Kajak nicht vergessen, um den Tag am Stausee ausklingen zu lassen.

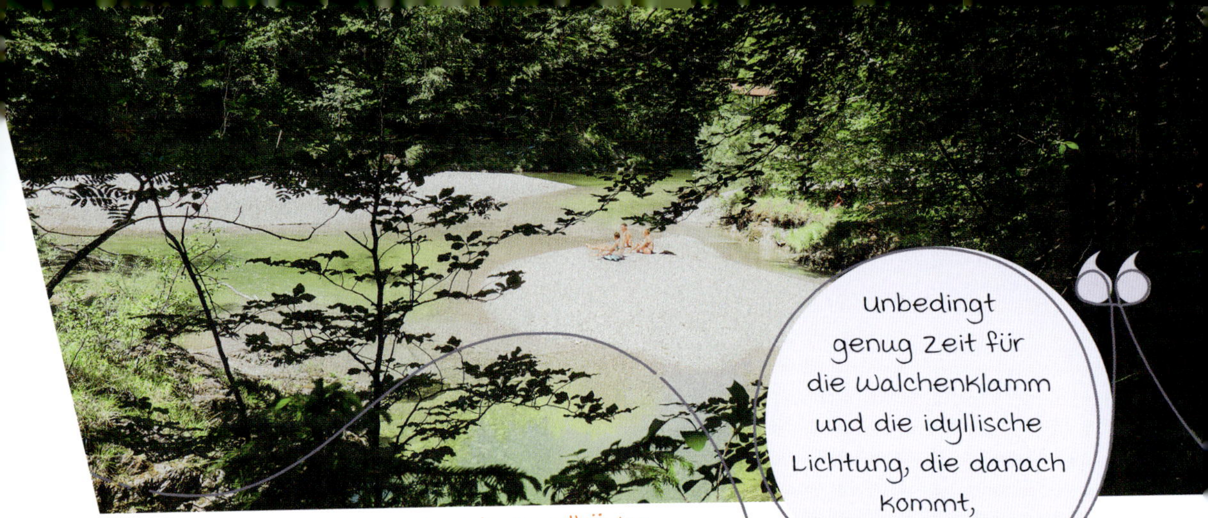

Nahe dem Parkplatz: versteckte Sandbänke

Unbedingt genug Zeit für die Walchenklamm und die idyllische Lichtung, die danach kommt, einplanen.

TRAUMHAFT

NATUR PUR

Nach der tosenden Walchenklamm kommt eine überraschend ruhige Lichtung, durch die der Bach fließt. Hier kann man den Tag mit einem Picknick auf den Sandbänken ausklingen lassen.

KM 10

Der Abstieg erfolgt über den gleichen Weg wie der Aufstieg.

4 **Zum Ende der Tour** müssen wir uns für eine Bademöglichkeit entscheiden. Wir können uns kurz vorm Parkplatz in einer der Gumpen des Gerstenrieder Grabens, den wir anfangs passiert haben, erfrischen. Oder wir machen einen Abstecher mit dem Auto zur Badewiese an der Faller-Klamm-Brücke am Sylvensteinspeicher, um dort zu schwimmen oder mit dem mitgebrachten Stand-Up-Paddle-Board den Stausee entlangzufahren. Besonders idyllisch ist die kleine Lichtung am Walchenbach, kurz nach der Walchenklamm, zu der wir noch einen Umweg vom Parkplatz machen. (Die genaue Location gibt's in den GPS-Daten dieser Tour.)

KM 11

Vom Parkplatz aus folgen wir der Hauptstraße nach rechts, bis wir nach 200 Metern auf der linken Straßenseite auf einen kleinen Weg mit einer Schranke stoßen. Dieser führt uns in wenigen Schritten zur Walchenklamm.

5 **Diese Wanderung** ist nicht am Parkplatz zu Ende. Wir wandern noch zur nur wenigen Minuten entfernten Walchenklamm. Diese ist ein gut verstecktes Highlight am Sylvensteinspeicher. Die Walchen schießt dort in rasender Geschwindigkeit durch die bis zu 20 Meter tiefe Schlucht. Nach dem Überqueren der Schlucht folgen wir einfach dem Weg, der wieder Richtung Parkplatz nach Osten führt. Dieser bringt uns zu einer überdachten Brücke und zur kleinen Lichtung am Walchen, an der man bei geeignetem Wasserstand in ruhiger Atmosphäre baden kann.

Ausgangs-/Endpunkt Sylvensteinspeicher

Anfahrt Auto: Wanderparkplatz Hochalm, B307, Lenggries, dann links Richtung Achensee und nach 3 km Parkplatz links; Bahn / Bus: Keine Verbindung mit öffentlichen Verkehrsmitteln

Tourencharakter Einfacher Weg mit wenigen steilen Abschnitten

10,1 km

750 Hm

3:30 h

leicht

AUF EINEN BLICK

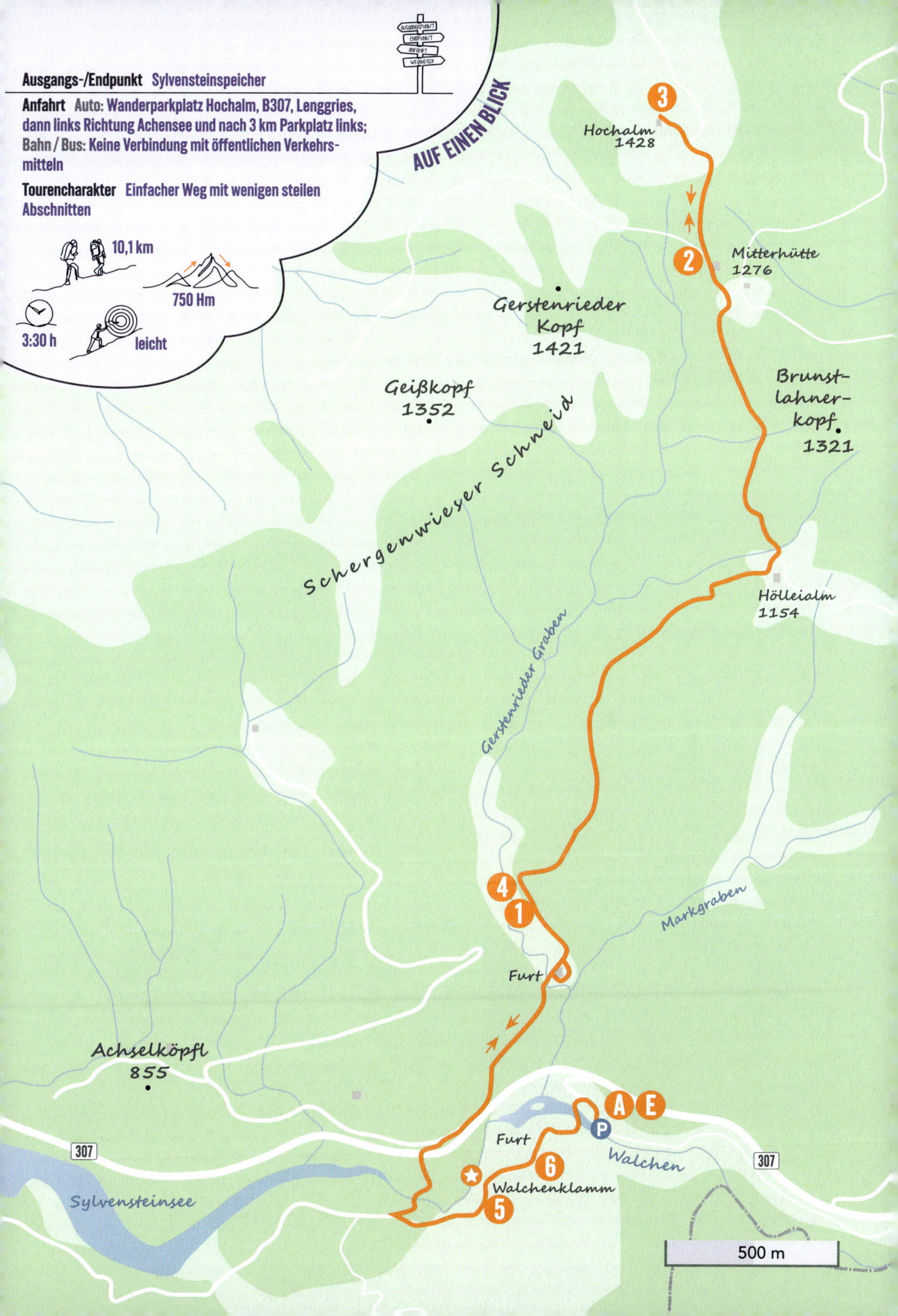

13

TEGERNSEER HÜTTE IN KREUTH

DAS SPEKTAKULÄRE »ADLERNEST«

Die Tegernseer Hütte (1650 m) begeistert Wanderer seit Generationen mit ihrer atemberaubenden Lage. Spektakulär thront sie auf dem Grat zwischen dem Roßstein (1698 m) und dem Buchstein (1701 m) und stiehlt den beiden Gipfeln die Show. Der Blick von Weitem auf die Tegernseer Hütte ist so faszinierend, dass viele Wanderer auf das Erklimmen des Buchsteins selbst verzichten und lieber die Aussicht von der Terrasse der Hütte in vollen Zügen genießen. Die Tegernseer Hütte ist übrigens schon seit Anfang des 20. Jahrhunderts ein beliebtes Wanderziel und wurde 1913 sogar vergrößert. Einige Jahre später, 1965, brannte sie nach einem Blitzeinschlag vollständig ab und sollte zunächst nicht mehr aufgebaut werden. Gott sei Dank hat man sich am Ende für den Aufbau entschieden und dieses einmalige Wanderziel erhalten.

KM 1

Vom Wanderparkplatz Roß- und Buchstein folgen wir dem sehr gut ausgeschilderten Weg Richtung »Tegernseer Hütte«.

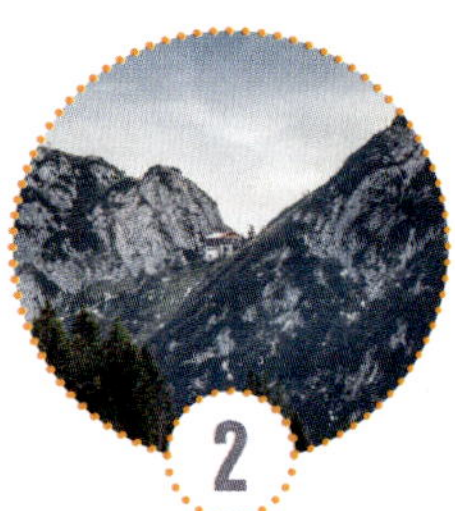

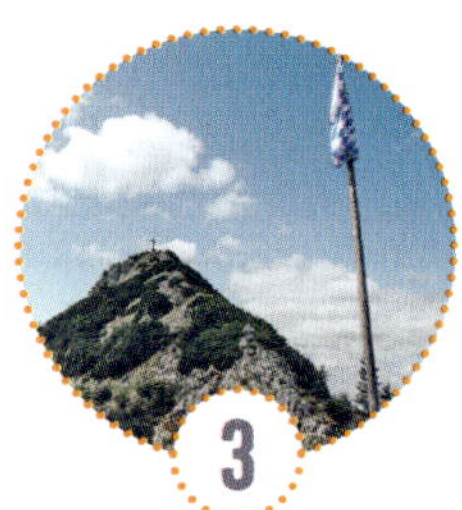

KM 1

AUSBLICK AUFS TAL

Über Serpentinen geht es steil los.

KM 3

TEGERNSEER HÜTTE IN DER FERNE

Das Ziel im Blick

KM 4

ROSSSTEIN

Kurzer Abstecher auf den Gipfel

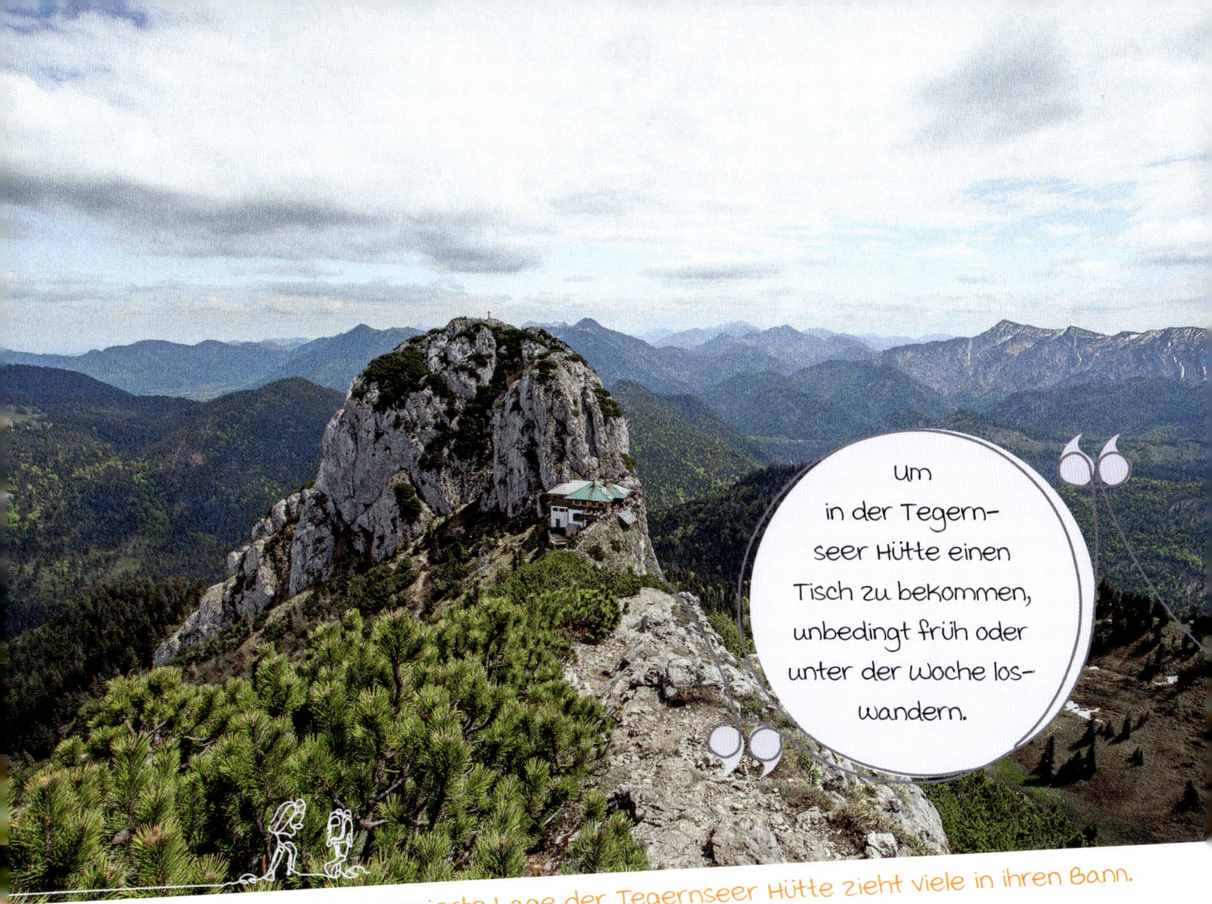

Die exponierte Lage der Tegernseer Hütte zieht viele in ihren Bann.

1 **Steil und fordernd** beginnt die Wanderung sogleich. Eine Serpentine nach der anderen treibt uns gleich am Anfang den Schweiß auf die Stirn. Der Weg ist aufgrund der Beliebtheit der Wanderung bestens präpariert und beinhaltet einige Stufen, die den Aufstieg zusätzlich anstrengend machen. Zunächst schlängelt sich der Weg durch den Wald bergauf. Aufgrund der starken Steigung werden wir schnell mit tollen Blicken ins Tal belohnt, bei denen wir kurze Verschnaufpausen einlegen können.

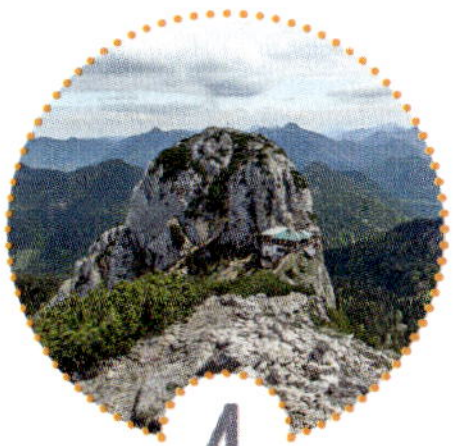

4

KM 5

TEGERNSEER HÜTTE

Ankommen, staunen, gemütlich einkehren

5

KM 5

BUCHSTEIN

Extratour für passionierte »Kraxler«

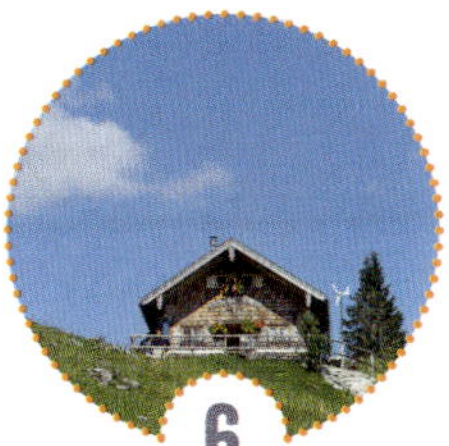

6

KM 7

SONNBERGALM

Brotzeit und kalte Getränke

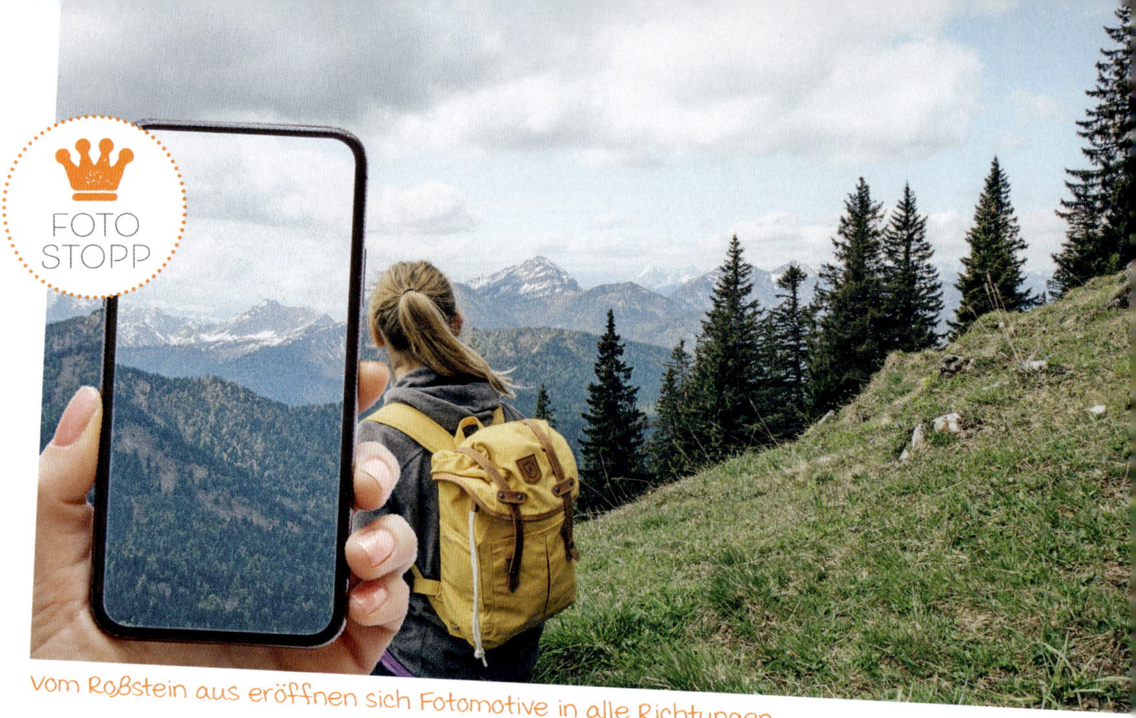

Vom Roßstein aus eröffnen sich Fotomotive in alle Richtungen.

KM 3

Die gute Beschilderung (Richtung »Tegernseer Hütte«) weist uns stets den Weg. Bald wandern wir auf offenem Gelände.

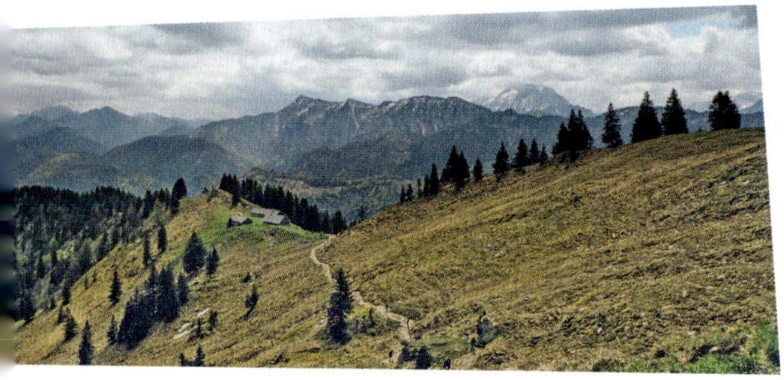

2 Eine beeindruckende Kulisse eröffnet sich nach einer guten Stunde: Wir sehen den Roß- und Buchstein und die Tegernseer Hütte, wie sie dort in der Ferne zwischen den beiden Bergen thront. Wir folgen weiter dem Wanderpfad, das Ziel stets im Blick. Dabei passieren wir die Sonnbergalm, bei der man sich eine erste Erfrischung gönnen kann, oder beim Abstieg einkehren kann, wenn man in der Tegernseer Hütte keinen Platz bekommen hat. Bereits hier hat man eine tollen Blick auf die umliegenden Berge.

TRAUMHAFT

ÜBERNACHTEN

Wer einmal so richtig abschalten und diesen beeindruckenden Ort ohne Trubel erleben möchte, kann auf der Hütte übernachten – ohne Handyempfang oder sonstigen Luxus.

KM 4

Nun gabelt sich der Weg und wir entscheiden uns für den einfachen Aufstieg nach links und nicht für den Klettersteig.

3 **Kurz vorm Gipfel** gibt es zwei Möglichkeiten: einen leichten Klettersteig oder den sogenannten Altweibersteig. Der Klettersteig, der ca. 150 Höhenmeter nach oben geht, wird von vielen ohne Sicherung gegangen, was nicht zu empfehlen ist. In jedem Fall sollte man kletter- und trittsicher sein, wenn man sich für den direkten, drahtseilgesicherten Aufstieg entscheidet. Wir nehmen den breiten Altweibersteig, der sich um die südwestliche Flanke des Roßsteins schlängelt und gemütlich zum Ziel führt. Dabei erklimmen wir noch schnell den Roßsteingipfel, bevor wir zur Tegernseer Hütte absteigen.

Ein kurzer Klettersteig führt zur Hütte.

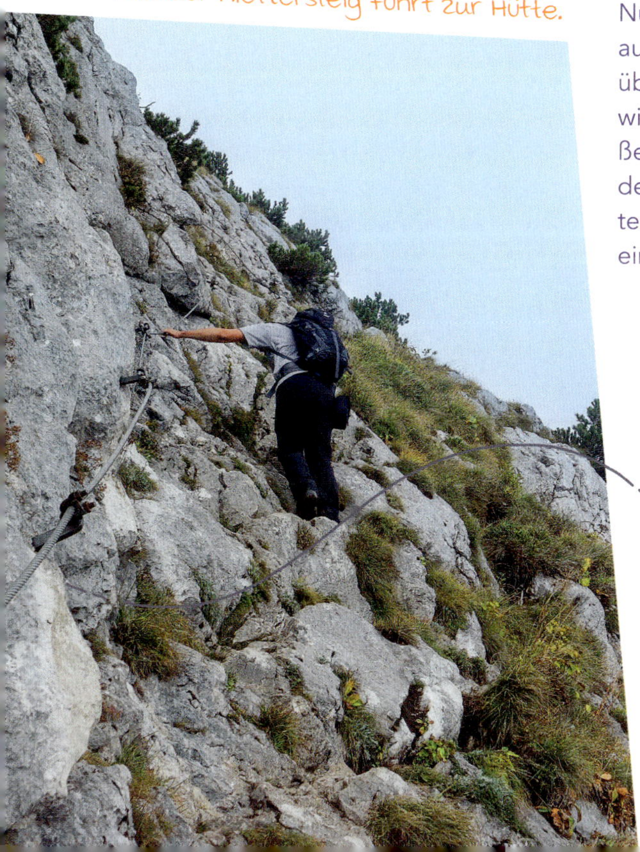

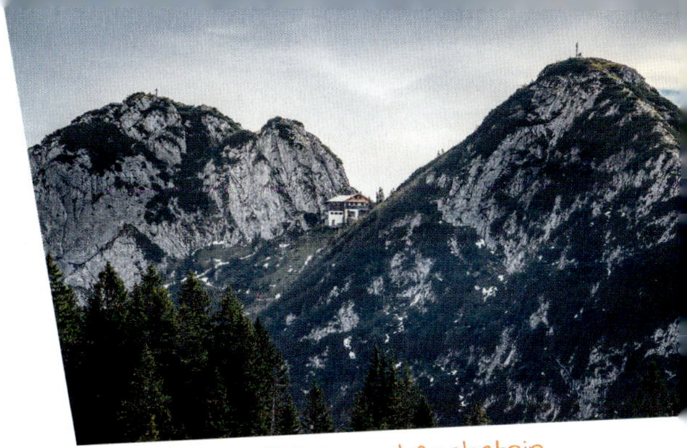

Zwischen Roßstein und Buchstein

KM 5

In 20 Minuten führt uns der Klettersteig und in einer guten halben Stunde der Wanderweg zur Tegernseer Hütte.

4 **Auf der Tegernseer Hütte** angekommen, können wir nichts als staunen. Die unvergleichliche Exponiertheit lässt Wanderherzen höherschlagen. Man sollte sich die Zeit nehmen, um die atemberaubende Aussicht zu bewundern und sich auf der gemütlichen, bewirtschafteten Terrasse zu stärken. Nun heißt es noch Daumen drücken, um auch einen Platz zu bekommen. Die Hütte ist übrigens im Sommer bis 18 Uhr geöffnet und wir können die Lage somit ausgiebig genießen, bevor wir wieder absteigen. Aufgrund der großen Beliebtheit kommt man am besten unter der Woche, dann sollte man auch einen Platz ergattern.

Den Klettersteig sollte man nur nehmen, wenn man schon etwas Klettererfahrung hat oder mit Klettersteigset.

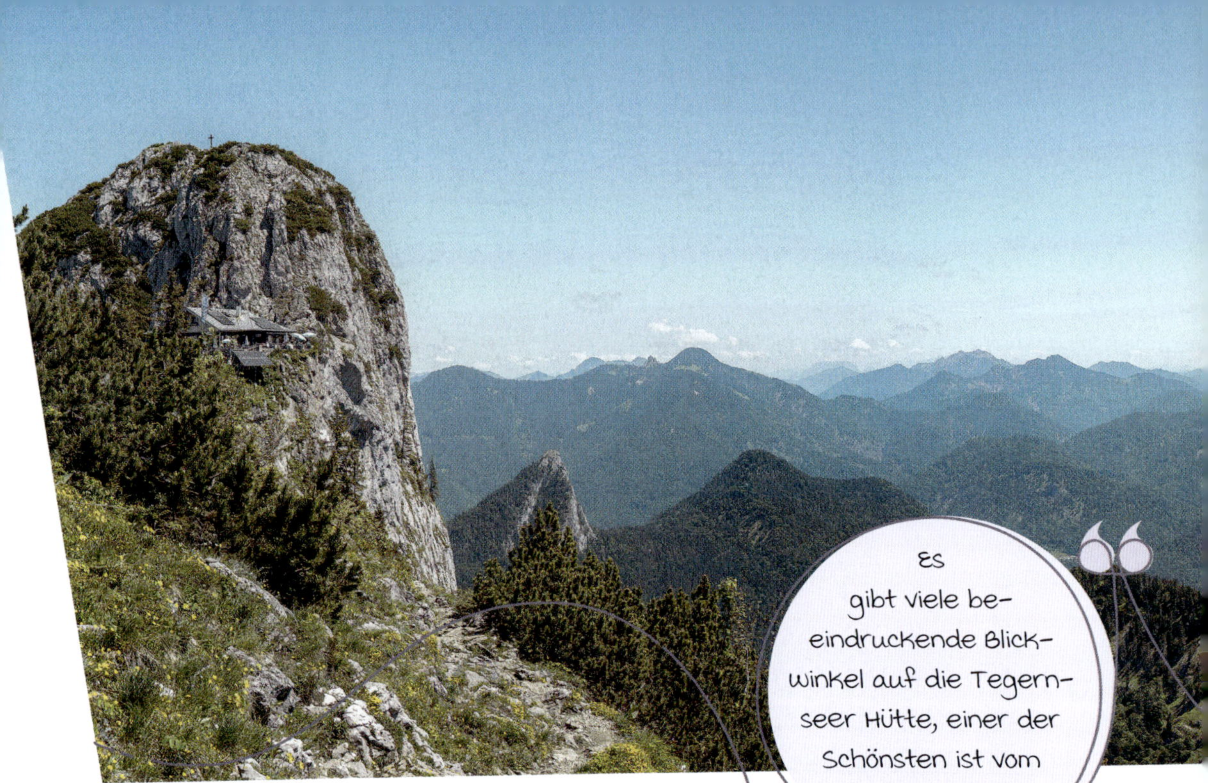

Die Hütte schmiegt sich an den Buchstein.

Es gibt viele beeindruckende Blickwinkel auf die Tegernseer Hütte, einer der schönsten ist vom Roßstein aus.

i-TÜPFELCHEN

GAUMENFREUDEN

Käsefans können sich bei der Rückfahrt in der Naturkäserei Tegernseer Land mit regional produziertem Käse eindecken. Diese befindet sich unweit der Hauptstraße kurz vor Rottach-Egern.

KM 5

Wer es sich zutraut, kann noch zum Gipfelkreuz des Buchsteins klettern.

5 **Wer noch Zeit und Kraft hat**, kann den Gipfel des Buchsteins, der nur unweit oberhalb der Tegernseer Hütte liegt, erklimmen. Dazu muss man links neben der Tegernseer Hütte hochklettern. Auch hier sollte man trittsicher und »kraxlfreudig« sein. Bei Nässe ist dieses Vorhaben nicht zu empfehlen.

KM 7

Der Abstieg erfolgt über den gleichen Weg wie der Aufstieg.

6 **Den Klettersteig** umgehen wir auch beim Abstieg, denn nach unten ist dieser keinesfalls einfacher. Wer in der Tegernseer Hütte keinen Platz gefunden hat, bekommt in der Sonnbergalm etwas unterhalb Brotzeit und kalte Getränke. Wir steigen weiter ab bis zum Parkplatz.

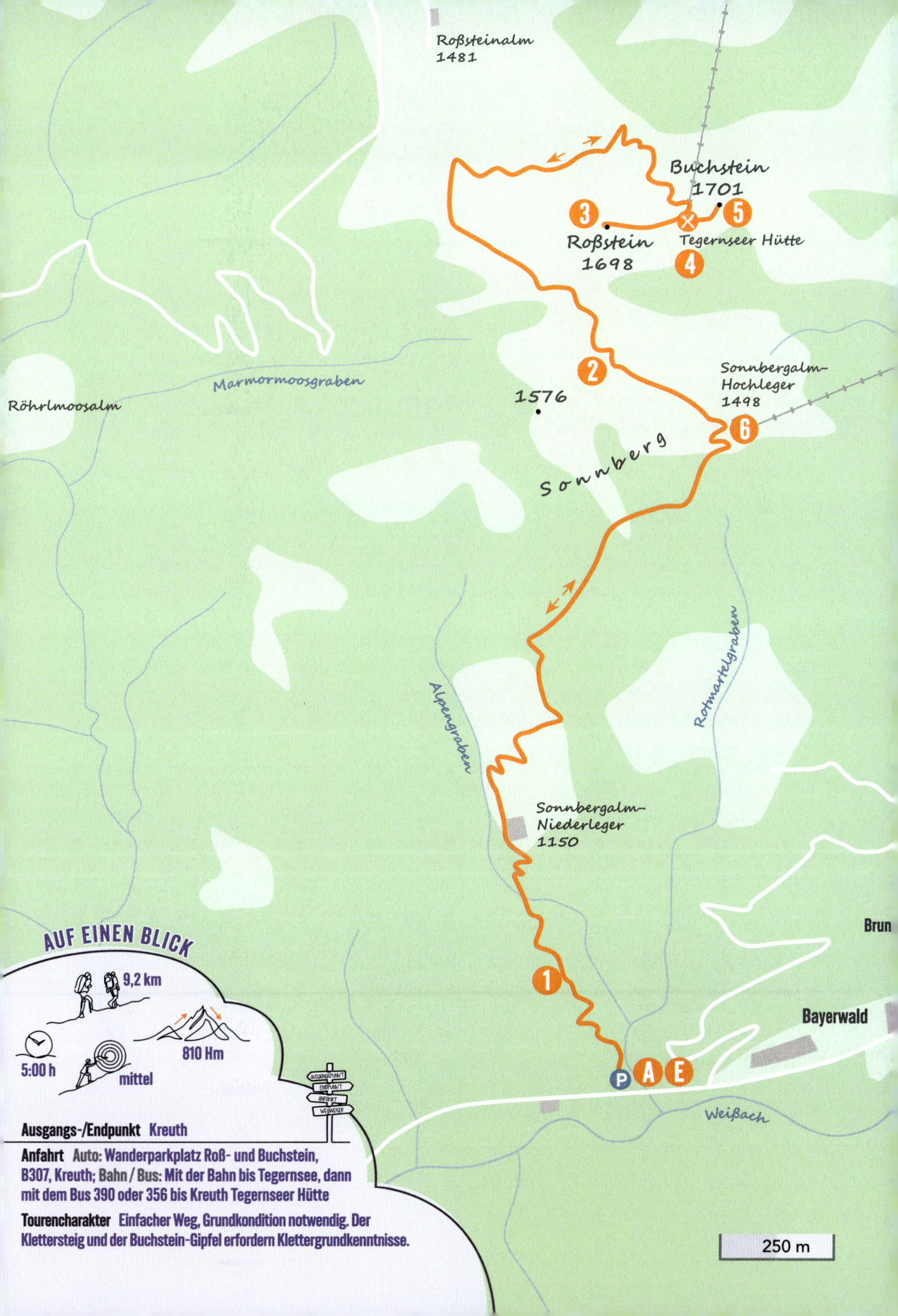

AUF EINEN BLICK

9,2 km

5:00 h

810 Hm

mittel

Ausgangs-/Endpunkt Kreuth

Anfahrt Auto: Wanderparkplatz Roß- und Buchstein, B307, Kreuth; Bahn / Bus: Mit der Bahn bis Tegernsee, dann mit dem Bus 390 oder 356 bis Kreuth Tegernseer Hütte

Tourencharakter Einfacher Weg, Grundkondition notwendig. Der Klettersteig und der Buchstein-Gipfel erfordern Klettergrundkenntnisse.

14

WOLFSSCHLUCHT BEI WILDBAD KREUTH

RAUSCHENDES ABENTEUER

Eine Wanderung durch die Wolfsschlucht ist genauso spektakulär, wie der Name vermuten lässt. Hier wird man selbst Teil des Abenteuers, denn man muss mehrmals durch den – zum Glück niedrigen – Bach waten und kann seinen Mut bei zwei tosenden Wasserfällen beweisen. Wer traut sich in das kühle Nass? Oder sollen wir uns doch lieber in eine der Gumpen wagen, die den Weg zieren? Die Tour ist besonders für Familien geeignet, da sie ohne großen Höhenunterschied auskommt und für Kinder besonders aufregend ist. Kleine Kinder können an der sehr flachen Felsweißbach planschen, die den Wanderweg begleitet. Die Wolfsschlucht ist aufgrund ihrer einfachen Erreichbarkeit und der kurzweiligen Wanderung zu den Wasserfällen zwar kein Geheimtipp, dennoch ein Paradies an heißen Sommertagen. Doch nicht nur heute ist sie ein aufregendes Fleckchen Erde. Die Wolfsschlucht wurde bereits im Mittelalter als Saumpfad genutzt. Sie verband die Klöster Tegernsee und St. Georgenberg in Tirol, die über die Schlucht Handel betrieben. Zudem wurde sie auch von Schmugglern, Hirten, Jägern und Wilderern rege genutzt.

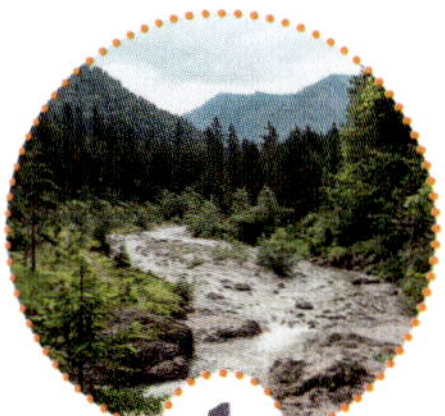

1

KM 0

HOLZBRÜCKE

Flussverlauf der Felsweißbach

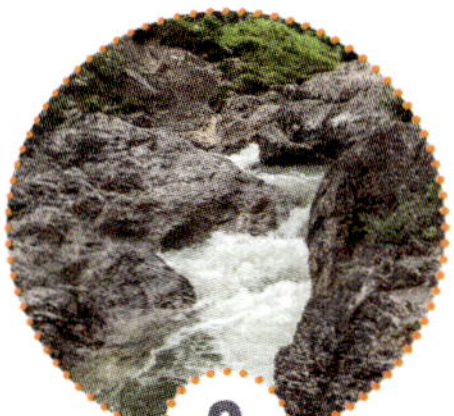

2

KM 1

FELSWEISSACH

Viel Getose gleich zu Beginn

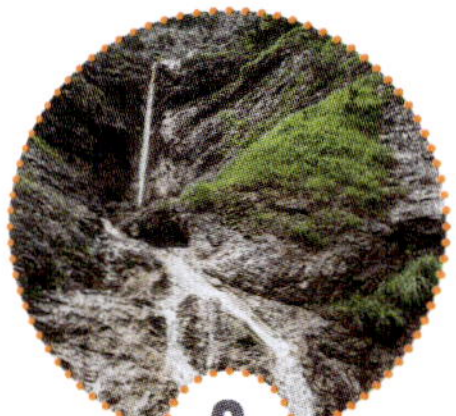

3

KM 3

KLEINE WOLFSSCHLUCHT

Erster Stopp: kleiner Wasserfall

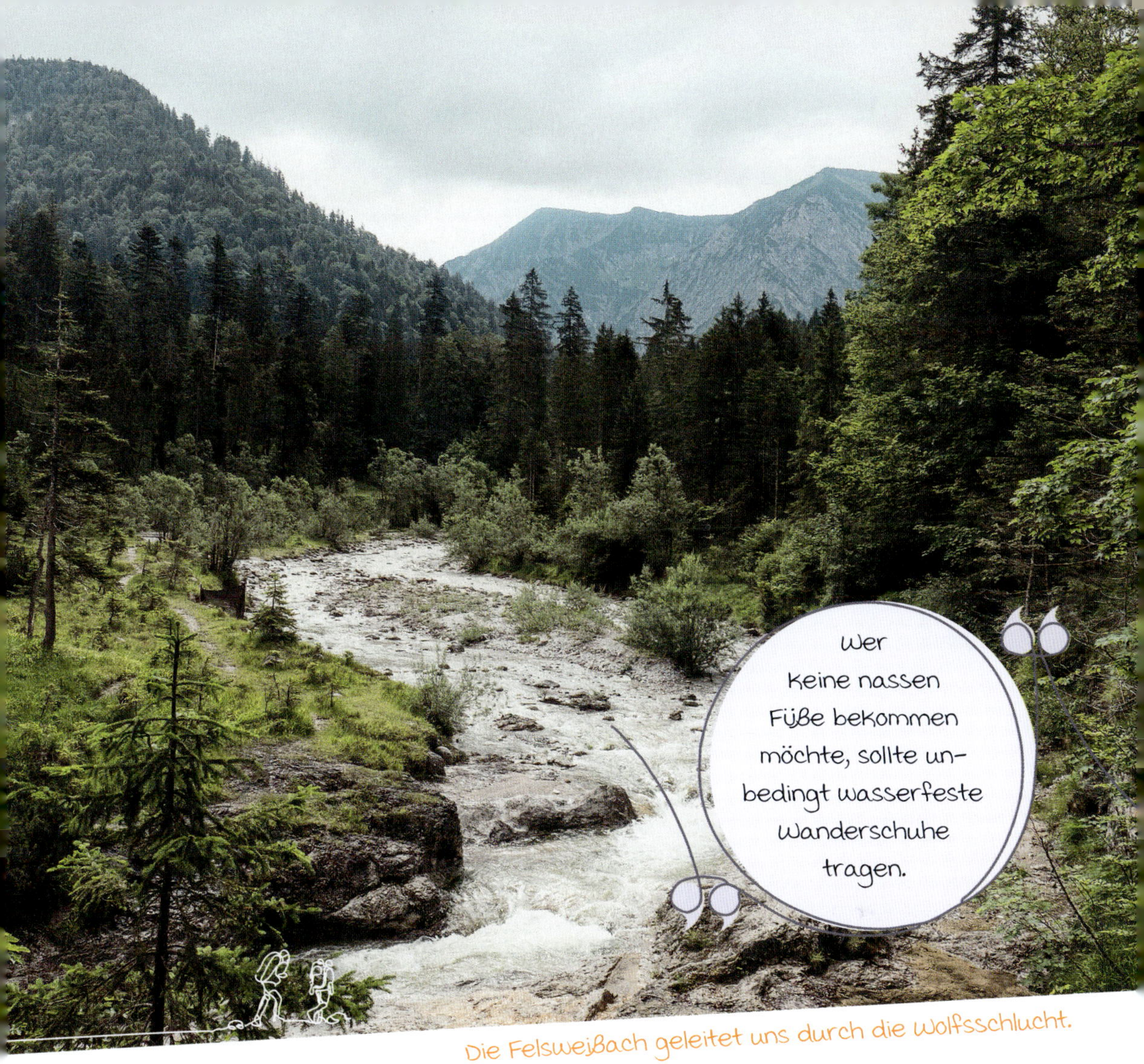

Die Felsweißbach geleitet uns durch die Wolfsschlucht.

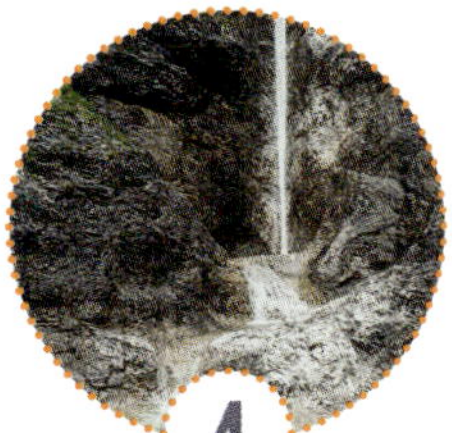

4

KM 4

GROSSE WOLFSSCHLUCHT

Zweiter Stopp: großer Wasserfall

5

KM 7

SIEBENHÜTTEN

Einkehr mit Bergpanorama und direkt am Bach

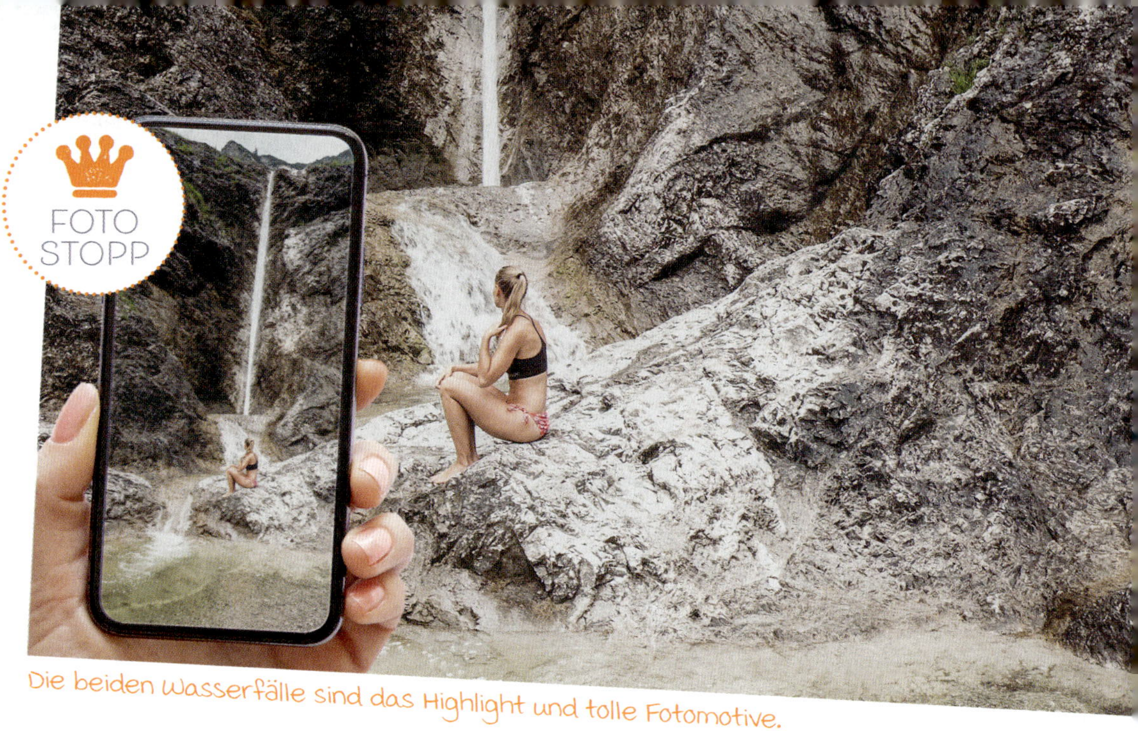

Die beiden Wasserfälle sind das Highlight und tolle Fotomotive.

KM 0

Vom Siebenhüttenparkplatz in Wildbad Kreuth überqueren wir die Holzbrücke und folgen dem breiten Forstweg.

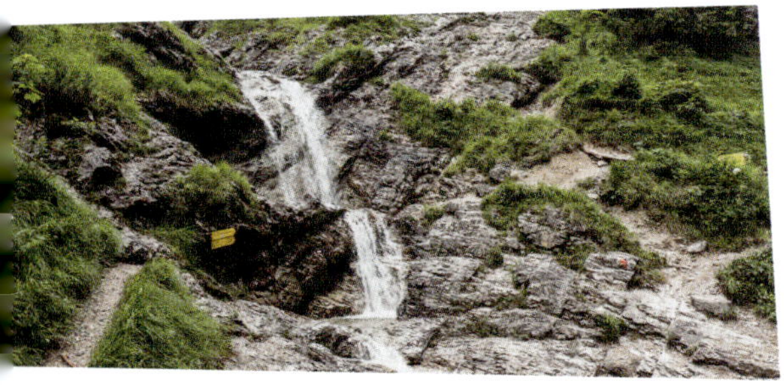

Die Kleine Wolfsschlucht

1 **Spektakulär ist die Tour** gleich zu Beginn: Beim Parkplatz überqueren wir die Holzbrücke und stehen über der Felsweißach. Je nach Wasserstand kann es sein, dass sie tosend unter uns hindurch brettert oder ganz sanft dahin plätschert. Von hier aus haben wir auch einen schönen Blick auf den Flussverlauf, der später in die Schlucht führt. Nun starten wir aber die Wanderung und folgen dem schattigen Forstweg.

i-TÜPFELCHEN

FÜR DAHEIM

In der Nähe des Parkplatzes befindet sich die Herzogliche Fischzucht Wildbad Kreuth. Dort darf man die Anzuchtbecken besuchen und kann eine frische lokale Räucherforelle kaufen.

KM 2

Der Forstweg verläuft wenig später parallel zur Felsweißach und wird etwas schmaler. Er führt uns weiter Richtung Süden.

2 **Die Felsweißach** schlängelt sich hier meist besonders tosend entlang des Wegs und fließt später ganz sanft durch die Schlucht weiter. Nach ca. 1,5 Kilometern passieren wir die Almwirtschaft Siebenhütten. Ab hier führt der Weg hinein in die Schlucht und das Terrain wird unebener und felsiger, bleibt aber stets flach und ohne nennenswerte Steigung. Etwas Trittsicherheit erfordert der unebene Weg jedoch – am besten ist man mit festen Wanderschuhen ausgestattet.

Die untere Kaskade des kleinen Wasserfalls

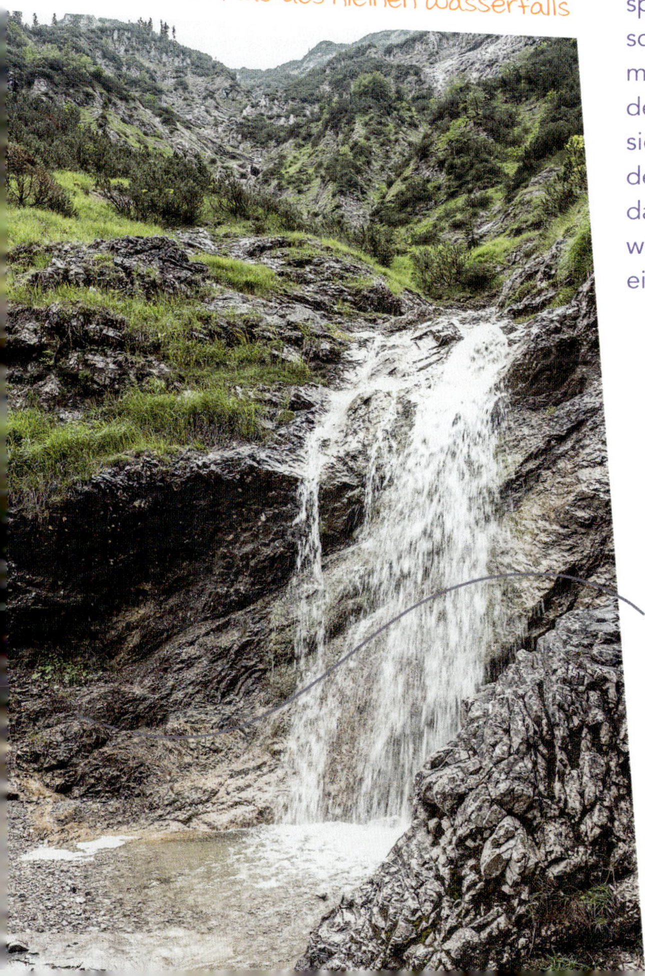

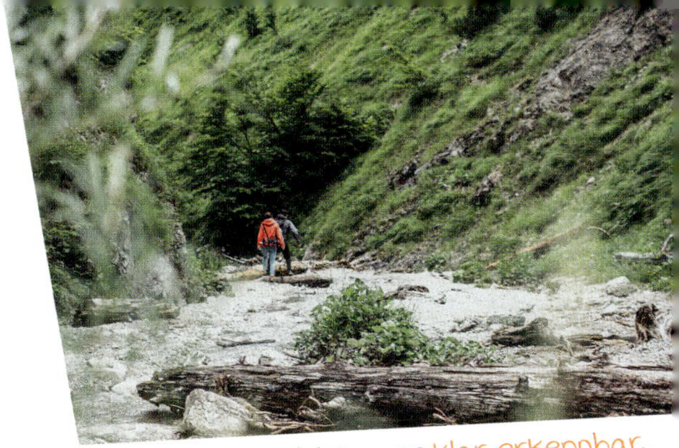

Der Weg ist nicht immer klar erkennbar.

KM 3

Wir folgen immer weiter dem gekennzeichneten Weg durch die Schlucht.

3 **Nach ca. 45 Minuten** und mehrmaligem Waten durch die Felsweißach, die in der Regel nur wenige Zentimeter hoch ist, haben wir das Ende der Schlucht und den ersten spektakulären Wasserfall erreicht. Dieser schießt mehrere Meter in die Tiefe. Manchmal spürt man schon von Weitem die Gischt des Wasserfalls und manchmal ergießt er sich ganz sanft in einem perfekten Strahl in der Gumpe. Wir halten kurz inne und lassen das beeindruckende Naturschauspiel auf uns wirken. An heißen Tagen kann man sich hier eine eiskalte Erfrischung gönnen.

Mit Langzeitbelichtung erzielt man ein besonders schönes Bild der beiden Wasserfälle in der Wolfsschlucht.

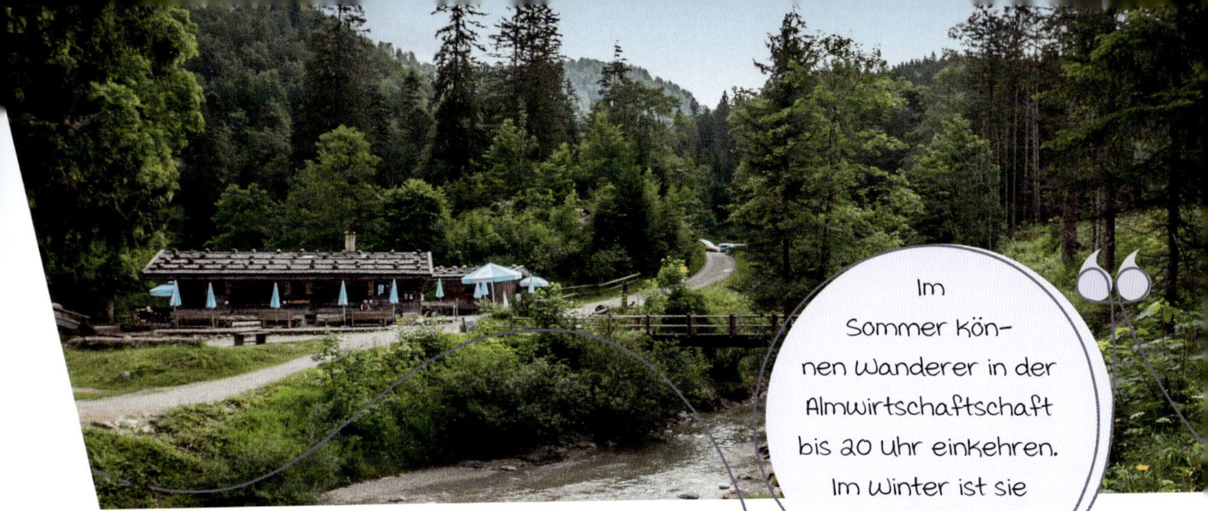

Die Almwirtschaft Siebenhütten

Im Sommer können Wanderer in der Almwirtschaftschaft bis 20 Uhr einkehren. Im Winter ist sie geschlossen.

TRAUMHAFT

BERGBLICK

Auch die Schwaigeralm in nur zwei Kilometer Entfernung bietet Bergblick in ruhiger Lage – sie ist eine Alternative, wenn sich in der Almwirtschaft kein Platz findet.

KM 4

Von der kleinen Wolfsschlucht laufen wir wieder ein paar Meter zurück und halten uns dann links, dem Schild zur »großen Wolfsschlucht« folgend.

4 **Am zweiten, größeren Wasserfall** kommen wir nach wenigen Minuten an. Er ist mindestens genauso imposant wie der erste. Dieser ist das Ziel und zugleich das Highlight der Wanderung. Für die Unerschrockenen unter uns besteht die Möglichkeit, in der eiskalten Gumpe oder unter dem erfrischenden Wasserfall ein Bad zu nehmen – ein wahrhaft erfrischendes Naturerlebnis. Diejenigen, die es etwas gemütlicher angehen lassen möchten, können zumindest ihre Füße im erfrischenden Nass des Wasserfalls baumeln lassen. Achtung, das Baden in beiden Wasserfällen bitte unbedingt vom Wasserstand abhängig machen.

KM 7

Zurück geht es auf dem gleichen Weg, der uns nun wieder aus der Schlucht hinausführt. Dann geht es vorbei an der Almwirtschaft Siebenhütten zurück zum Parkplatz.

5 **Auf dem Rückweg** ersparen wir uns den Umweg über die kleine Wolfschlucht und halten uns direkt links Richtung Schluchtanfang. Kurz vorm Parkplatz, nach ca. 45 Minuten, kommen wir an der beliebten Almwirtschaft Siebenhütten vorbei, wo wir einkehren. Im schattigen Biergarten lassen wir uns die Brotzeit und Kaffee & Kuchen schmecken. Die Alm ist besonders idyllisch direkt an der Felsweißbach gelegen und eignet sich perfekt dafür, den Wandertag in herrlicher Bergkulisse ausklingen zu lassen.

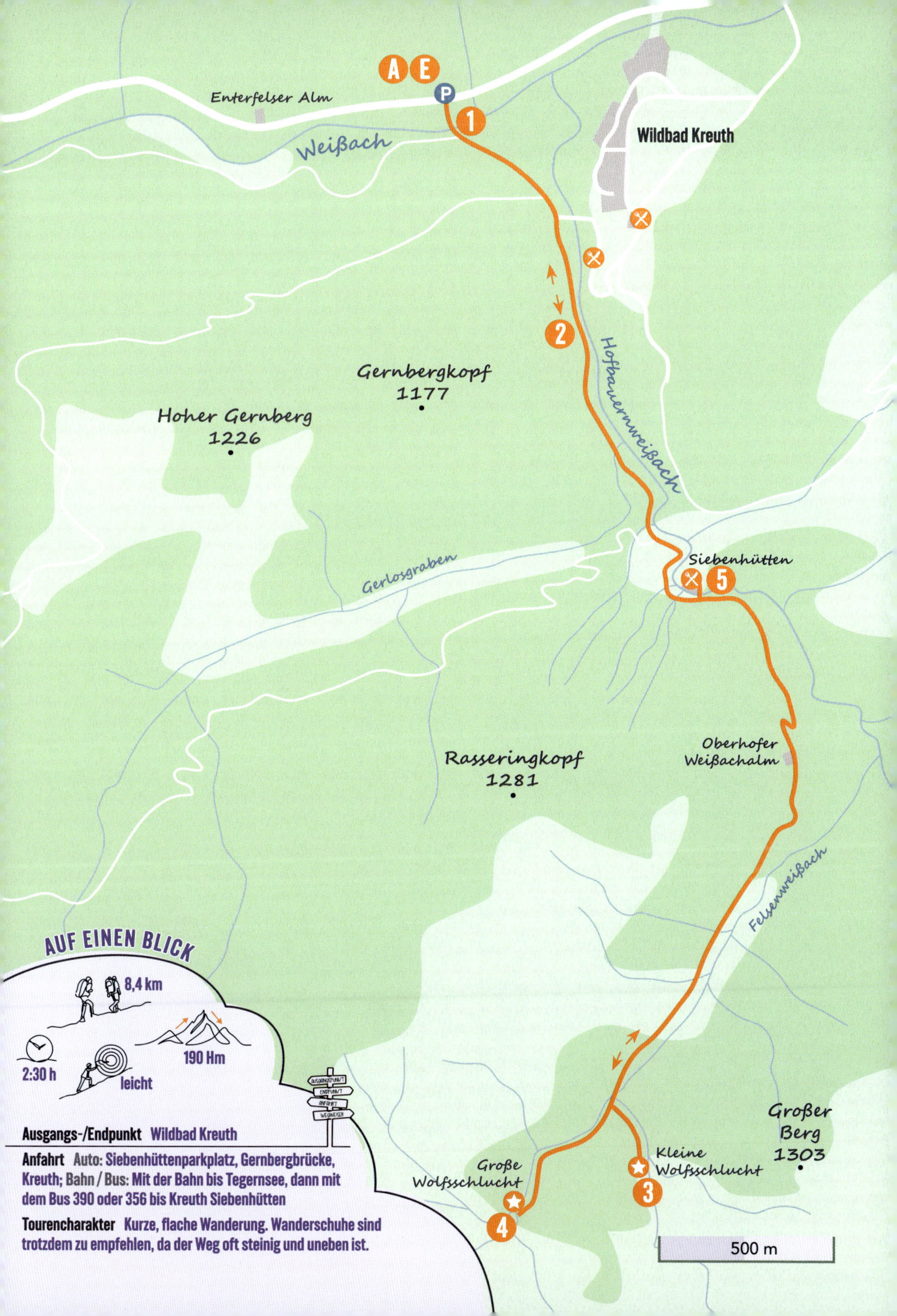

AUF EINEN BLICK

8,4 km

2:30 h

190 Hm

leicht

Ausgangs-/Endpunkt Wildbad Kreuth

Anfahrt Auto: Siebenhüttenparkplatz, Gernbergbrücke, Kreuth; Bahn / Bus: Mit der Bahn bis Tegernsee, dann mit dem Bus 390 oder 356 bis Kreuth Siebenhütten

Tourencharakter Kurze, flache Wanderung. Wanderschuhe sind trotzdem zu empfehlen, da der Weg oft steinig und uneben ist.

15

BAUMGARTENSCHNEID BEI TEGERNSEE

ROMANTIK ZUM FEIERABEND

Die Sonne beobachten, wie sie langsam hinter den Gipfeln verschwindet und den Tegernsee in goldenes Licht taucht – klingt das nicht schön? Die Baumgartenschneid (1449 m) ist eine perfekte Feierabendtour. Sie verspricht grandiose Sonnenuntergänge, einen vielseitigen Weg, drei Gipfelkreuze und eine gemütliche Berghütte. Die Baumgartenschneid ist der höchste Gipfel zwischen Tegernsee und Schliersee. Deshalb bietet er einen tollen Blick auf den See und die umliegenden Berge, wie den Wallberg, den Setzberg und sogar weiter bis zum Wendelstein. Obwohl die Tour zu den Klassikern am Tegernsee gehört, herrscht hier unter der Woche eine entspannte Atmosphäre. Denn viele Wanderer gehen nur bis zum Berggasthof Riederstein oder zur Gipfelkapelle des Riedersteins.

KM 2

Vom Wanderparkplatz Alpbachtal im Prinzenweg in Tegernsee folgen wir zunächst der Schützenstraße und den Schildern Richtung »Riederstein« und »Baumgartenschneid«.

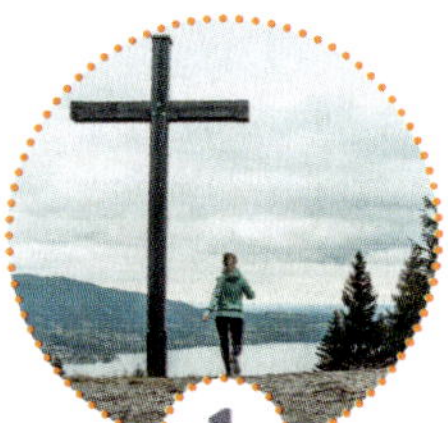

1

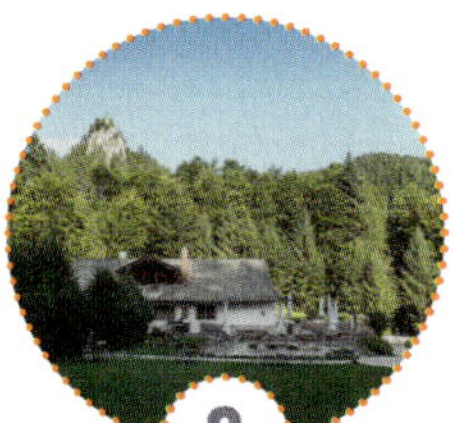

2

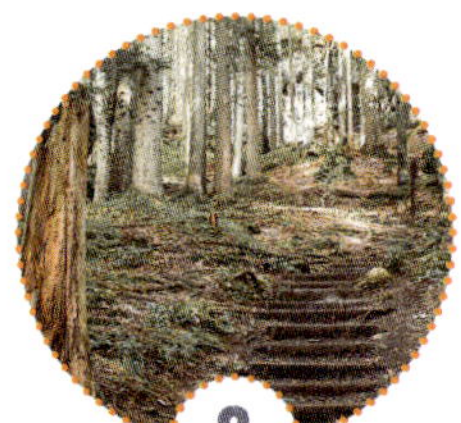

3

KM 2

PFLIEGELECK

Das erste von drei Gipfelkreuzen

KM 4

BERGGASTHAUS RIEDERSTEIN

Stärkung auf 1060 Metern

KM 5

KREUZWEG

Den Berg hinauf auf über 550 Stufen

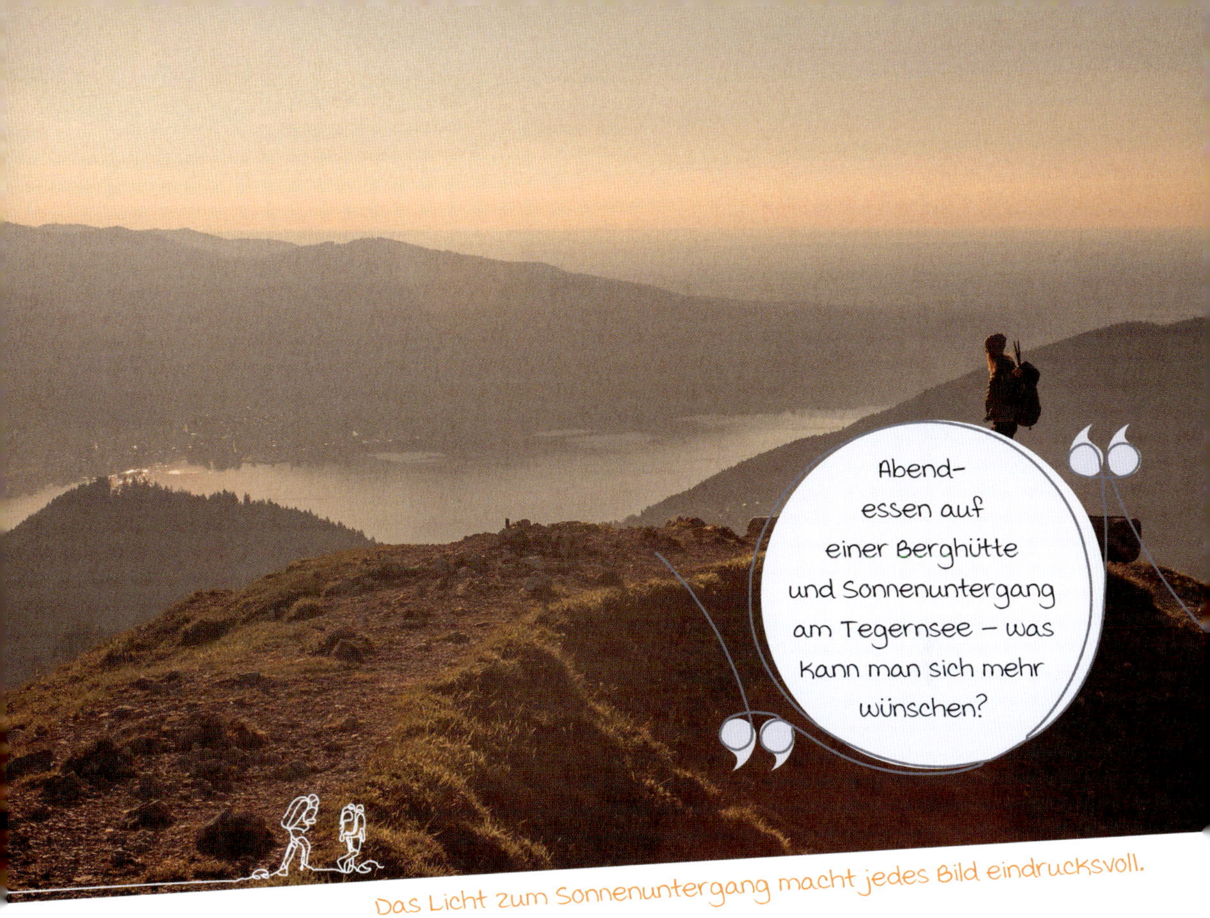

Das Licht zum Sonnenuntergang macht jedes Bild eindrucksvoll.

1 **Die Tour ist gut ausgeschildert** und wir richten uns stets nach den Wegweisern. Zunächst folgen wir der Teerstraße, die nach ca. 15 Minuten in einen Wanderweg mündet. Nach ca. einer Stunde haben wir bereits das erste Gipfelkreuz am Pfliegeleck erreicht und genießen den herrlichen Blick über den Tegernsee. Doch wir haben noch viel vor und zwei weitere beeindruckende Ausblicke erwarten uns. Aus diesem Grund geht es nach einer kurzen Verschnaufpause weiter auf dem Wanderweg.

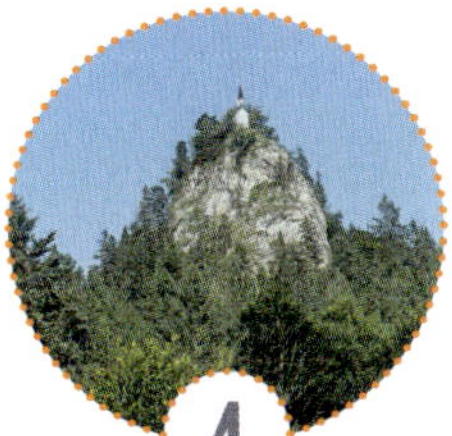

4

KM 5

RIEDERSTEIN

Angekommen auf Gipfel Nummer zwei

5

KM 6

BAUMGARTENSCHNEID

Das Ziel und der dritte Gipfel

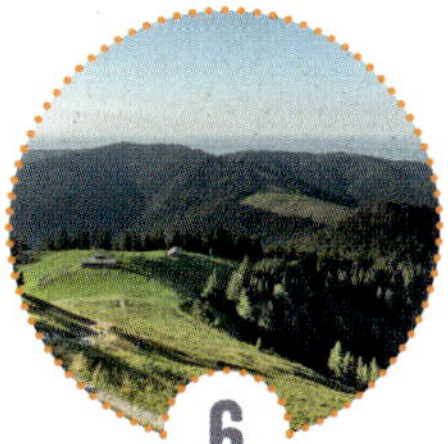

6

KM 6

BAUMGARTENALM

Etwas längerer Abstieg als Rundtour

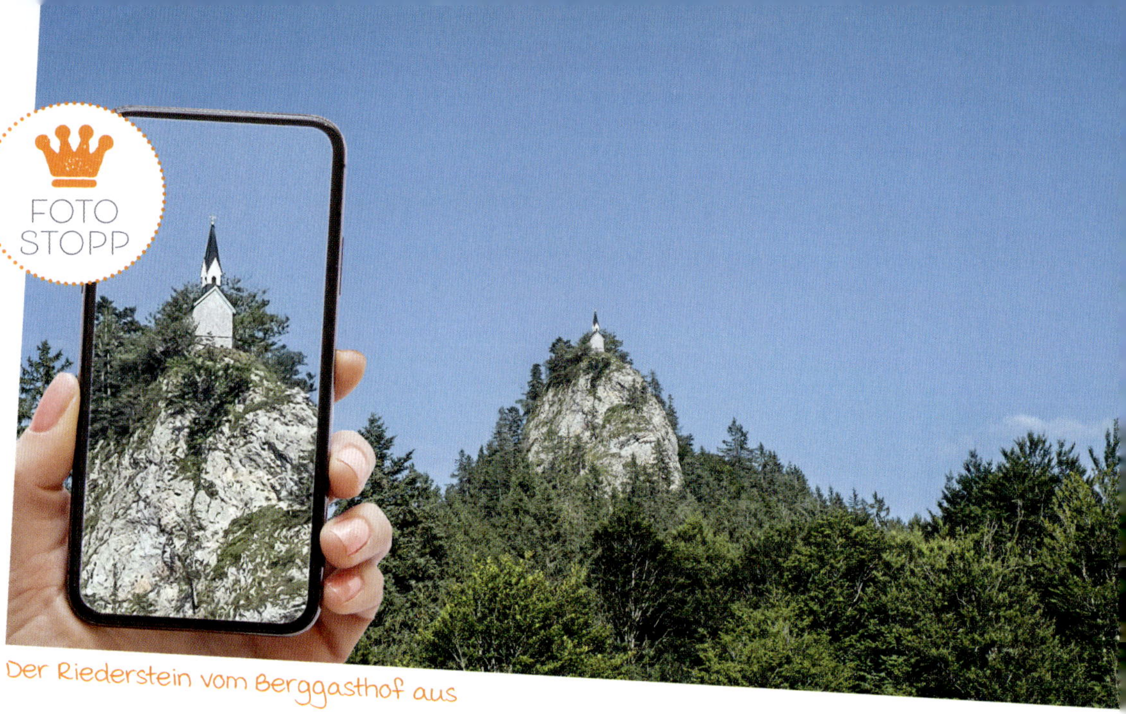

Der Riederstein vom Berggasthof aus

KM 4

Wir folgen weiter dem breiten Weg, der uns bei mäßiger Steigung immer weiter nach oben führt bis zum Berggasthof Riederstein.

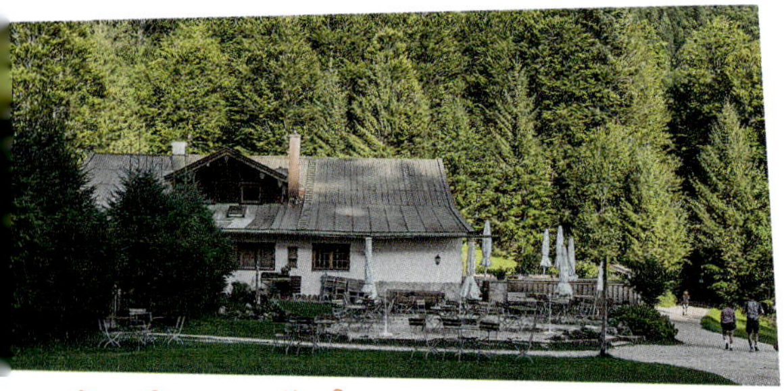
Der Berggasthof am Fuße des Riedersteins

2 **Nach etwa 30 Minuten** erreichen wir bereits das nächste Etappenziel: Galaun und das Berggasthaus Riederstein. Von hier aus haben wir nicht nur einen weitreichenden Blick auf das Tal, sondern können auch die Nachmittagssonne im schönen Biergarten des Berggasthofes genießen – entweder auf eine kühle Erfrischung oder eine Stärkung. Den Bauch sollte man sich aber nicht zu vollschlagen, denn der anstrengende Teil der Wanderung und gut eine Stunde Fußmarsch liegen noch vor uns.

TRAUMHAFT

WOCHENEND-IDYLLE

Zum Berggasthof Riederstein gehören übrigens auch zwei Ferienwohnungen, von denen aus man die Idylle der Tegernseer Berge gleich mehrere Tage genießen kann.

KM 5

Am Gasthof halten wir uns rechts und folgen weiter den Schildern Richtung »Riederstein« über den Kreuzweg.

3 **Auf dem sogenannten Kreuzweg** steigen wir wenige hundert Meter nach dem Berggasthof steil hinauf zum Riederstein. Die mehr als 500 Stufen werden dem einen oder anderen die Schweißperlen auf die Stirn treiben. Ablenken können wir uns mit den 14 Tafeln aus dem Jahr 1897 entlang des Treppenwegs, die bildlich die Geschichte von Jesu Kreuzigung erzählen. Zudem passieren wir eine kleine Grotte, in dem ein verschwundener Wilderer namens Leonhard Pöttinger gefunden wurde sowie eine Figur der Jungfrau Maria. Es gibt also allerhand zu sehen.

Der Kreuzweg führt zum Riederstein-Gipfel.

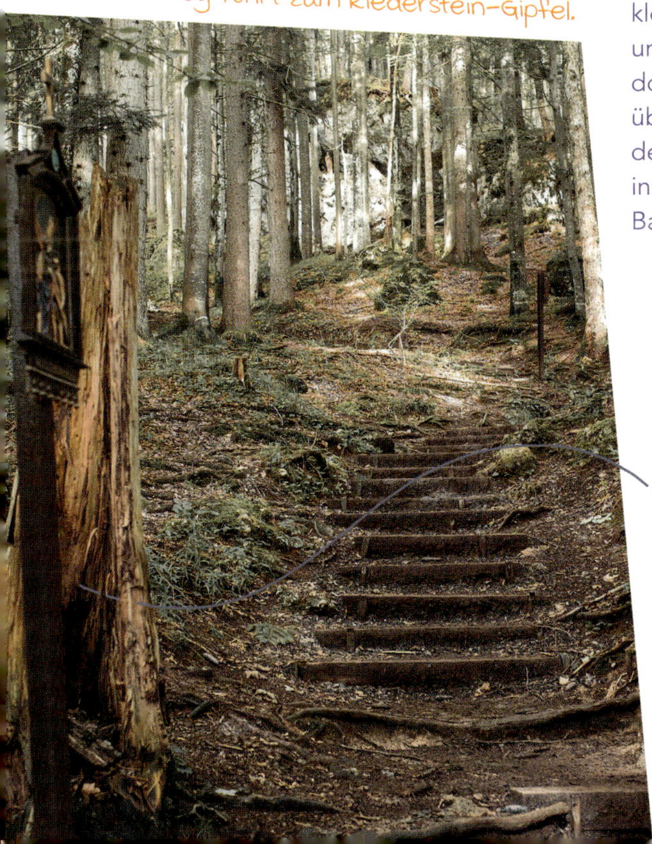

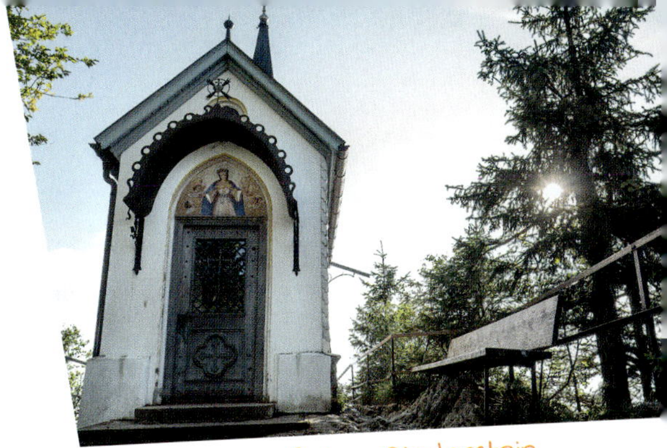

Die Kapelle auf dem Riederstein

KM 5

Nach über 500 Stufen erreichen wir das Ende des Kreuzweges, den Gipfel des Riedersteins. Dies ist der erste Gipfel der Wanderung, aber noch nicht unser Tagesziel.

4 **Am Gipfel des Riedersteins** befindet sich eine charmante kleine Kapelle. Nachdem wir den anstrengenden Kreuzweg hinter uns gebracht haben und an diesem kleinen Gotteshaus angekommen sind, können wir mächtig stolz auf uns sein. Auf der kleinen Bank legen wir eine kurze Rast ein und genießen die Nachmittagssonne. Von dort haben wir einen weitreichenden Blick über Rottach-Egern und den südlichen Teil des Tegernsees. Hier halten wir kurze Zeit inne, bevor sich die letzte Etappe hoch zur Baumgartenschneid anschließt.

Wer möchte, kann den Kreuzweg auch auslassen, dann verpasst man aber den Riederstein-Gipfel.

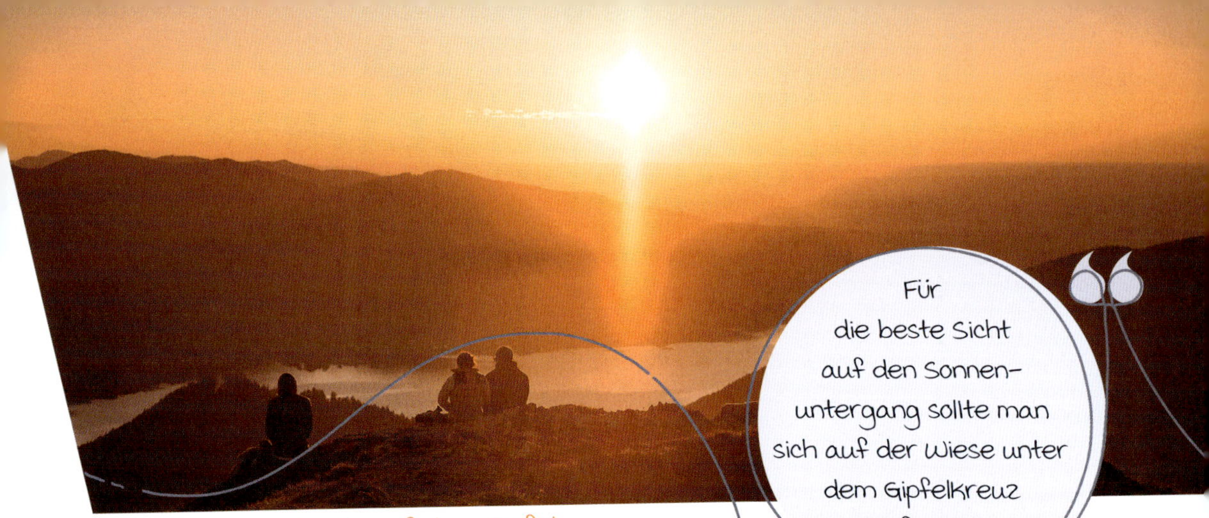

Zur Goldenen Stunde auf dem Gipfel

> Für die beste Sicht auf den Sonnenuntergang sollte man sich auf der Wiese unter dem Gipfelkreuz einfinden.

i-TÜPFELCHEN

TRAUMSAUNA

An kalten Tagen lässt es sich nach der Tour in Tegernsee in der »monte mare Seesauna« mit ihrem Seezugang und einem Außenbereich direkt am Wasser herrlich entspannen.

KM 6

Von der Gipfelkapelle aus gehen wir wenige Stufen nach unten, halten uns dann links und wandern auf dem schmalen Pfad entlang des Bergrückens durch den Wald. Danach folgen wir dem Wiesenpfad zur Baumgartenschneid.

5 Nach einer guten halben Stunde haben wir bereits einen gigantischen Blick über den Tegernsee und nach wenigen Minuten erreichen wir endlich die Baumgartenschneid. Dort steht ein Baumstamm als Sitzgelegenheit bereit. Wir nutzen ihn, um gespannt auf ein besonderes Spektakel zu warten: Die Sonne taucht den Tegernsee und die gesamte Umgebung in goldenes Licht, bevor sie wenig später als roter Feuerball hinter den Bergen verschwindet.

KM 6

Vom Gipfel aus nehmen wir den Pfad, der über die Wiesenhänge hinunter Richtung Norden führt, vorbei an der Baumgartenalm. Nachdem wir diese passiert haben und über einen Weidezaun gestiegen sind, führt uns der Weg durch den Wald bergab. Danach gehen wir einfach auf der Forststraße zurück zum Parkplatz.

6 Für den Abstieg nehmen wir den nun bereits bekannten Weg. Wir entscheiden uns aber für die etwas längere Strecke über die Baumgartenalm. So können wir noch etwas länger den schönen Blick über den Tegernsee und auf die gegenüberliegenden Berge genießen. Wenn der Weg uns dann wieder in den dichten Wald führt, schalten wir die Stirnlampe ein und steigen zügig ab, da es bereits dunkel geworden ist.

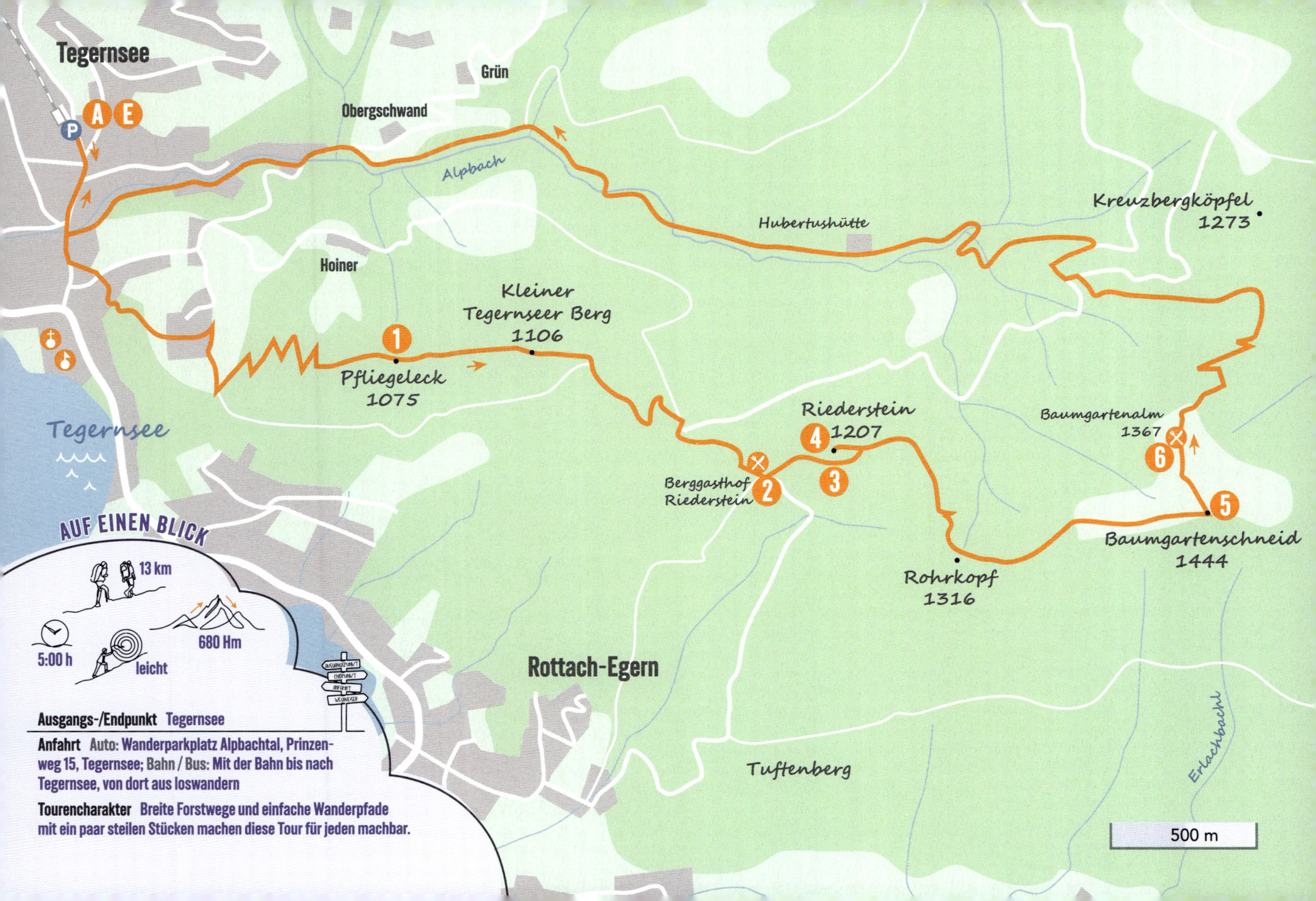

AUF EINEN BLICK

13 km

5:00 h

680 Hm

leicht

Ausgangs-/Endpunkt Tegernsee

Anfahrt Auto: Wanderparkplatz Alpbachtal, Prinzenweg 15, Tegernsee; Bahn / Bus: Mit der Bahn bis nach Tegernsee, von dort aus loswandern

Tourencharakter Breite Forstwege und einfache Wanderpfade mit ein paar steilen Stücken machen diese Tour für jeden machbar.

16

WALLBERG BEI ROTTACH-EGERN

SONNENUNTERGANG FÜR ALLE

Zur goldenen Stunde auf dem Wallberg (1722 m) zu sein, wenn die Sonne die gesamte Umgebung und den Tegernsee in rotes Licht taucht, ist etwas ganz Besonderes. Und unter der Woche hat man dieses Spektakel manchmal sogar ganz für sich allein. Die Wanderung auf den Wallberg ist technisch wenig anspruchsvoll und vor allem an Wochenenden sehr beliebt – hauptsächlich der einfachen Erreichbarkeit mit der Wallbergbahn und dem Panoramarestaurants wegen. Nicht überlaufen ist diese Tour überraschenderweise am späten Nachmittag eines Arbeitstags. Die stets einfache und breite Forststraße ermöglicht einen reibungslosen Abstieg im Dunkeln – natürlich ausgestattet mit einer Stirnlampe. So kann jeder in den Genuss eines Sonnenuntergangs vom Berggipfel aus kommen. Neben einer gut leuchtenden Stirnlampe und Ersatzbatterien, bringt man für eine Sonnenuntergangstour am besten eine Brotzeit fürs Abendessen mit, sowie ein paar Schichten warmer Kleidung. Zudem empfiehlt es sich, etwas früher zu starten, um nicht zu riskieren, den Sonnenuntergang zu verpassen.

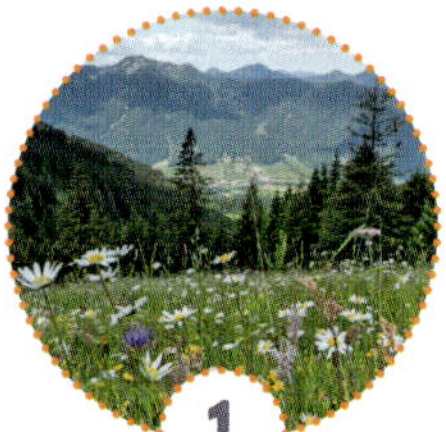

1

KM 4

SONNIGER SATTEL

Wandern in einem Meer aus Wildblumen

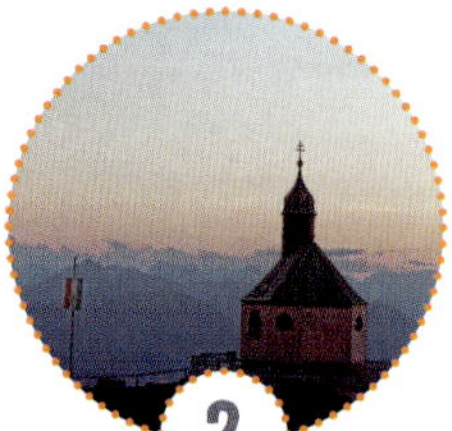

2

KM 5

WALLBERGKAPELLE

Den Paraglidern zuschauen

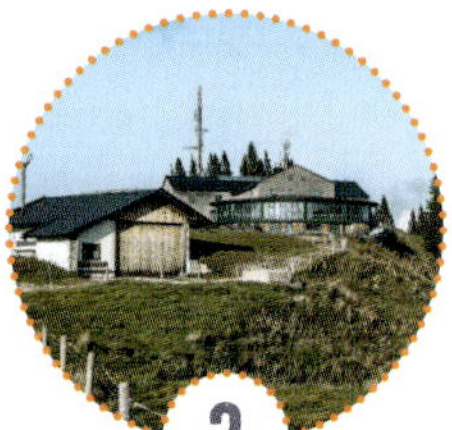

3

KM 6

PANORAMARESTAURANT

Speisen auf 1623 Metern Höhe

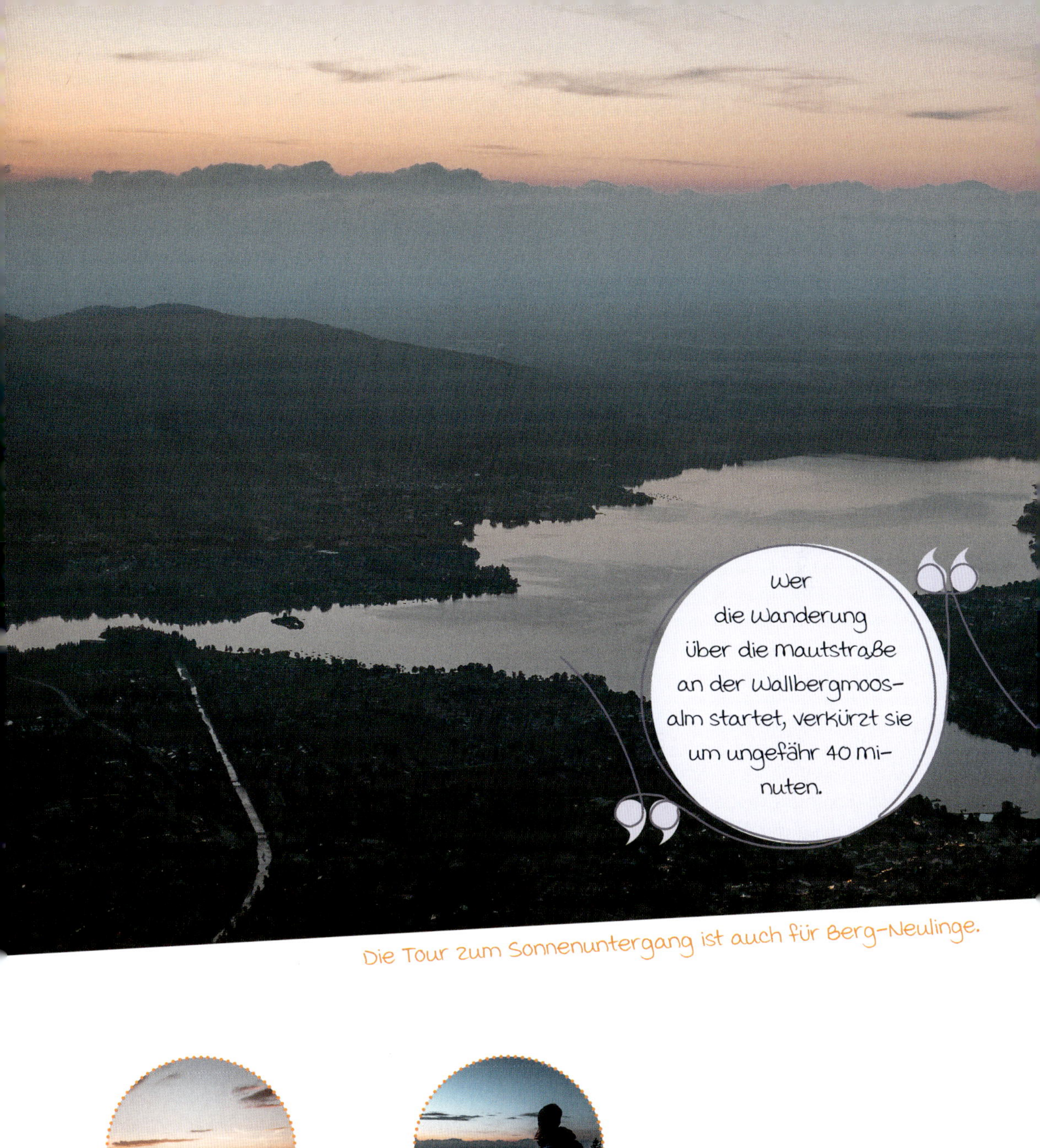

> Wer die Wanderung über die Mautstraße an der Wallbergmoosalm startet, verkürzt sie um ungefähr 40 Minuten.

Die Tour zum Sonnenuntergang ist auch für Berg-Neulinge.

4

KM 7

GIPFELKREUZ

Sonnenuntergang und Brotzeit

5

KM 8

BLICK AUF ROTTACH-EGERN

Abstieg im Lichtschein

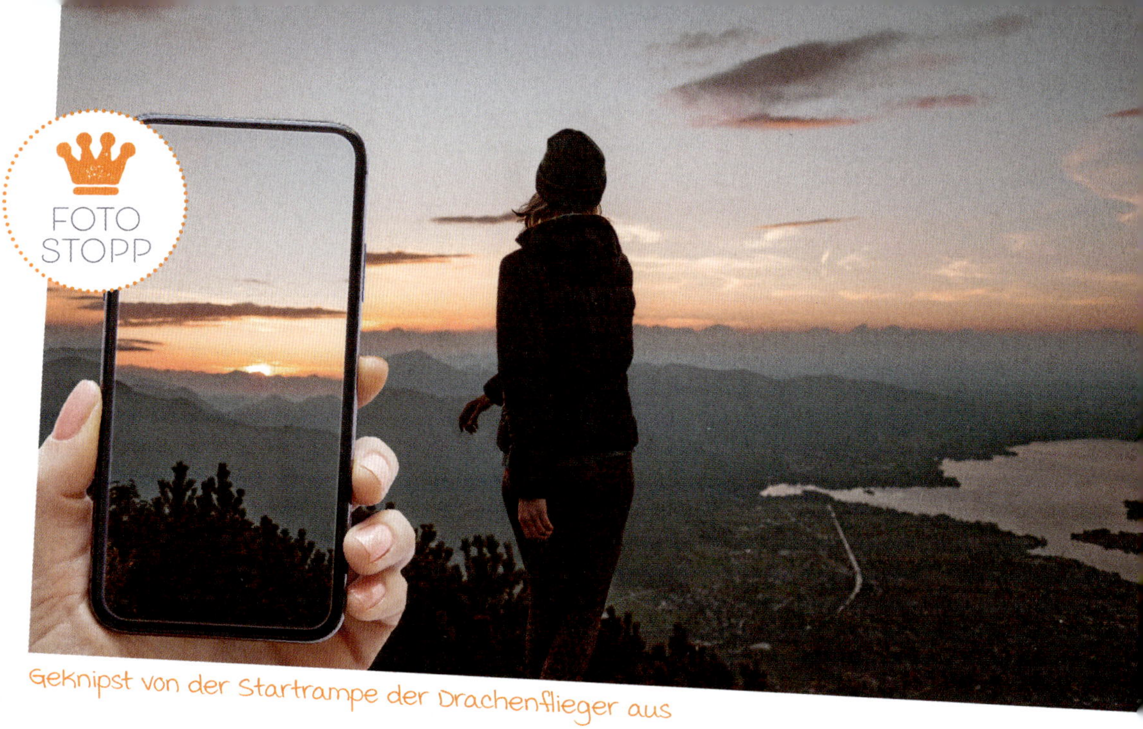

Geknipst von der Startrampe der Drachenflieger aus

KM 4

Die Wanderung startet am Parkplatz der Talstation der Wallbergbahn in Rottach-Egern. Von dort folgen wir den Schildern Richtung »Wallberg«.

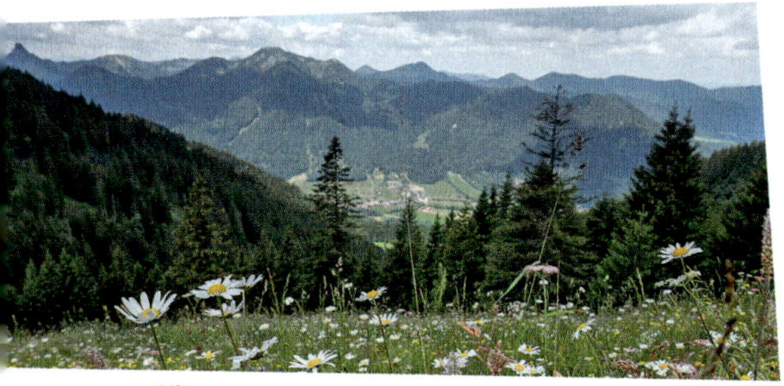
Tagsüber ist die Tour ebenfalls farbenfroh.

1 **Die breite Forststraße** führt stetig ansteigend in Serpentinen bergauf. Auch wenn der Weg einfach ist, bringt uns die Steigung gut zum Schwitzen. Nach einer guten Stunde lichtet sich der Wald und wir erreichen einen Sattel. Im Frühling sorgt hier ein Meer aus Wildblumen für eine märchenhaft romantische Stimmung. Rechts können wir das Alte Wallberghaus, ein modernes Berghotel, und den dahinter in den Himmel ragenden Setzberg erkennen. Der Weg zum Wallberg zweigt nach links ab.

i-TÜPFELCHEN

WINTER-TRÄUMCHEN

Im Winter wird der Wanderweg bei genug Schnee zur längsten Rodelstrecke Deutschlands mit 6,5 Kilometern und 825 Höhenmetern. Die Abfahrt dauert ca. 30 Minuten.

KM 5

Ein breiter Wanderweg führt uns nach oben. Bei der Abzweigung zum Alten Wallberghaus halten wir uns links und folgen weiter dem Weg.

2 **Eine kleine Kapelle** mit ein paar Bänken erreichen wir nach ungefähr eineinhalb Stunden. Dieser Platz bietet sich für eine kurze Verschnaufpause an. Von den Bänken aus haben wir bereits einen fantastischen Ausblick auf den Tegernsee und können den Paragilidern beim Starten zuschauen. Die Idee zur Kapelle entstand übrigens 1902, als drei Ansässige, Joseph Stadler, Lorenz Bachmair und Joseph Höß, auf dem Wallberghaus zusammensaßen – das Vorbild war übrigens die Wendelsteinkapelle. Sie sammelten Spenden und erhielten schließlich die Genehmigung des Münchner Erzbischofs Franz Josef von Stein.

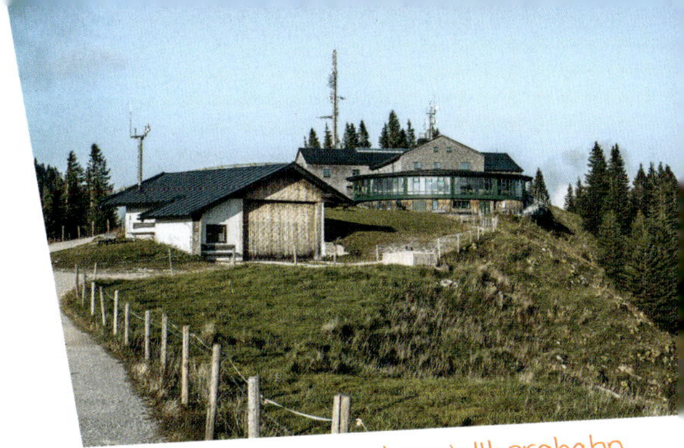

Das Restaurant an der Wallbergbahn

KM 6

Wir folgen weiter der breiten Forststraße und passieren die Bergstation der Wallbergbahn und das Panoramarestaurant Wallberghaus.

3 **Wer nicht so gut zu Fuß ist** oder wenig Zeit mitbringt, kann mit der Bahn bis zur Bergstation fahren und lediglich die letzte halbe Stunde zum Gipfel wandern. Im Panoramarestaurant an der Bergstation der Wallbergbahn bekommt man nur bis 16.30 Uhr warme Küche. Aus diesem Grund passieren wir diese mit unserer eigenen Brotzeit im Gepäck. Wer nicht zum Sonnenuntergang, sondern früher auf der Tour ist, kann sich im Panoramarestaurant auf gut bayerisch stärken und dort schon einen herrlichen Ausblick auf den Tegernsee genießen. Ein ruhigeres Restaurant bietet das Alte Wallberghaus, zu dem man aber einen kleinen Umweg gehen muss.

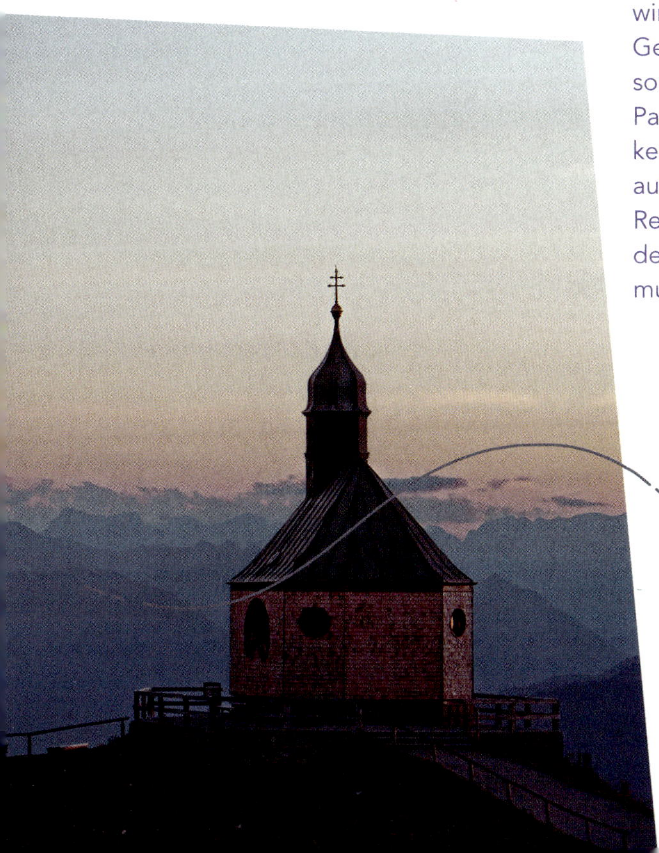

Von der Kapelle aus lassen sich der Tegernsee, Gleitschirmflieger sowie der Sonnenuntergang bestaunen.

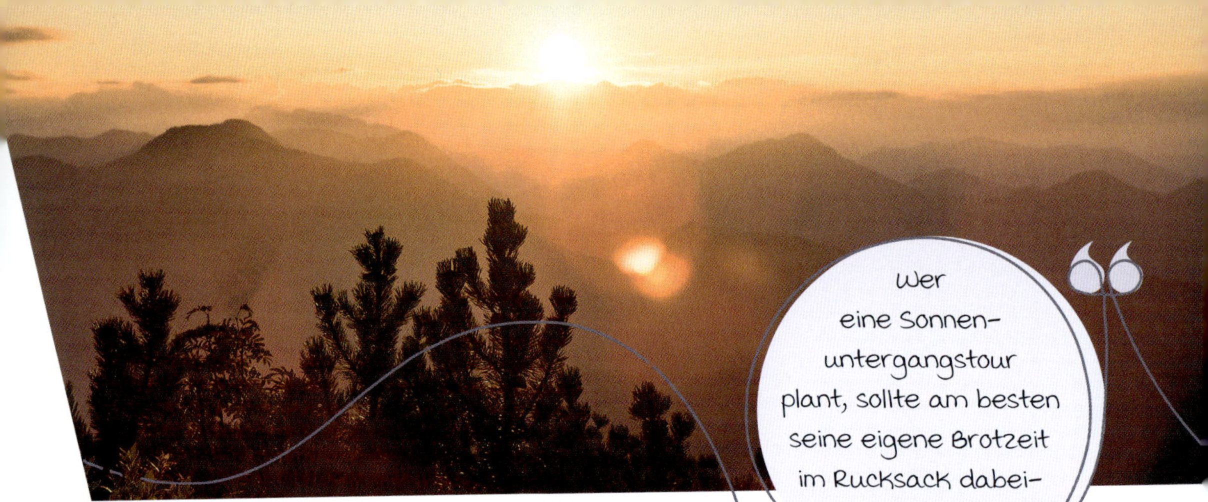

magische Sonnenuntergänge zur Belohnung

Wer eine Sonnenuntergangstour plant, sollte am besten seine eigene Brotzeit im Rucksack dabeihaben.

TRAUMHAFT

VORALPEN-SCHICK

Ruhigere Atmosphäre und gehobenes Ambiente gibt's im Alten Wallberghaus, das nur einen kleinen Umweg entfernt ist. Hier kann man vorzüglich speisen oder luxuriös übernachten.

KM 7

Vorbei an der Bergstation führt der Weg Richtung Osten. Diesem folgen wir weiter bergauf.

4 **Zum Gipfel** sind es jetzt noch ca. 30 Minuten und wir laufen lieber rechtzeitig weiter bis zum Gipfelkreuz, um das abendliche Schauspiel nicht zu verpassen. Achtung, die letzten Meter zum Gipfelkreuz erfordern Trittsicherheit. Wer sich diese im Dunkeln nicht zutraut, bleibt lieber unterhalb des Gipfelkreuzes. Die Aussicht ist dort genauso spektakulär. Oben angekommen, heißt es abwarten, bis die Umgebung in goldenes Licht getaucht wird und sich der Himmel langsam rot färbt – welch einmalige Stimmung! Es empfiehlt sich, auch im Sommer ein paar warme Schichten mitzunehmen, da es schnell kühl am Gipfelkreuz wird.

KM 8

Der Abstieg erfolgt über den gleichen Weg, vorbei am Panoramarestaurant und der Kapelle.

5 **Nach dem Verschwinden der Sonne** am Horizont brechen wir auf, um den Abstieg nicht komplett im Dunkeln bewältigen. So bleiben uns noch ca. 30 Minuten in der Dämmerung. Trotzdem ist eine gute und voll geladene Stirnlampe ein Muss. An der Wallbergkapelle machen wir nochmal einen kurzen Stopp, denn dort bietet sich uns ein faszinierender Blick auf das beleuchtete Rottach-Egern bei Nacht. Überraschenderweise erhellen die Lichter der Stadt den gesamten Rückweg, und man erlebt einen malerischen Abstieg im Lichtschein von Rottach-Egern. Richtig dunkel wird es nur am Ende im letzten Waldstück.

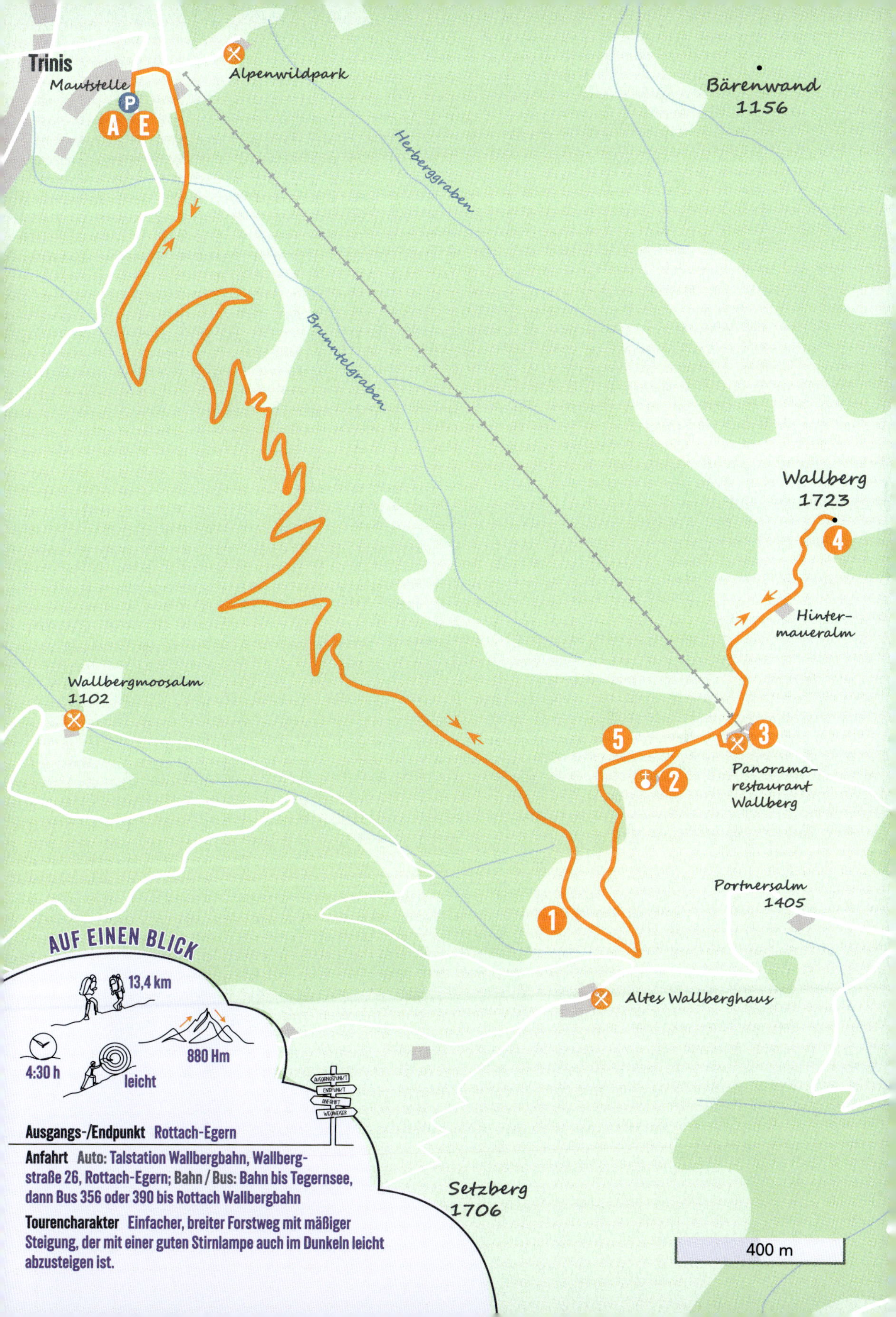

AUF EINEN BLICK

13,4 km

4:30 h

880 Hm

leicht

Ausgangs-/Endpunkt Rottach-Egern

Anfahrt Auto: Talstation Wallbergbahn, Wallbergstraße 26, Rottach-Egern; Bahn / Bus: Bahn bis Tegernsee, dann Bus 356 oder 390 bis Rottach Wallbergbahn

Tourencharakter Einfacher, breiter Forstweg mit mäßiger Steigung, der mit einer guten Stirnlampe auch im Dunkeln leicht abzusteigen ist.

17

SETZBERG BEI KREUTH AM TEGERNSEE

RUHIGER GIPFEL MIT RUNDUMBLICK

Der Setzberg (1706 m) befindet sich südwestlich vom Wallberg und wird von Wanderfreunden durchaus stiefmütterlich behandelt. Ein ähnlich beeindruckender Ausblick auf den Tegernsee, eine idyllische und ruhigere Einkehr im Alten Wallberghaus und ein Meer aus Wildblumen im Frühling machen diese Wanderung zu einer ernst zu nehmenden Alternative zum allseits beliebten Wallberg-Aufstieg. Wenn man einmal auf den Setzberg gewandert ist, fragt man sich, warum eigentlich alle auf den Wallberg pilgern. Gut, es liegt wohl an der Wallbergbahn und dem Panoramarestaurant, und die Paraglider können dort ebenso starten. Wer jedoch einen ruhigeren Gipfel schätzt, sollte lieber den Setzberg wählen. Die Wanderung startet an der Wallbergmoosalm. Diese ist zwar nur über eine kostenpflichtige Mautstraße zu erreichen, die Gebühren von fünf Euro beinhalten jedoch den Parkplatz. Diese sind genauso hoch wie die Parkgebühren an der Wallbergbahn, von der aus man ebenso starten könnte.

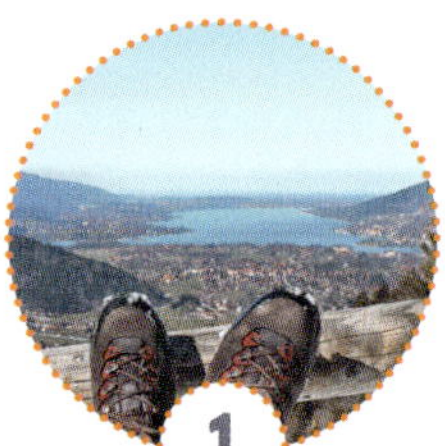

1

KM 0

AUSSICHTSPUNKT

Blick auf den Tegernsee vom Parkplatz aus.

2

KM 2

BLUMIGER SATTEL

Gelbes und lilafarbenes Blütenmeer

3

KM 3

AUSSICHTSREICHER GRASHANG

Steiler Aufstieg

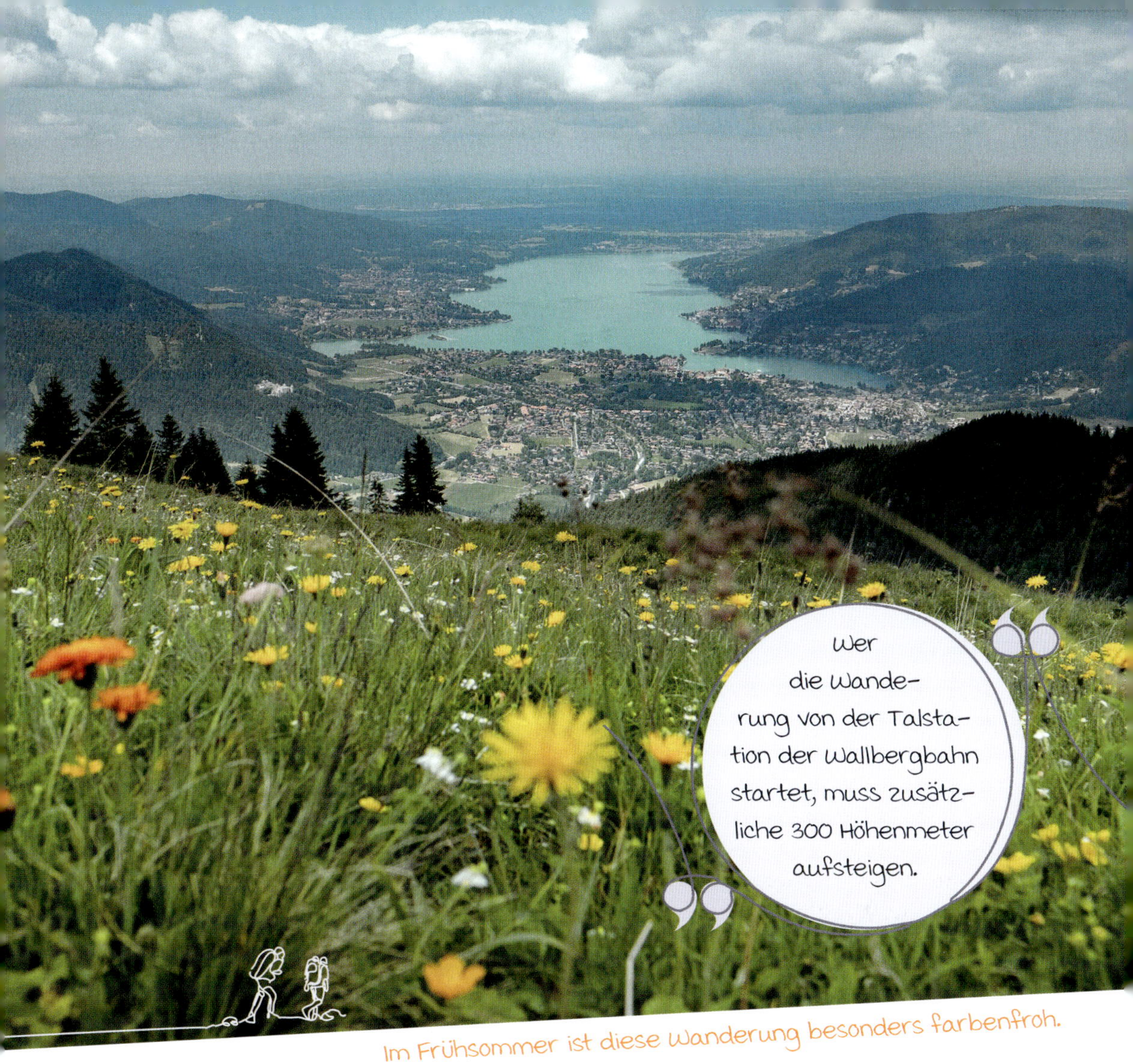

Im Frühsommer ist diese Wanderung besonders farbenfroh.

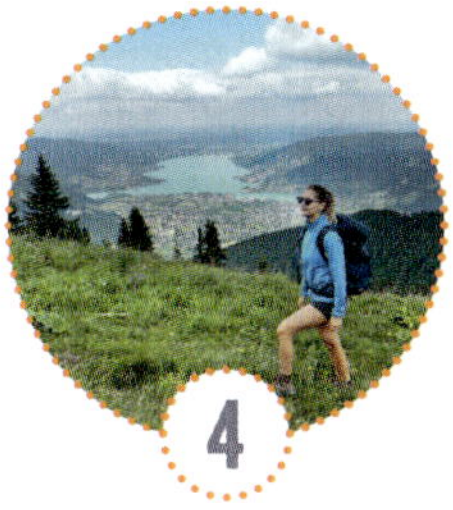

KM 4

SETZBERG

Phänomenaler Ausblick auf den Tegernsee

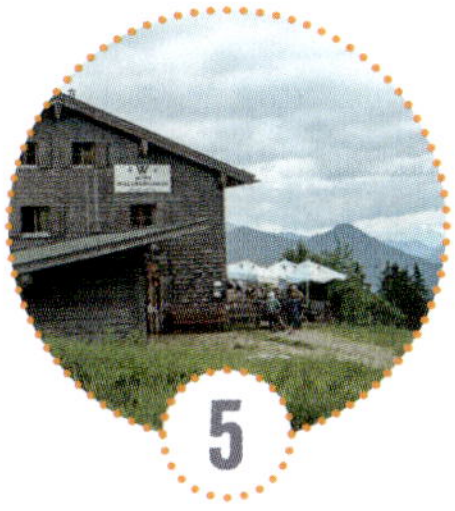

KM 5

ALTES WALLBERGHAUS

Gehobene Küche und schönes Ambiente

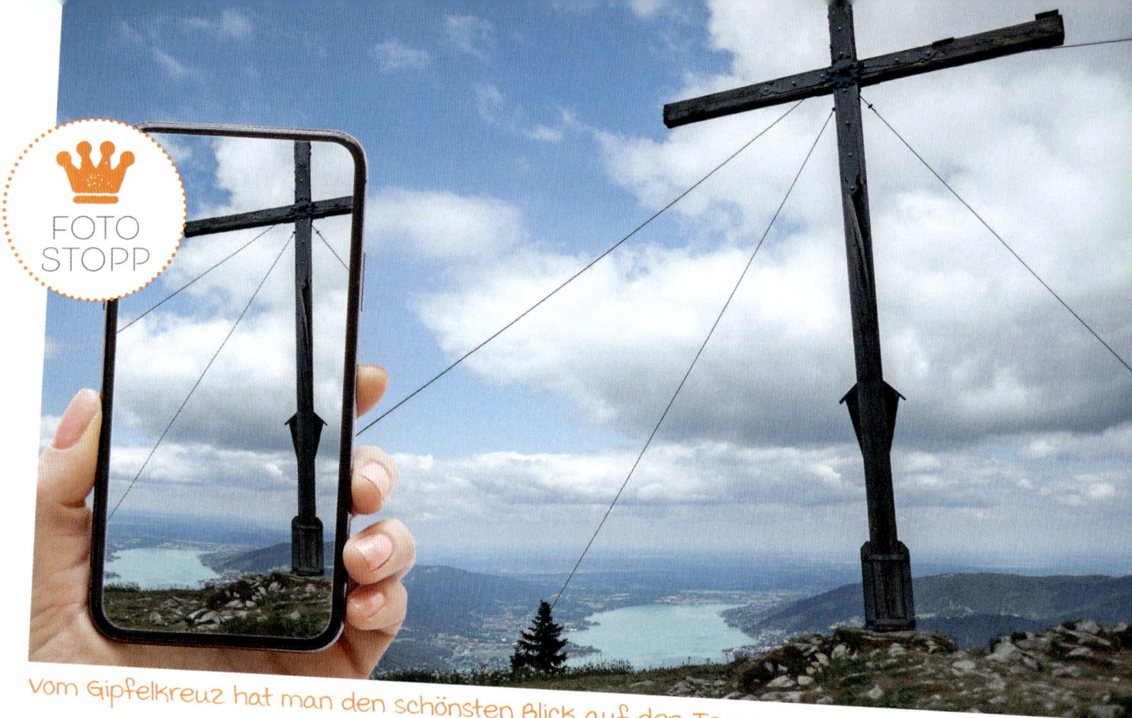

Vom Gipfelkreuz hat man den schönsten Blick auf den Tegernsee.

KM 1

Über eine Mautstraße fahren wir mit dem Auto hoch zur Wallbergmoosalm. Dort am Parkplatz beginnt die Wanderung.

1 **Ein Highlight** gibt es bei dieser Tour gleich zu Beginn. Noch bevor wir loswandern, müssen wir einfach einen Blick vom Aussichtspunkt direkt am Parkplatz erhaschen. Denn hier tut sich der Tegernsee bereits in seiner ganzen Pracht auf. Kein Wunder, denn die Mautstraße hat uns bereits 300 Höhenmeter höher als den Parkplatz an der Wallbergbahn gebracht. Schnell ein Foto geknipst und auf geht's zur eigentlichen Wanderung, angesport vom schönen Ausblick und dem, der da noch kommen mag.

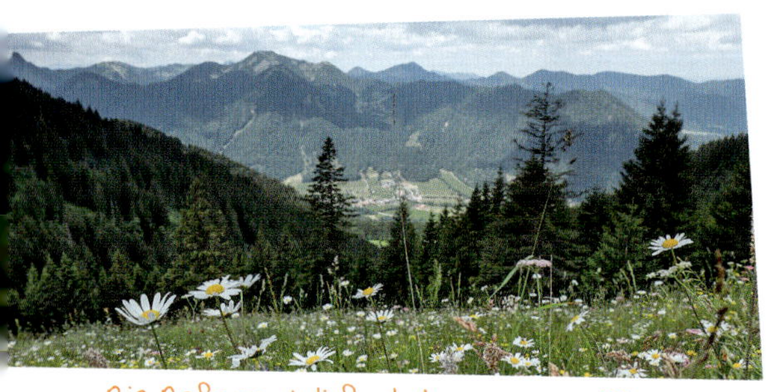

Bis Anfang Juli findet man ein Blütenmeer.

TRAUMHAFT

AUGENSCHMAUS

Schon am Parkplatz bekommt man einen Vorgeschmack auf die Tour. Denn hier befindet sich ein Aussichtspunkt, der einen weitreichenden Blick über den Tegernsee erlaubt.

KM 2

Der Wanderweg beginnt links von der Wallbergmoosalm. Wir nehmen den breiten Wanderweg, der zunächst durch den Wald verläuft und später über offenes Gelände.

2 **Im angenehm kühlen Schatten** des Waldes startet die Tour. Nach einer guten halben Stunde mündet der Weg in einen breiteren Schotterweg – und damit in die Route, die von der Wallbergbahn Wanderer nach oben führt. Wir folgen den Schildern Richtung »Altes Wallberghaus« weiter durch den Wald. Nach ca. 45 Minuten lichtet er sich und wir erreichen einen Sattel. Hier halten wir kurz inne, denn wir befinden uns in einem unvergleichlichen Blütenmeer, das in Gelb und Lila frühlingshaft leuchtet. Auch ein Blick nach rechts lohnt, denn wir können das Gipfelkreuz des Setzbergs bereits sehen.

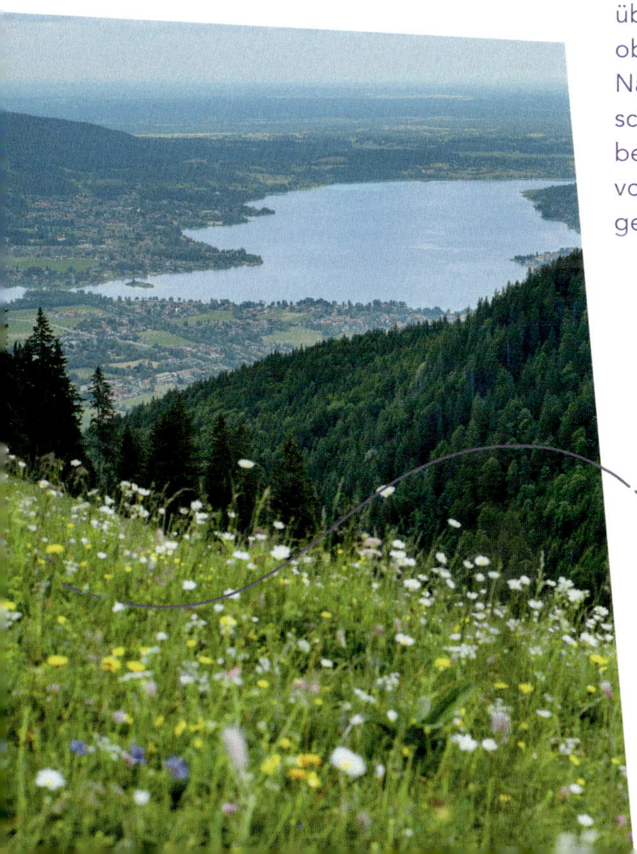

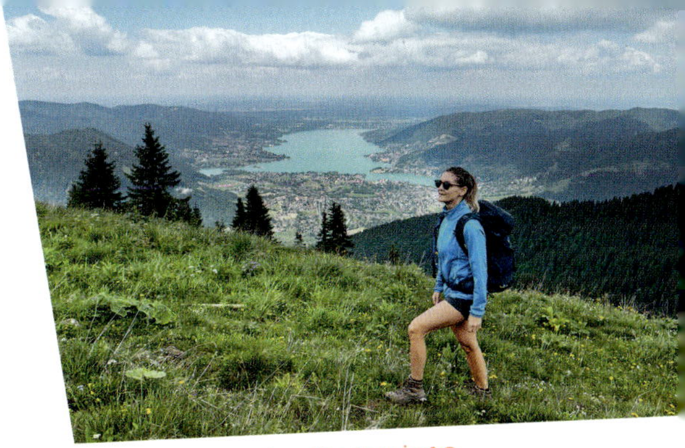

Rastplatz in der Bergwiese

KM 3

An der Kreuzung halten wir uns rechts Richtung Setzberg. Links ginge es zum Wallberg.

3 **Das Alte Wallberghaus**, das wir nun zunächst passieren, ist ein zünftig-luxuriöses Berghotel mit schöner, aussichtsreicher Sonnenterrasse. Dort werden wir auf dem Rückweg einkehren. Jetzt jedoch beginnt erst einmal der schweißtreibende Teil der Tour. Unter der strahlenden Sonne führt uns ein erdiger Weg in Serpentinen über einen grasbewachsenen Hang nach oben. Hier ist Vorsicht geboten, denn bei Nässe kann der Pfad rutschig werden. Doch schon nach wenigen Metern wird die Mühe belohnt, wenn sich der Tegernsee rechts von uns auftut und die Anstrengung in Vergessenheit geraten lässt.

Fotografen kommen besonders, wenn der Wiesenhang des Setzberges in allen Farben erblüht, auf ihre Kosten.

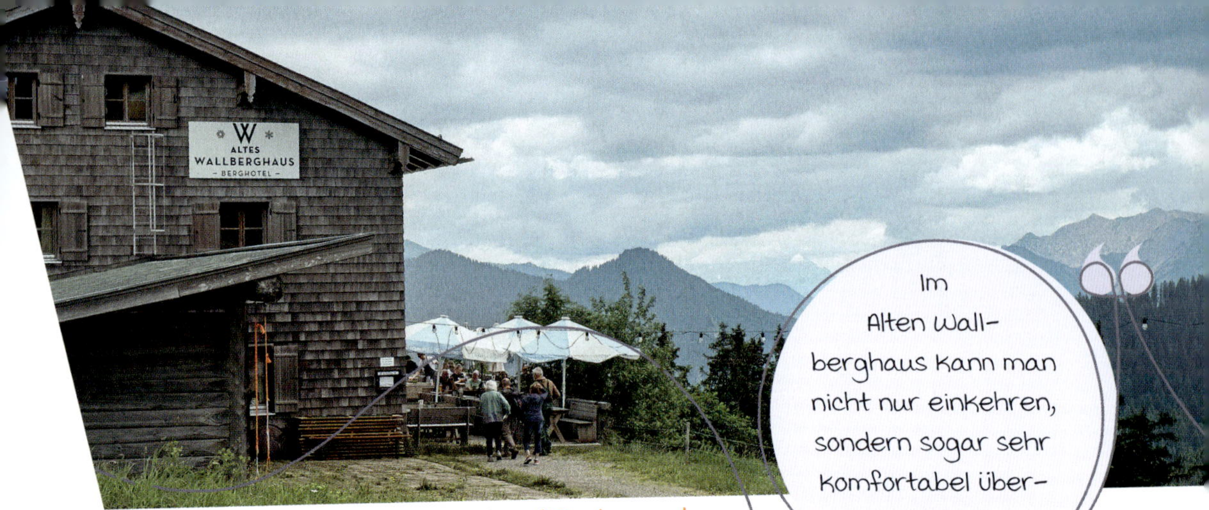

Das Alte Wallberghaus ist Hotel und Restaurant.

Im Alten Wallberghaus kann man nicht nur einkehren, sondern sogar sehr komfortabel übernachten.

i-TÜPFELCHEN

TRAUM-LOCATION

Den Tag mit einem Frühstück direkt am Tegernsee starten oder danach auf eine erfolgreiche Wanderung mit einem Aperol Spritz anstoßen, das kann man in Bad Wiessee im Terrassenhof.

KM 4

Der Weg wird schmaler und führt uns in Serpentinen über den Grashang steil nach oben.

4 **Das Gipfelkreuz des Setzbergs** erreichen wir nach einer halben Stunde, in der wir uns mit regelmäßigen Verschnaufpausen und beeindruckenden Ausblicken belohnen. Oben angekommen, eröffnet sich uns ein toller 360-Grad-Blick. Das absolute Highlight ist zweifellos die Aussicht auf den Tegernsee, von der wir bereits beim Aufstieg einen Vorgeschmack erhalten haben. Zusätzlich lassen sich weitere markante Gipfel erkennen: der Wallberg zur Rechten, der Riederstein mit seiner malerischen Gipfelkapelle und die Baumgartenschneid weiter hinten. Der Blick nach Süden scheint nahezu endlos und reicht bis zum Alpenhauptkamm.

KM 5

Für den Abstieg folgen wir dem Pfad, der in südliche Richtung weiterführt. Ein paar Minuten später, wenn sich der Weg gabelt, gehen wir links unterhalb des Setzberggipfels entlang. Kurz vor dem Alten Wallberghaus mündet der Weg wieder in den Aufstiegsweg.

5 **Auf dem Rückweg** gönnen wir uns eine Stärkung im Alten Wallberghaus. Anders als der Name vermuten lässt, ist es ganz und gar nicht alt, sondern modern renoviert und ein schickes und gleichzeitig doch uriges Hotel und Restaurant. Es ist zwar etwas hochpreisiger als die gewohnten Almen, aber qualitativ hochwertig, überaus lecker und zudem ist es hier richtig idyllisch. Ab dem Alten Wallberghaus geht es dann auf dem Aufstiegsweg nach unten.

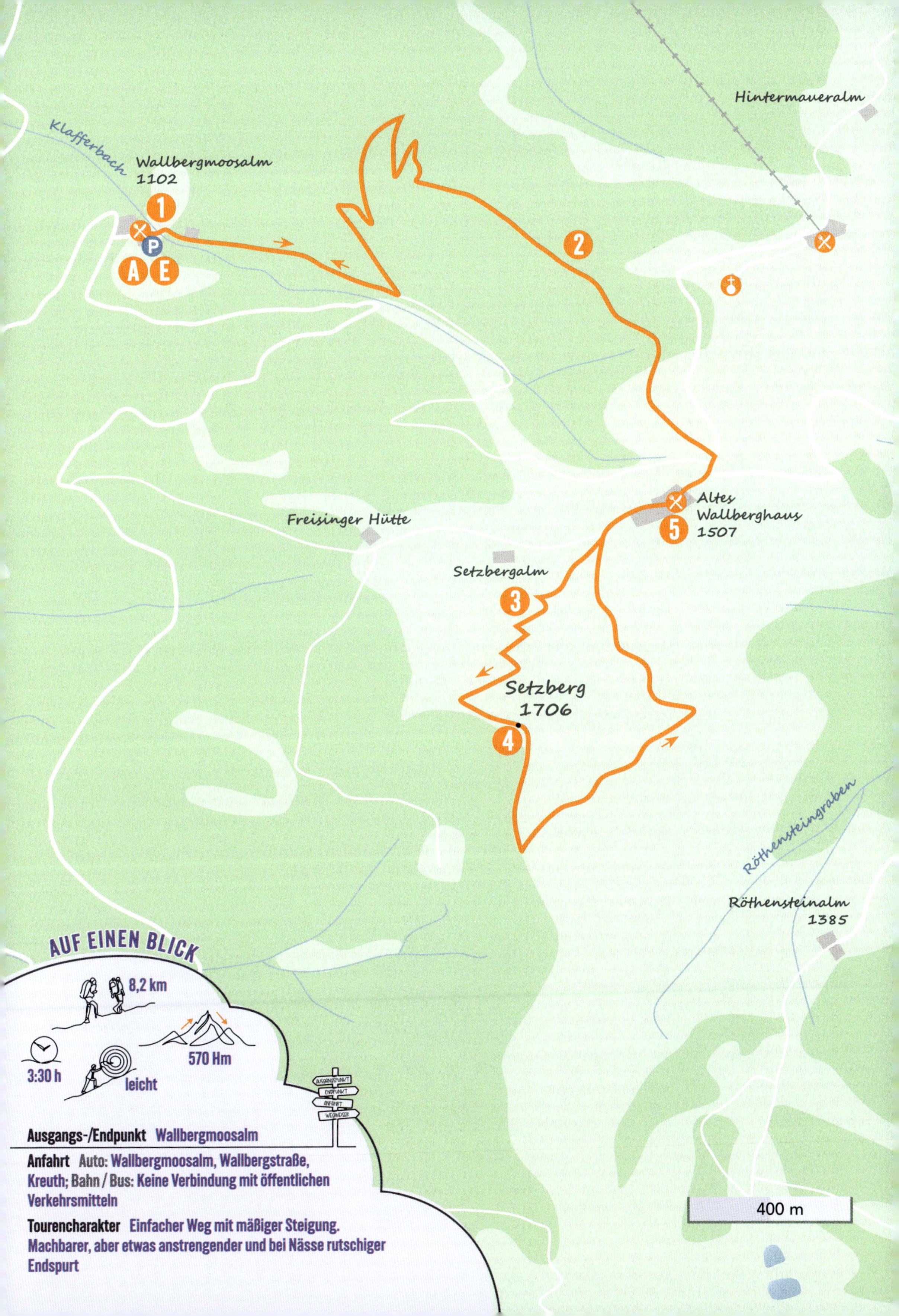

AUF EINEN BLICK

8,2 km

3:30 h

570 Hm

leicht

Ausgangs-/Endpunkt Wallbergmoosalm

Anfahrt Auto: Wallbergmoosalm, Wallbergstraße, Kreuth; Bahn / Bus: Keine Verbindung mit öffentlichen Verkehrsmitteln

Tourencharakter Einfacher Weg mit mäßiger Steigung. Machbarer, aber etwas anstrengender und bei Nässe rutschiger Endspurt

18

RISSERKOGEL BEI KREUTH AM TEGERNSEE

PANORAMAREICHER HÖHENWEG

Langeweile kommt bei der Wanderung auf den Risserkogel (1826 m) nicht auf. Mit spektakulärer Sicht wandern wir südlich des Tegernsees. Ganz nebenbei erklimmen wir den Setzberg, einen weiteren imposanten Gipfel. Dann wird es lehrreich: Wir kommen zum Alpenlehrpfad und zum Gamsbeobachtungspunkt. Über einen Grat geht es weiter, bevor uns die Krönung der Wanderung am Gipfelkreuz erwartet: Da der Risserkogel einer der höchsten Berge am Tegernsee ist, hat er eine herrlich exponierte Lage, die uns einmalige Panoramablicke beschert. Um ein paar Höhenmeter abzukürzen, starten wir die Tour von der Wallbergmoosalm statt an der Wallbergbahn. Die Gebühren für die Mautstraße zur Wallbergmoosalm inklusive Parken sind gleich hoch wie diejenigen für den Parkplatz an der Wallbergbahn.

KM 2

Links von der Wallbergmoosalm beginnt der Wanderweg, der sich durch den Wald bis zu einem Sattel schlängelt. Wir folgen immer den Schildern Richtung »Altes Wallberghaus« und »Setzberg«.

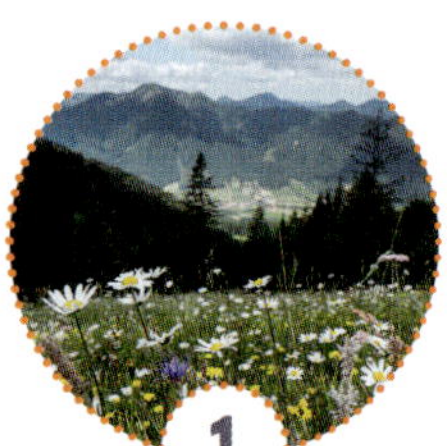

1

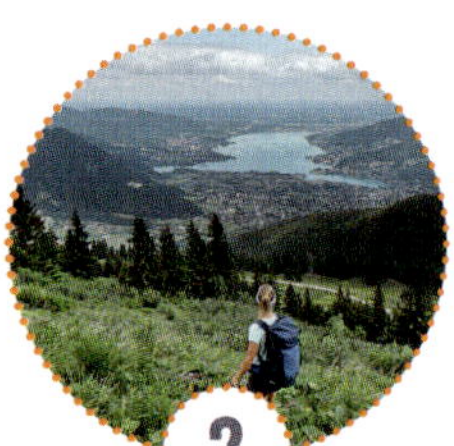

2

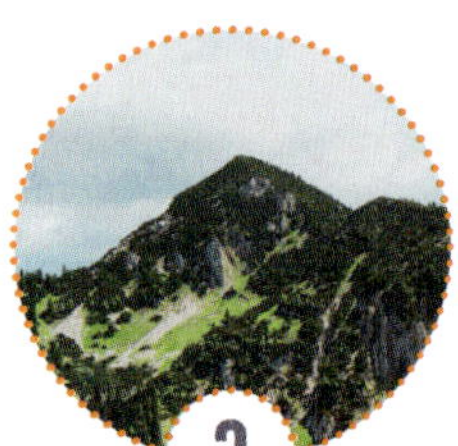

3

KM 2

BLUMIGER SATTEL

Wandern durch ein Blütenmeer

KM 4

SETZBERG

Phänomenale Aussicht auf den Tegernsee

KM 4–5

ALPENLEHRPAD UND GAMSBEOACHTUNGSHAUS

Infos zu Flora und Fauna

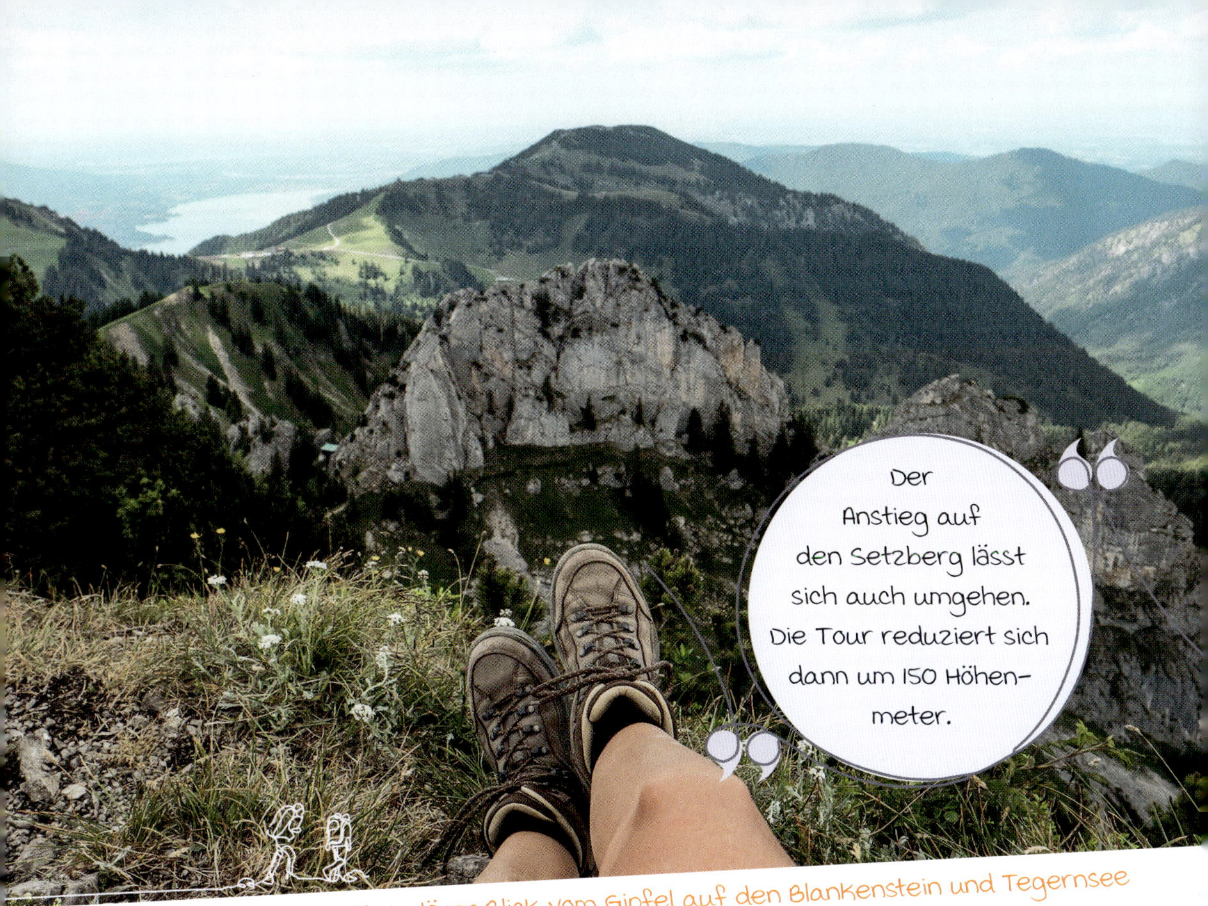

Spektakulärer Blick vom Gipfel auf den Blankenstein und Tegernsee

1 **Im kühlen Schatten** des Waldes beginnt die Tour. Nach einer guten halben Stunde mündet dieser in einen breiteren Schotterweg, der uns aus dem Wald in offenes Gelände führt. Hier, wo sich die Bäume lichten, eröffnet sich eine vielversprechende Aussicht: Zum einen erspähen wir bereits den Setzberg, den wir auf unserem Weg zum Risserkogel überqueren werden. Zum anderen fasziniert im Frühling ein farbenprächtiges Meer aus gelben und lilafarbenen Blüten, das den weiteren Weg säumt.

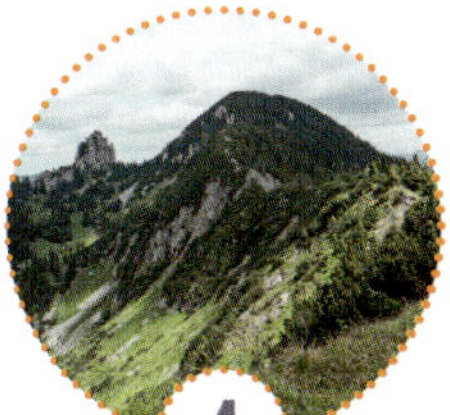

4

KM 6

ABWECHSLUNGSREICHER KAMM

Grandioses Panorama

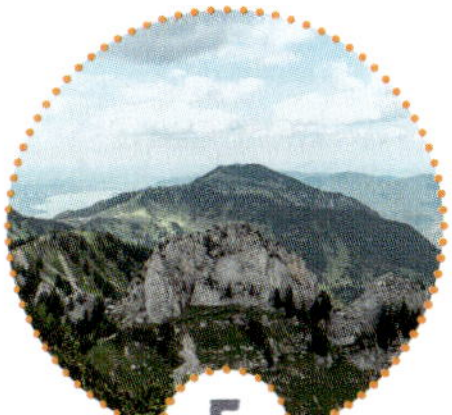

5

KM 7

RISSERKOGEL

Spektakulärer Kamm zum Gipfel

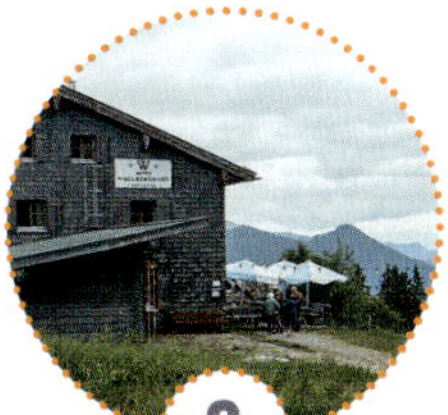

6

KM 11

ALTES WALLBERGHAUS

Gehobene Küche und schönes Ambiente

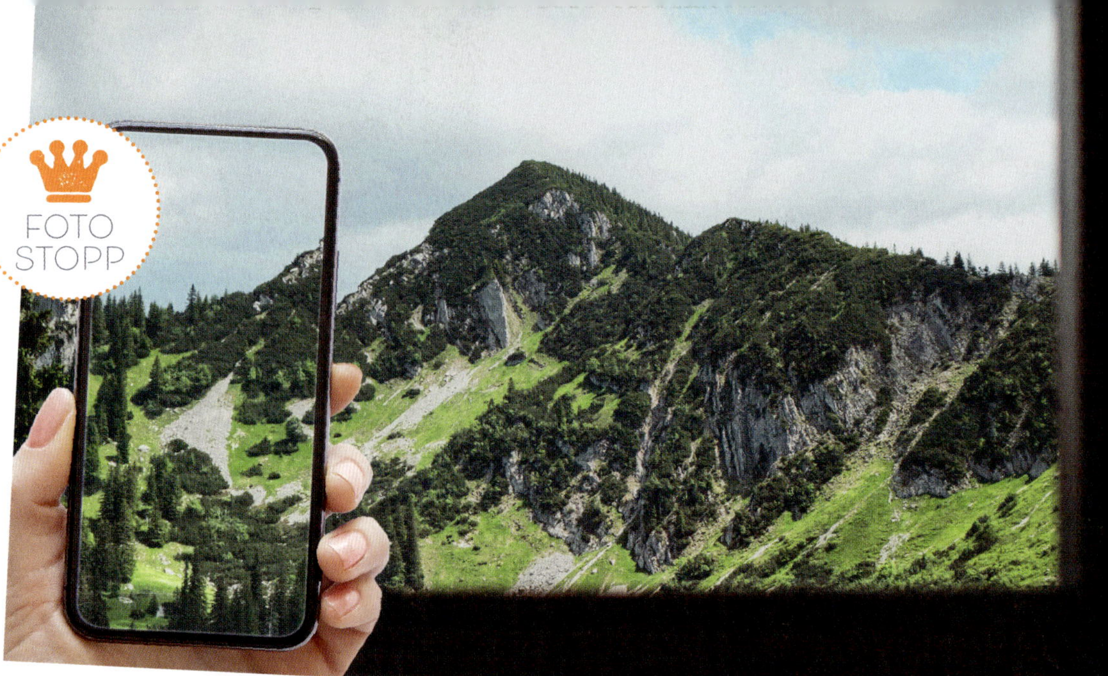

Der Sattel, der zum Gipfel führt, wirkt auch auf Fotos beeindruckend.

KM 4

An der Kreuzung auf dem Sattel biegen wir rechts ab, den Schildern zum »Setzberg« folgend. Wer Kräfte sparen und den Setzberg umgehen möchte, hält sich nach dem Alten Wallberghaus links und folgt dem Pfad, der deutlich sichtbar um den Setzberg herumführt.

2 **Das Alte Wallberghaus**, das wir nun passieren, ist ein luxuriöses Berghotel mit rustikalem Charme. An dieser Stelle müssen wir uns entscheiden: Entweder umgehen wir den Setzberg oder wir stellen uns der kurzen, aber schweißtreibenden Herausforderung des Aufstiegs zum Gipfelkreuz. Wir entscheiden uns für die zweite Option, denn der Gipfel des Setzbergs verspricht einen unerwartet schönen Blick auf den Tegernsee. Wir folgen dem schmalen Pfad, der über den grasigen Hügel in der Sonne steil zum Gipfelkreuz führt. Hier brauchen wir eine kurze Verschnaufpause und entdecken währenddessen weitere markante Gipfel in der Umgebung: Den Wallberg und den Riederstein mit seiner Gipfelkapelle sowie die Baumgartenschneid. Und natürlich den Tegernsee, der sich vor uns in seiner charakteristischen Form erstreckt.

TRAUMHAFT

AUSSCHAU HALTEN

Auf dem Alpenlehrpfad erfährt man nicht nur Aufschlussreiches über moderne Forstwirtschaft, sondern erspäht mit etwas Glück auch Steinadler, Birkwild oder Murmeltiere – also Augen auf!

KM 4–5

Vom Gipfelkreuz des Setzbergs aus folgen wir dem Wanderweg, der weiter nach Süden führt und halten uns nach ca. 15 Minuten bei der Weggabelung rechts Richtung »Risserkogel«. Der Wanderpfad führt uns weiter bergauf bis zum Gamsbeobachtungshaus.

3 **Der Alpenlehrpfad** beginnt dort, wo der Weg in den Wald führt. Mithilfe von 26 informativen Tafeln vermittelt er Wissenswertes über den Wald, das Klima, die Geologie und vieles mehr. Auf diesem Pfad wandern wir über Stock und Stein und können uns dabei anschaulich über die faszinierende Umgebung informieren. Am Ende des Alpenlehrpfads stoßen wir auf ein kleines Holzhäuschen, das als Gamsbeobachtungspunkt dient. Auch wer keine Gamsen sehen will, sollte sich dieses Aussichtsfenster nicht entgehen lassen. Denn von hier aus hat man einen schönen Blick auf den weiteren Wegverlauf, einen grünen Kamm, der bis zum Risserkogel verläuft.

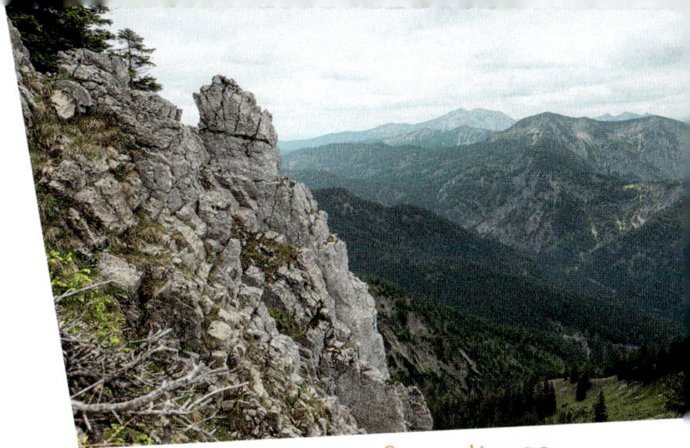
Beeindruckende Felsformationen

Der charakteristische Gipfel des Risserkogels
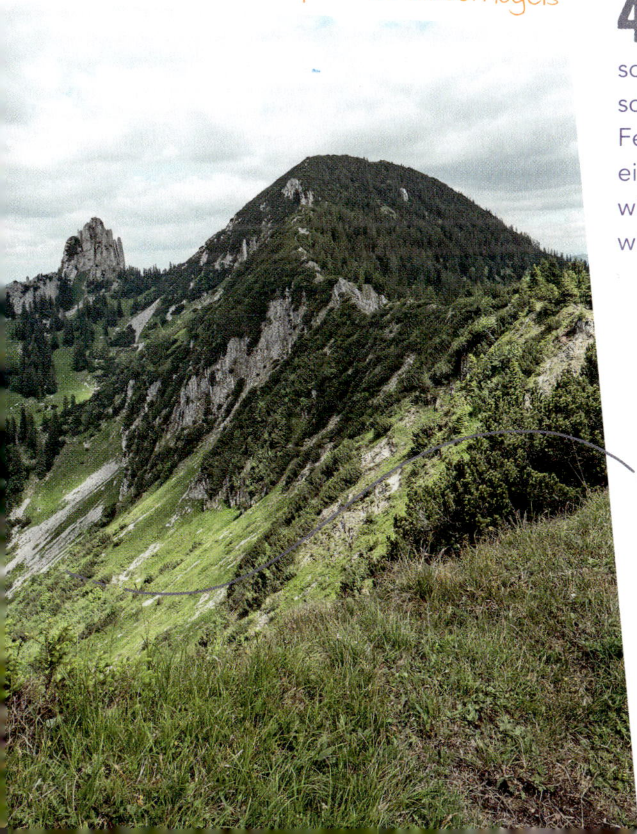

KM 6

Der Wanderweg mündet bald in einen Kammweg, der schmaler wird und uns über Wurzeln und kleine Felsen weiterführt.

4 **Der schönste Teil der Tour** beginnt nun: Der Weg wird abwechslungsreich und sogar ein bisschen abenteuerlich! Auf einem schmalen, schroffen Pfad müssen wir einige Felsstufen überwinden. Teilweise kommt uns ein Drahtseil zur Hilfe und manchmal müssen wir die Hände einsetzen. Richtig schwierig wird die 30-minütige Strecke aber nicht.

Ein eindrucksvolles Fotomotiv bietet sich vom Gamsbeobachtungshäuschen auf den Kamm und den Risserkogel.

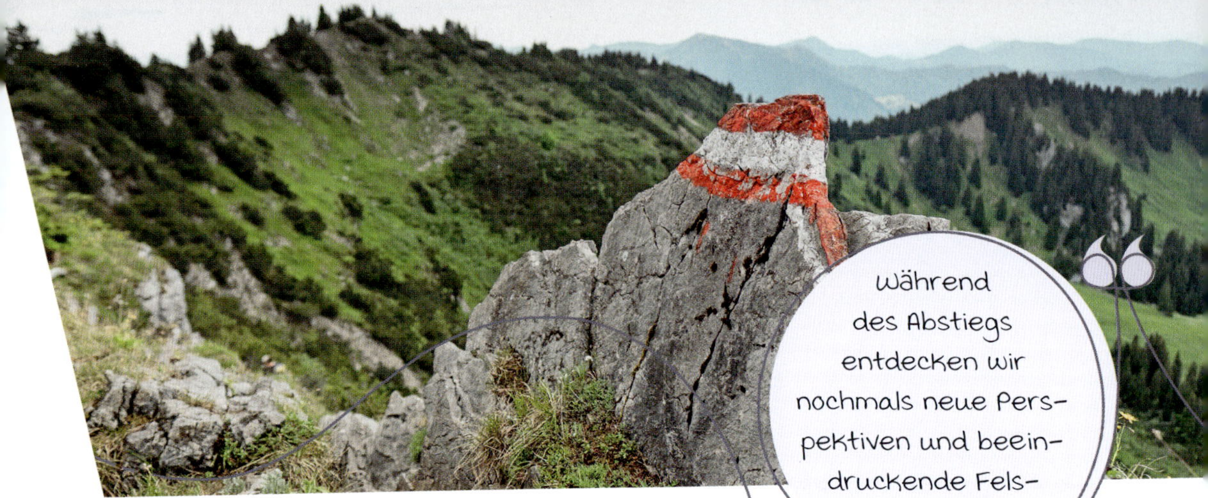

Die Tour überrascht mit einmaligen Ecken.

Während des Abstiegs entdecken wir nochmals neue Perspektiven und beeindruckende Felsformationen.

i-TÜPFELCHEN

ALPINES TRAUMHOTEL

Im luxuriösen Alten Wallberghaus, das zu einem urig-schicken Hotel umgebaut wurde, bekommt man weitaus mehr Komfort als auf den üblichen Berghütten geboten – es gibt sogar eine Sauna.

KM 7

Wir folgen immer weiter dem schmalen Kammweg. Nach ca. 20 Minuten können wir das Gipfelkreuz des Risserkogels bereits in der Ferne erspähen und nach weiteren 10 Minuten ist das Tagesziel schon erreicht.

5 **Den Gipfel** haben wir nun schnell erreicht. Vom Gipfelkreuz aus können wir vor uns den Wallberg, Setzberg und Tegernsee im Norden erblicken. Und direkt vor uns liegt der beeindruckende schroffe Felsgipfel des Blankensteins, der dominant aus der Landschaft hervorsticht. Richtung Süden reicht der Blick schier endlos über das Inntal, den Alpenhauptgang bis zum Karwendel. Dort lassen wir uns auf einem der Felsen nieder und den Blick einmal um uns herum schweifen.

KM 11

Der Abstieg erfolgt über den Aufstiegsweg. Den Setzberg umgehen wir dieses Mal, indem wir uns nach dem Waldabschnitt links halten und am Fuße des Gipfels entlang bis zum Alten Wallberghaus wandern.

6 **Nach über 800 Höhenmetern** und zwei Gipfeln gönnen wir uns eine Stärkung in gehobenem Ambiente. Wir kommen wieder am Alten Wallberghaus vorbei, in dem man bestens einkehren kann. Auf die bayerischen Klassiker, wie Käsespätzle oder Kaiserschmarren, müssen wir hier natürlich nicht verzichten. Zugleich haben wir aber die Wahl zwischen weiteren abwechslungsreichen Gerichten, wie Flammkuchen, Rote-Beete-Salat oder Kürbis-Ingwer-Suppe. Und der Ausblick ist richtig idyllisch.

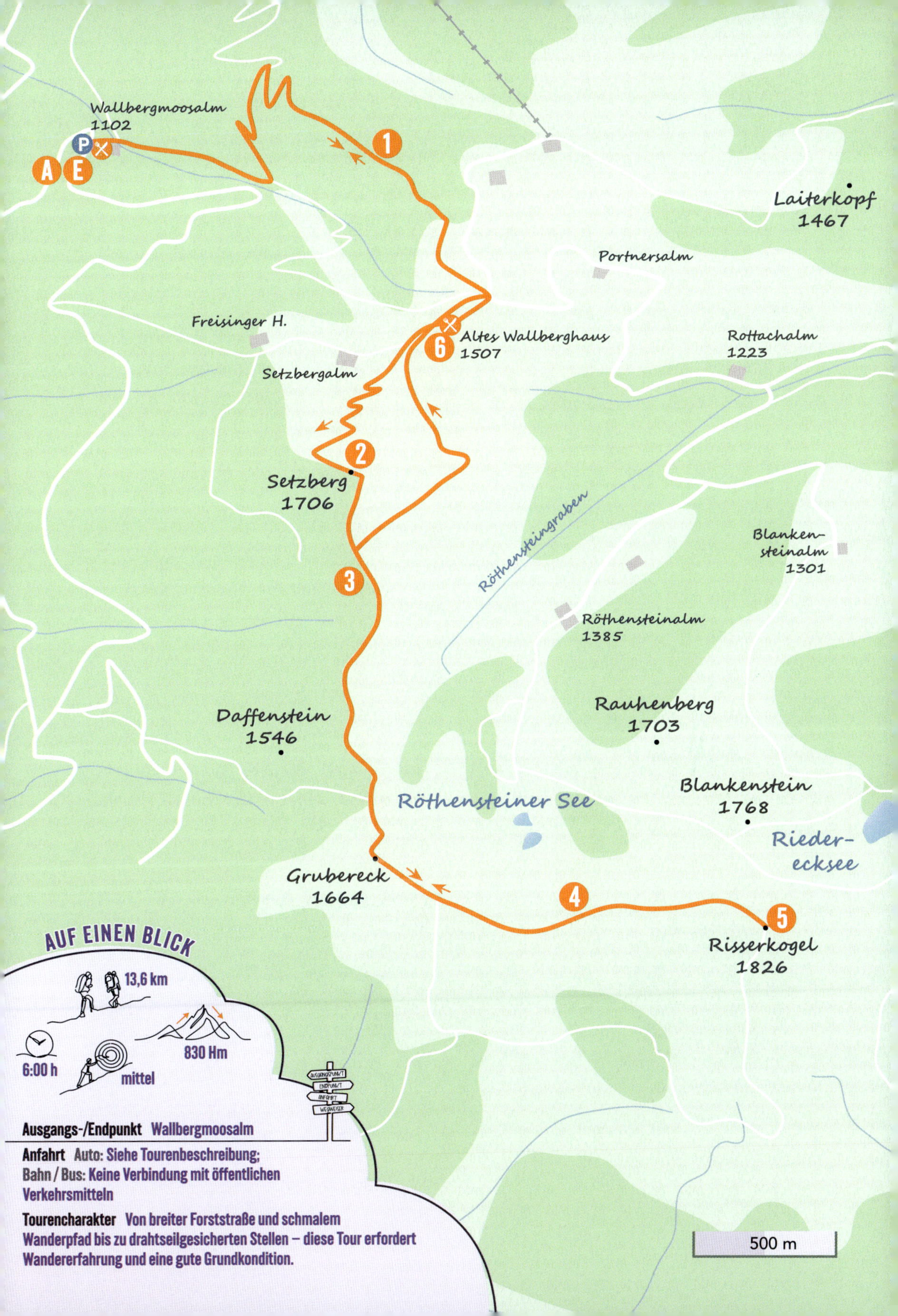

AUF EINEN BLICK

13,6 km

830 Hm

6:00 h

mittel

Ausgangs-/Endpunkt Wallbergmoosalm

Anfahrt Auto: Siehe Tourenbeschreibung; Bahn / Bus: Keine Verbindung mit öffentlichen Verkehrsmitteln

Tourencharakter Von breiter Forststraße und schmalem Wanderpfad bis zu drahtseilgesicherten Stellen – diese Tour erfordert Wandererfahrung und eine gute Grundkondition.

19

SCHLIERSBERGALM AM SCHLIERSEE

ERLEBNISREICHE PANORAMATOUR

Ruhige Wanderung und Action in einem? Geht nicht? Geht doch! Und zwar, wenn man auf unbekannten Pfaden auf die Schliersbergalm wandert! Sie ist zu Recht ein beliebtes Ziel am Schliersee. Nach nur einer Stunde Aufstieg vom Schliersee hat man die Alm erreicht und einen fantastischen Blick über den See. Und auch sonst bietet sie einiges: einen Spielplatz, ein lebensgroßes Schachbrett, Minigolf, Trampoline, eine Sommerrodelbahn und sogar einen Pool. Aufgrund des Unterhaltungsangebots und der einfachen Erreichbarkeit ist die Schliersbergalm immer gut besucht. Wir wählen jedoch eine alternative Route, die uns einen ruhigen Aufstieg garantiert.

KM 1

Von der kleinen Parkbucht am linken Straßenrand im Ortsteil Kalkgraben folgen wir der Teerstraße und den Schildern Richtung »Schliersbergalm«. Diese macht nach wenigen Metern eine Linkskurve und geht in einen breiten Schotterweg über. Wir folgen stets den Schildern Richtung »Schliersbergalm« und »Rohnberg«.

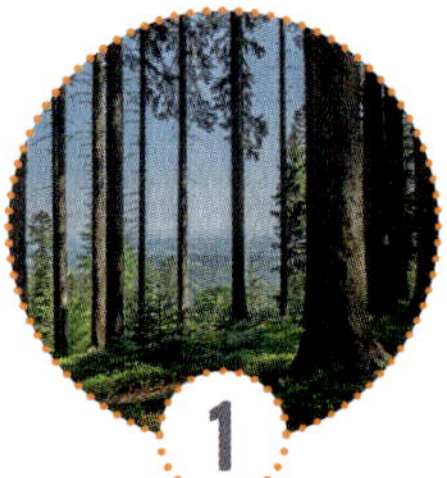

1

KM 1

AUSSICHTSPUNKT

Erster Ausblick vom Wald auf das Tal

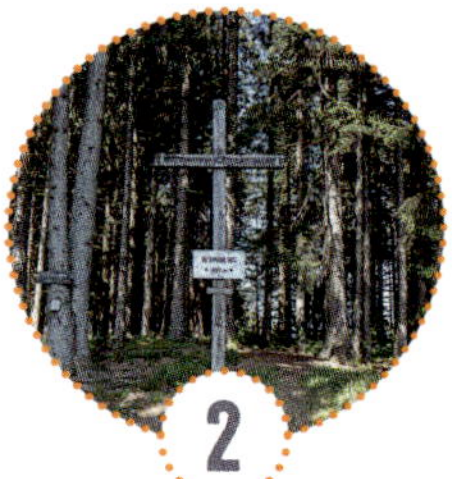

2

KM 4

ROHNBERG

Das Gipfelkreuz ohne Aussicht

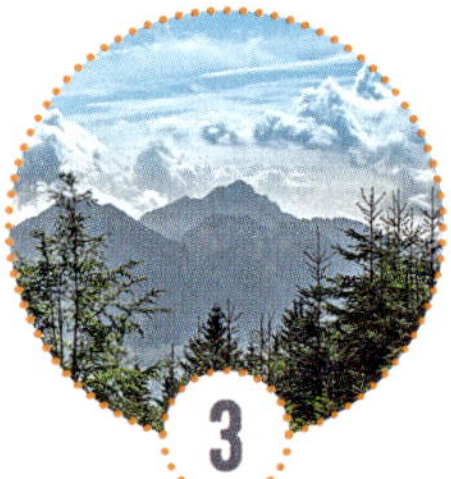

3

KM 4

BLICK AUF DEN WENDELSTEIN

Farngesäumter Pfad

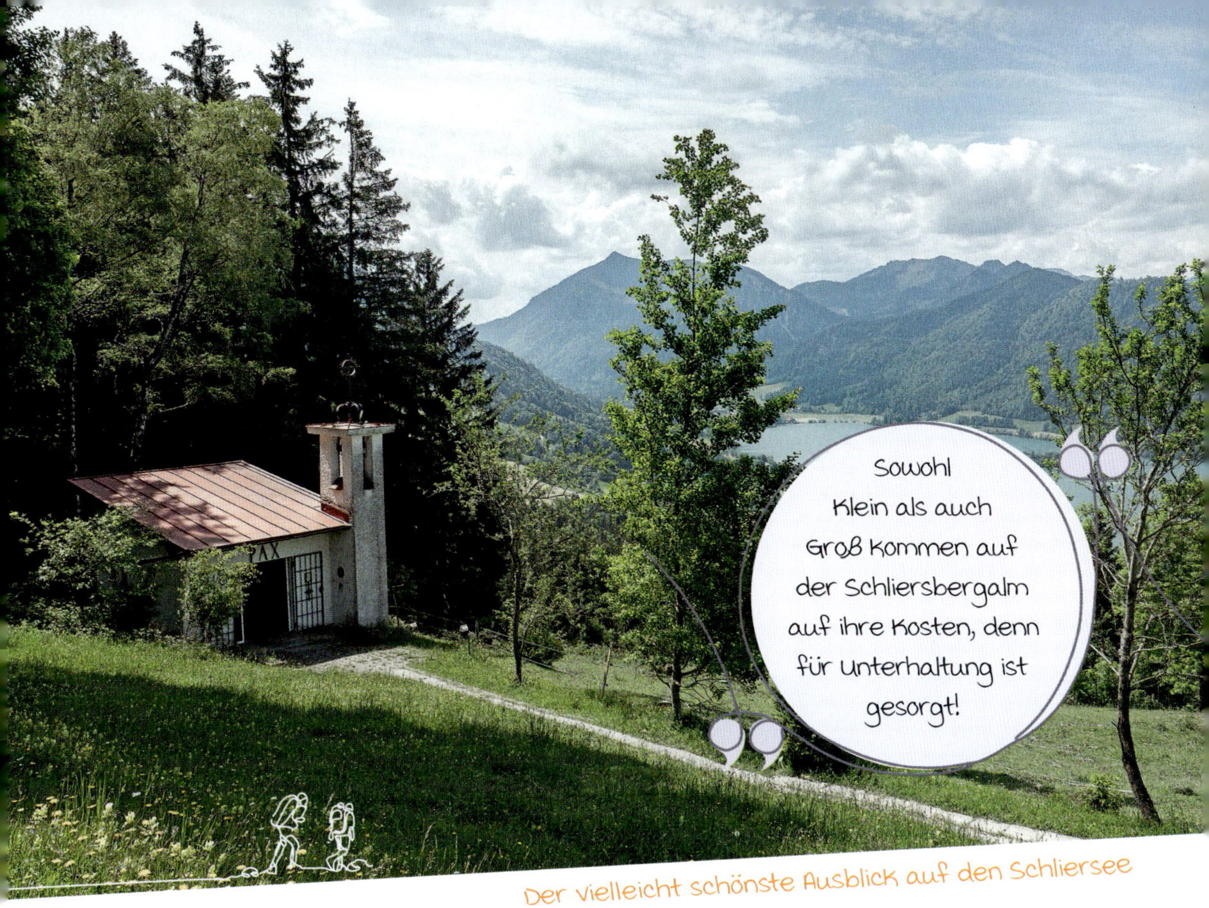

Der vielleicht schönste Ausblick auf den Schliersee

1 Über den Rohnberg wandern wir zur Schliersbergalm. Dieser Gipfel bietet zwar keinerlei Aussicht, dafür beschert er uns einen ruhigen Aufstieg. Ein herrlicher Blick über den Schliersee ist uns dann von der Schliersbergalm garantiert. Im angenehm kühlen Wald folgen wir dem Weg, der nur mäßig bergauf geht und können die Ruhe dieser Strecke so vollends genießen. Nach einer guten halben Stunde lohnt sich ein Blick nach links: Der Wald lichtet sich und gibt den Blick auf das Tal frei.

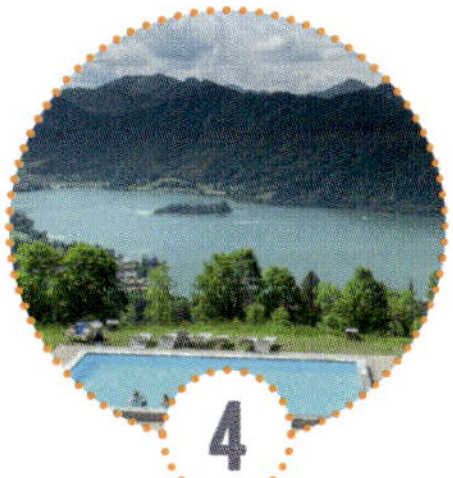

4

KM 5

SCHLIERSBERGALM

Beste Ausblick auf den Schliersee

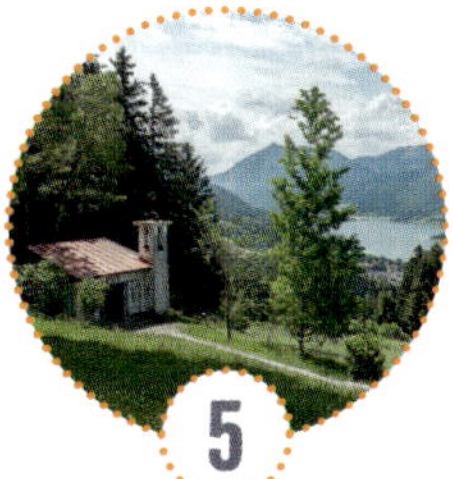

5

KM 5

SCHLIERSBERG-KAPELLE

Kurzer Abstecher zum beliebten Aussichtspunkt

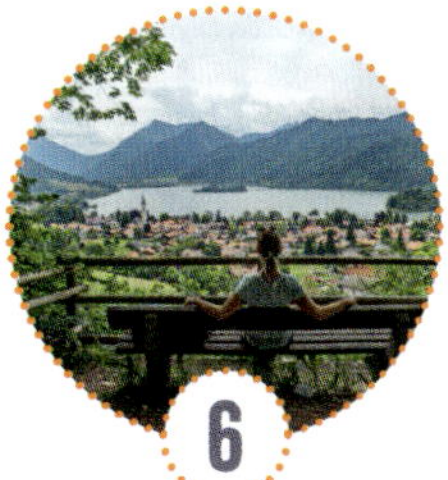

6

KM 7

PROMENADENRUNDWEG

Das Schliersee-Panorama genießen

FOTO STOPP

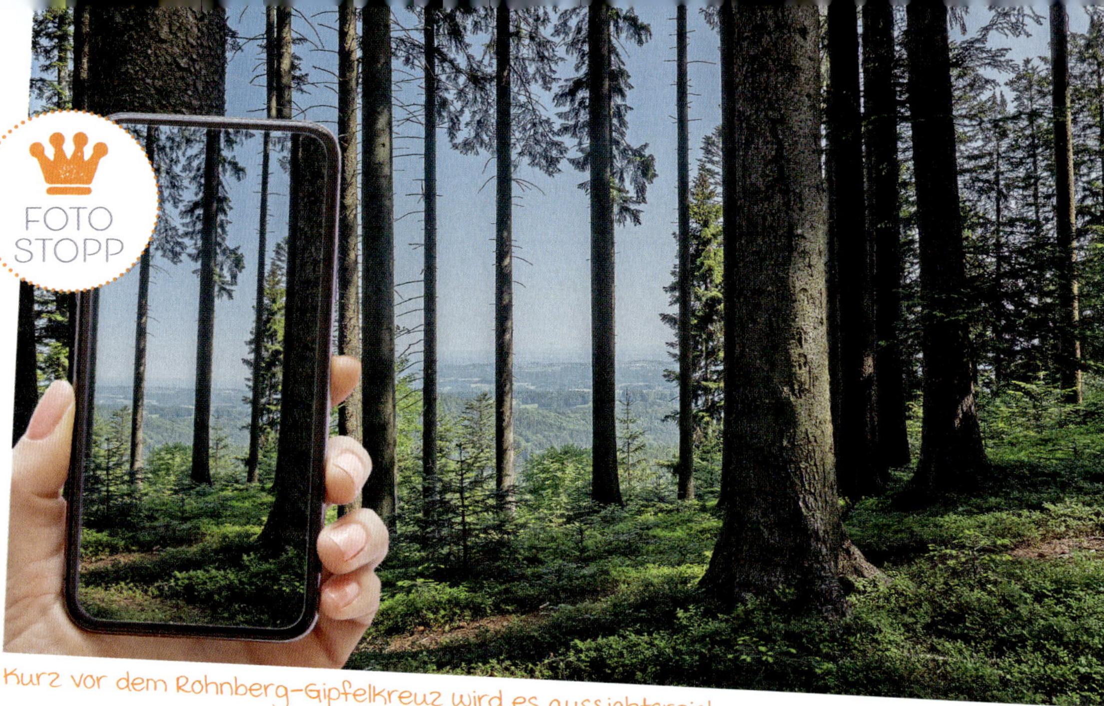

Kurz vor dem Rohnberg-Gipfelkreuz wird es aussichtsreich.

KM 4

Wir gehen auf dem Weg immer weiter durch den Wald und halten uns bei den Weggabelungen stets an die Beschilderung.

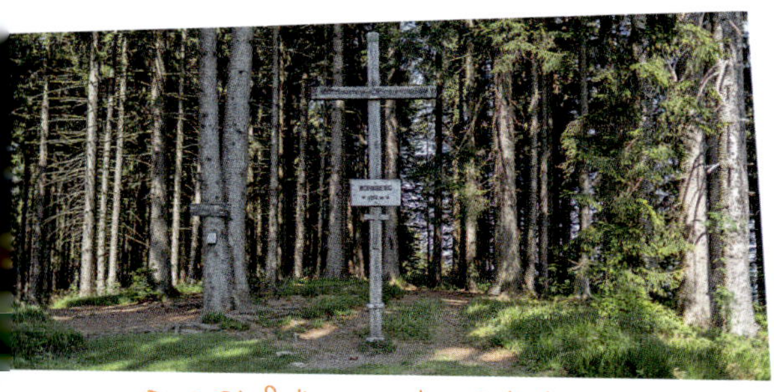

Das Gipfelkreuz des Rohnbergs im Wald

2 Nach einer guten Stunde erreichen wir den Rohnberg, der auch manchmal als Schliersberg bezeichnet wird. Hier haben wir zwar keinerlei Aussicht, denn das Gipfelkreuz befindet sich inmitten eines dichten Waldes. Aber es steht eine Bank für eine Verschnaufpause bereit. Von dem fehlenden Ausblick lassen wir uns nicht irritieren, denn ein atemberaubender Ausblick auf den Schliersee erwartet uns sogleich.

i-TÜPFELCHEN

SPAß PUR

Bei dieser Tour gibt's eine besonders spaßige Alternative zum Abstieg: Wen die Kraft verlässt, der kann mit der Sommerrodelbahn ins Tal rauschen, anstatt hinunterzulaufen.

KM 4

Vom Gipfelkreuz des Rohnbergs aus folgen wir dem einzigen schmalen Wanderpfad, den wir sehen. Dieser führt uns bergab Richtung Westen zum eigentlichen Ziel der Wanderung.

3 **Nach einer kurzen Trinkpause** auf dem Rohnberg machen wir uns direkt weiter auf den Weg zur Schliersbergalm, dem Highlight dieser Wanderung. Richtig romantisch wird der nächste Abschnitt: Das sanfte Licht, das durch den Wald fällt, die Farne, die im Wind wehen und der kleine Pfad, der sich durch den dicht bewachsenen Hügel schlängelt, sorgen für märchenhafte Stimmung. Gekrönt wird dieser schöne Weg von dem Blick auf den Wendelstein. Außerdem wird es richtig gemütlich, denn wir müssen nun noch bergab schlendern.

Trampolin springen mit Aussicht

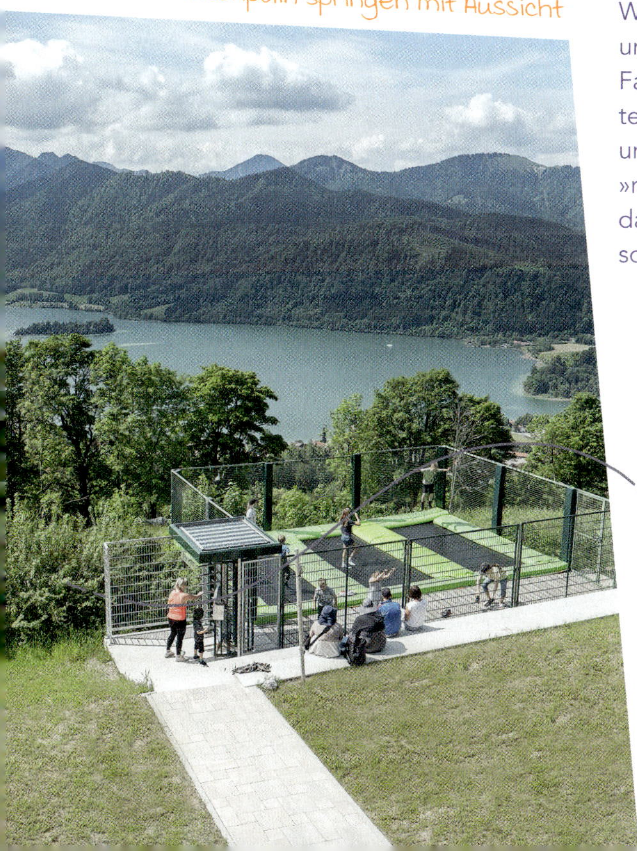

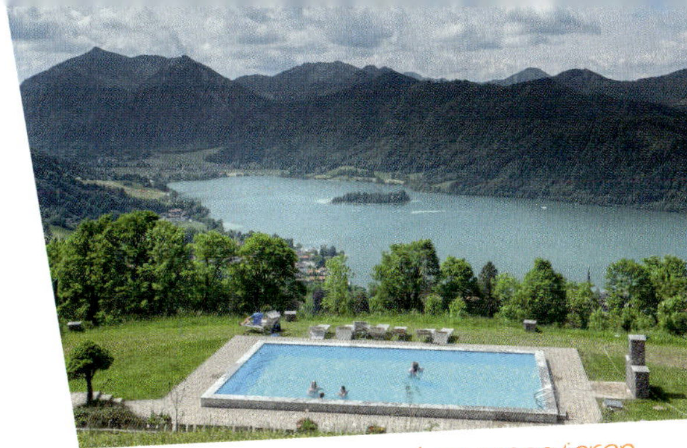

Den Pool muss man vorher reservieren.

KM 5

Bald mündet der schmale Wanderpfad in eine breitere Schotterstraße, die uns direkt zur Schliersbergalm, dem Tagesziel, bringt.

4 **Ein phänomenaler Blick** über den kompletten Schliersee eröffnet sich uns jetzt plötzlich. Im Sommer, wenn tausend Löwenzahnblüten auf dem Wiesenhang leuchten, ist es besonders schön. Sobald wir uns der Schliersbergalm nähern, wird es plötzlich trubelig. Wir treffen auf einmal auf mehrere Wanderer, hören vergnügte Kinderstimmen und das Klirren von Geschirr. Vor allem für Familien mit Kindern ist hier einiges geboten: ein Spielplatz, ein Schachfeld, Minigolf und sogar Trampoline. Die Küche verspricht »regional, bodenständig, guad« zu sein, dazu gibt's Bier von der Brauerei Aying – und so ist jeder glücklich.

Ob Minigolf, Spielplatz, Trampolin oder Pool – die Schliersbergalm hat ihren Gästen viel zu bieten.

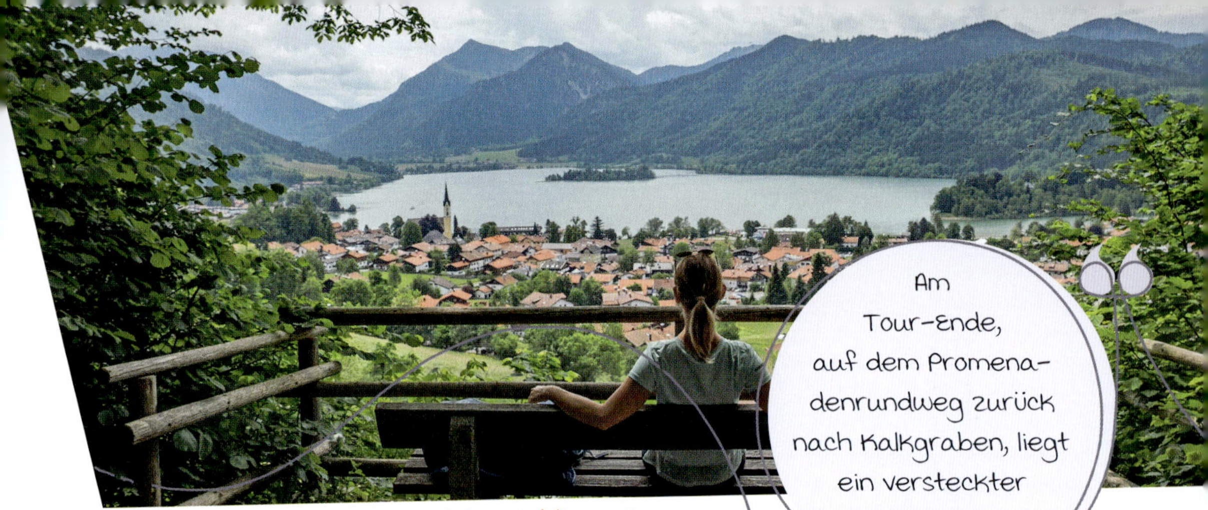

Blick auf die Gemeinde und den Schliersee

Am Tour-Ende, auf dem Promenadenrundweg zurück nach Kalkgraben, liegt ein versteckter Fotospot.

TRAUMHAFT

ZUR BELOHNUNG

Je nach Geschmack kann man nach der Wanderung in der Slyrs Destillerie & Café, die man übrigens »Schlürs« ausspricht, oder in der Schaubrauerei des Schlierseer Kindl Biers vorbeifahren.

KM 5

Bevor wir den Abstieg antreten, gehen wir noch bei der Schliersberg-Kapelle vorbei. Diese können wir von der Alm bereits sehen, sie befindet sich nur wenige Meter unterhalb des Restaurants.

5 **Die kleine Kapelle** wurde 1959 errichtet und trägt außen an der Fassade die Inschrift »PAX«, das lateinische Wort für »Frieden«. Sie ist mit klaren Linien schlicht und modern gestaltet und wurde mit einem pittoresken Glockenturm erbaut, bei dem die Glocken unüblicherweise sichtbar sind. Hier kann übrigens auch geheiratet werden. Wir halten an der Kapelle kurz inne und betrachten den schlicht gehaltenen Innenraum, bevor wir den Abstieg antreten.

KM 7

Für den Abstieg wählen wir den allseits beliebten Schotterweg, der nicht zu übersehen nach unten zum Schliersee führt. Achtung: Unten angekommen, müssen wir scharf rechts auf die Teerstraße, den Denk-Mayer-Weg, abbiegen. Auf ihm kommen wir zurück zum Ausgangspunkt der Wanderung.

6 **Wir passieren die Schliersberg-Seilbahn** und es empfiehlt sich, statt durch den Ort zurück nach Kalkgraben zu gehen, also nochmal wenige Höhenmeter über den Kleinen Promenadenrundweg, der ausgeschildert ist. Dies ist ein ruhiger Rundweg, der hält, was er verspricht: weitere herrliche Ausblicke und einen besonders schönen Aussichtspunkt mit Bank, von dem man über den Ort und den See schauen kann.

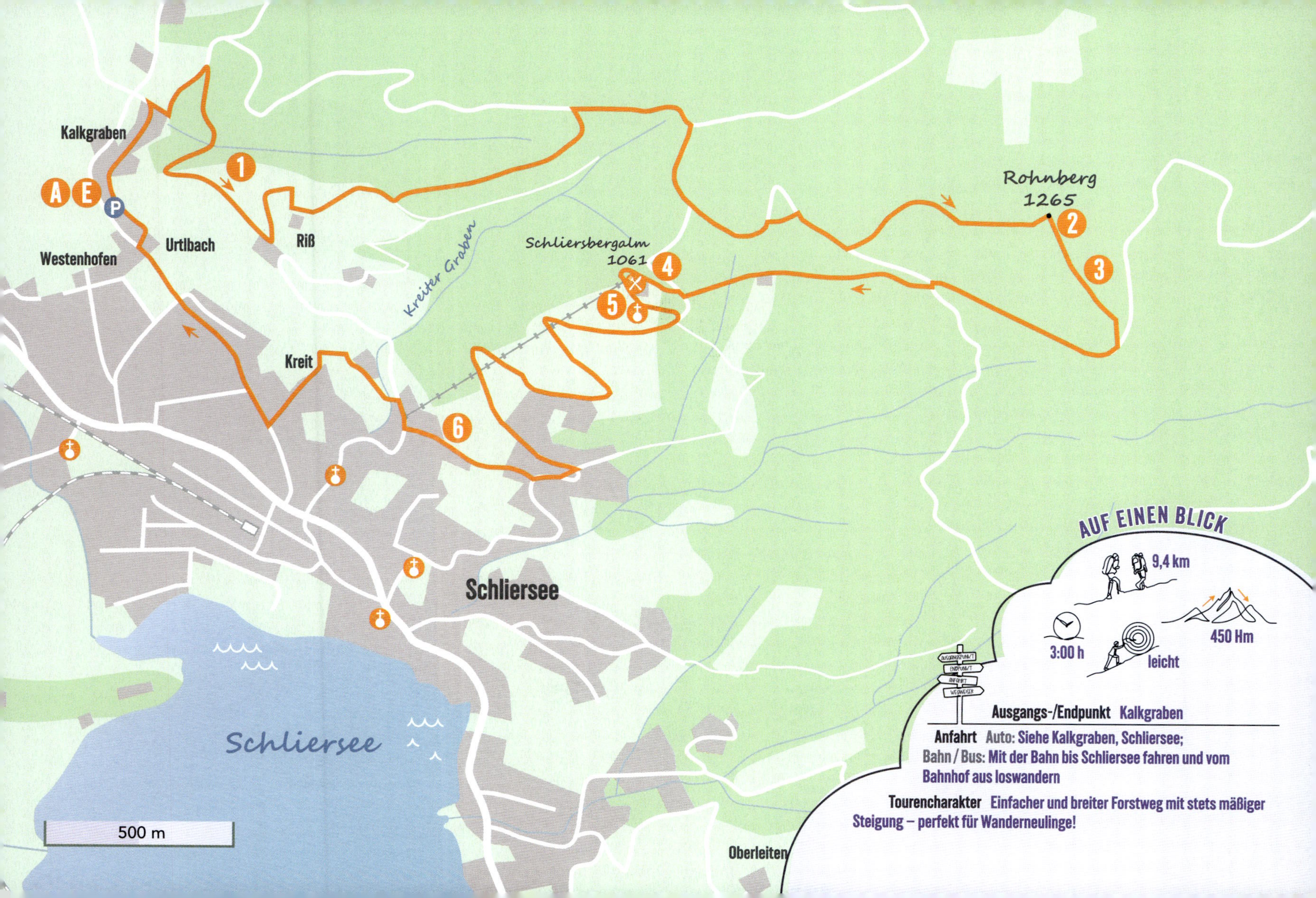

AUF EINEN BLICK

9,4 km

3:00 h

leicht

450 Hm

Ausgangs-/Endpunkt Kalkgraben

Anfahrt Auto: Siehe Kalkgraben, Schliersee; Bahn / Bus: Mit der Bahn bis Schliersee fahren und vom Bahnhof aus loswandern

Tourencharakter Einfacher und breiter Forstweg mit stets mäßiger Steigung – perfekt für Wanderneulinge!

20

BRECHERSPITZ AM SPITZINGSEE

SPEKTAKULÄRE GRAT-WANDERUNG

Abenteurer aufgepasst! Es erwartet euch eine spektakuläre Gratwanderung am Spitzingsee – na, wie klingt das? Die Tour zur Brecherspitz (1683 m) hat es in sich und beschert ein besonders spektakuläres Highlight. Sie startet ganz unscheinbar und einfach, dann mausert sie sich zu einer ziemlich schweißtreibenden und beeindruckenden Wanderung. Aber keine Sorge auch Grat-Neulinge können den Aufstieg meistern, denn der Weg ist gut gesichert und nur an wenigen Stellen abschüssig. Allerdings sollte man trittsicher und schwindelfrei sein. Und nach dieser Anstrengung bietet der Spitzingsee eine kühle Erfrischung. Am Spitzingsee gibt es diverse Parkplätze kurz vor dem Ort, an der Taubensteinbahn und bei der Kirche. Grundsätzlich kann man die meisten Wanderungen am Spitzingsee von allen Parkplätzen aus beginnen und muss unter Umständen ein paar Schritte mehr oder weniger gehen, was bei dieser idyllischen Umgebung nicht stört. Die Wanderung zur Brecherspitz startet man am besten vom Parkplatz am Spitzingsattel 1, kurz vor Erreichen des Sees.

1

KM 1–2

BLICK AUF DEN SPITZINGSEE

Einfacher Beginn

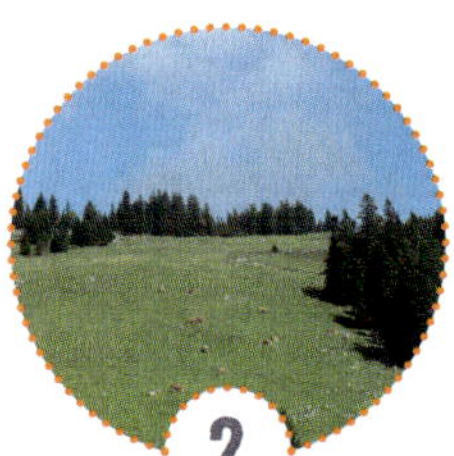

2

KM 3–4

STEILER WIESENHANG

Anstrengender Abschnitt

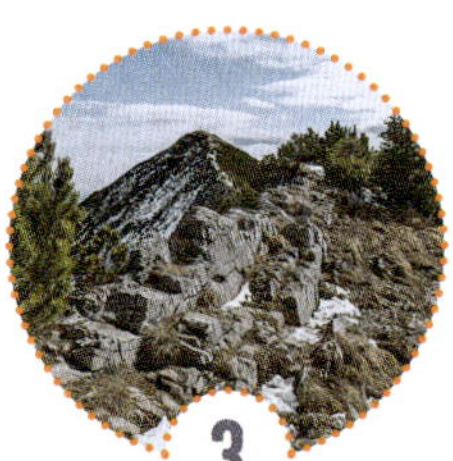

3

KM 4

VORGIPFEL BRECHERSPITZ

Energie sammeln für den Grat

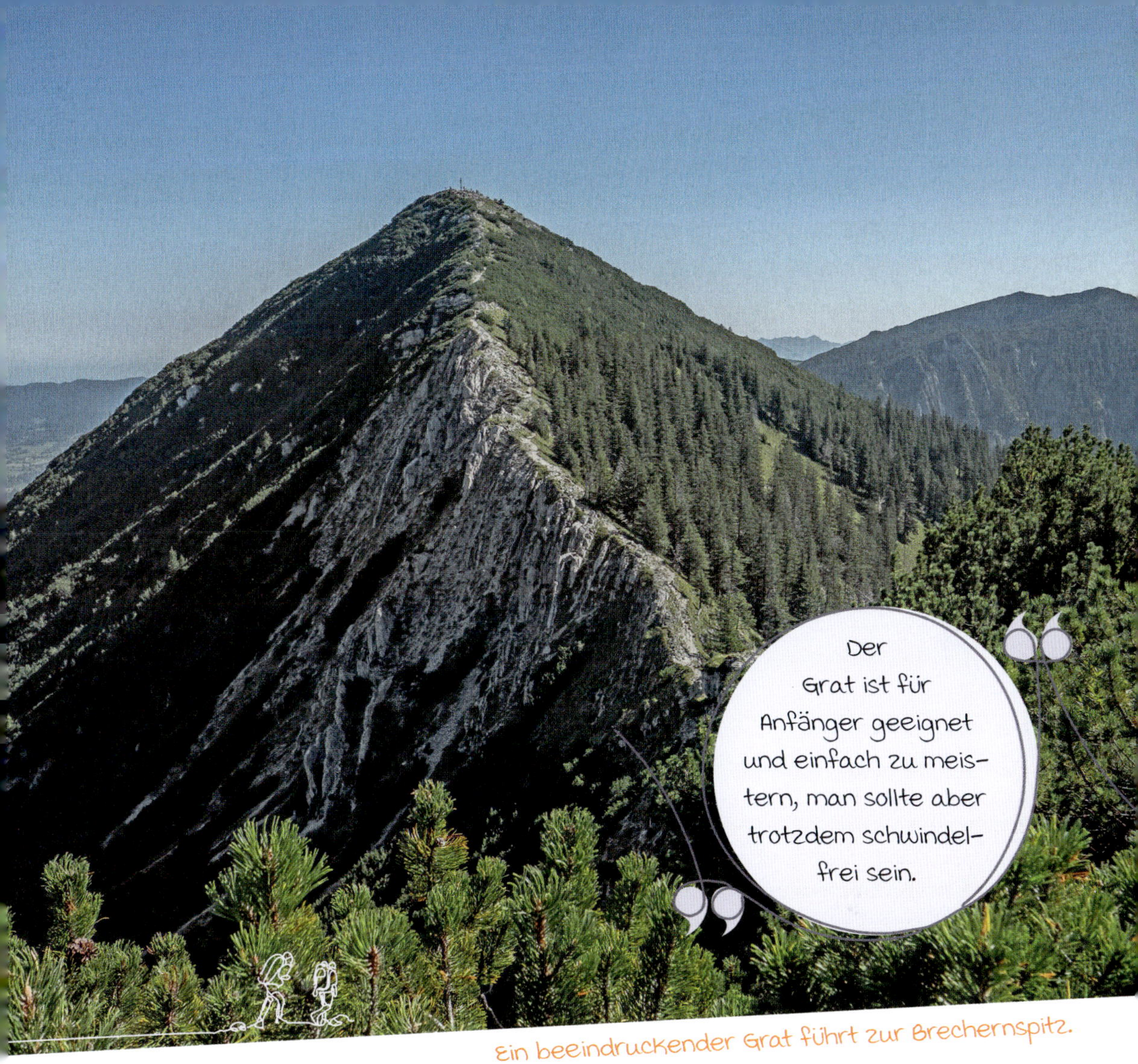

Ein beeindruckender Grat führt zur Brechernspitz.

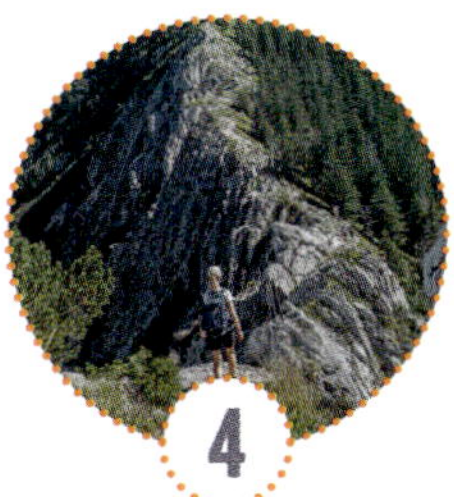

4

KM 5

SPEKTAKULÄRER GRAT

Trittsicherheit erfordernder Steig

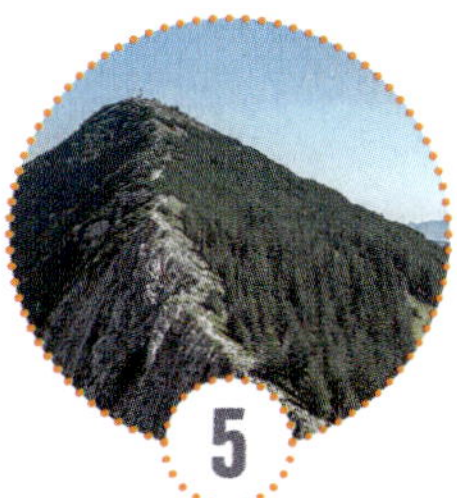

5

KM 5

BRECHERSPITZ

Kleines Gipfelareal mit großem Ausblick

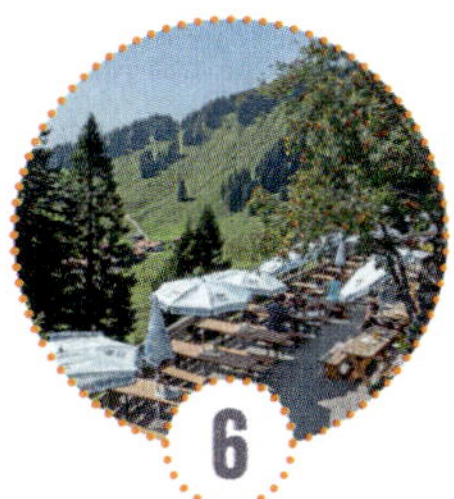

6

KM 7

OBERE FIRSTALM

Hüttenromatik und bayerische Küche

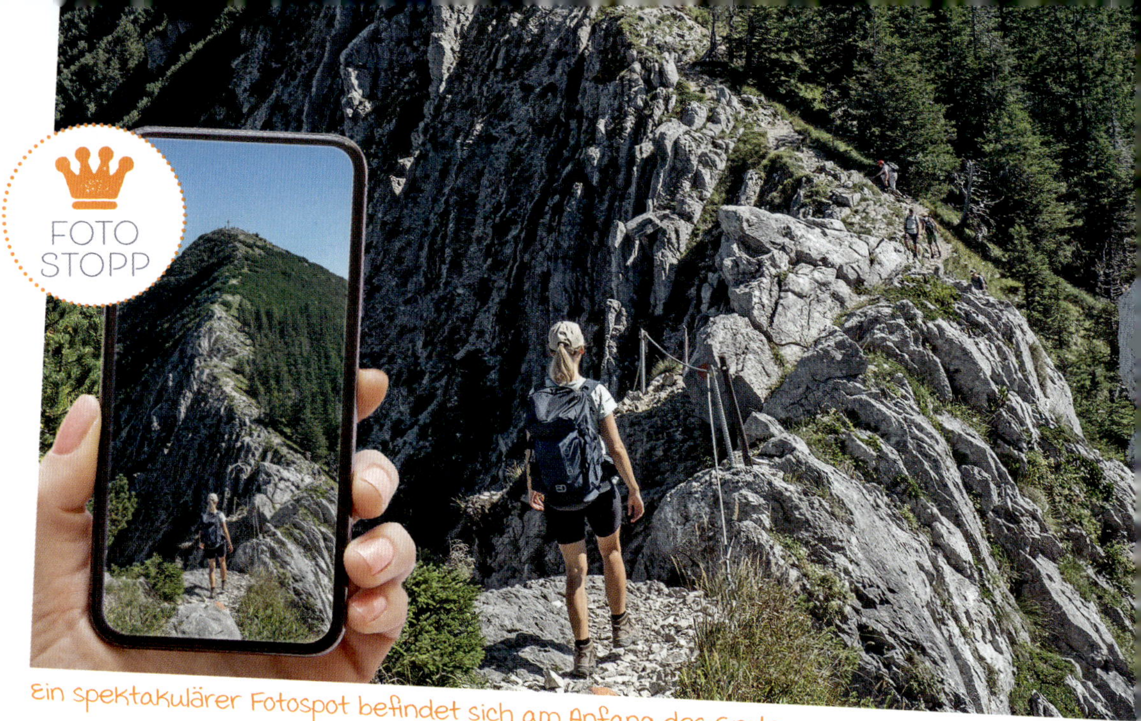

Ein spektakulärer Fotospot befindet sich am Anfang des Grats.

KM 1–2

Vom Parkplatz aus folgen wir der Teerstraße Richtung Osten und den Schildern Richtung »Obere Firstalm«. Vor der Alm biegen wir rechts ab und bei der nächsten Gabelung wieder rechts, anschließend folgen wir den Schildern Richtung »Brecherspitz«.

1 Entspannt schlendern wir entlang der breiten Straße Richtung Westen und erhalten kurz nach dem Start einen schönen Blick auf den Spitzingsee. So kann es weitergehen! Nach etwa 30 Minuten leichter Steigung erreichen wir die Obere Firstalm, die als die beliebteste Alm im Spitzingseegebiet bekannt ist. Hier lohnt es sich, kurz zu verweilen und den Blick auf die umliegende Landschaft zu genießen.

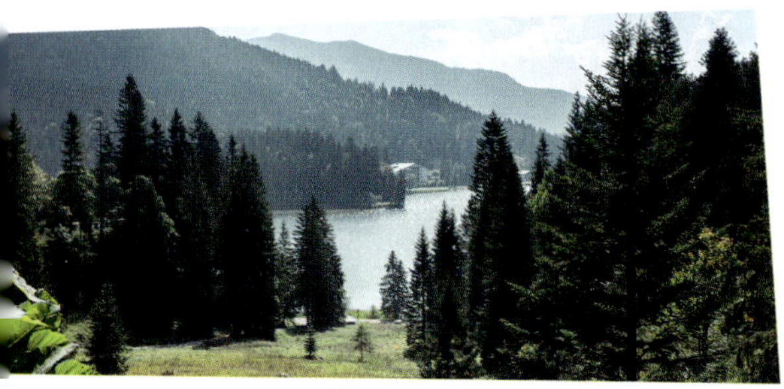
Blick auf den Spitzingsee zu Beginn

i-TÜPFELCHEN

IDYLLISCH

Nach der Wanderung kann man den Tag am Ufer des Spitzingsees ausklingen lassen. Eine Badewiese inklusive Steg gibt's am Südostufer auf Höhe des Berggasthofs Willy Merkl.

KM 3–4

Der schmale Wanderpfad, der sich in nordöstlicher Richtung durch eine Kuhweide nach oben schlängelt, ist unser Weg.

2 **Der gemütliche Teil** der Wanderung ist nun vorbei und der Weg fordert uns richtig. Denn wir erklimmen in der Sonne einen steilen Wiesenhang. Trotz der Anstrengung belohnt der stetig steigende und stufige Pfad mit einem herrlichen Ausblick auf die umliegende Landschaft.

KM 4

Wir folgend dem Weg über den Wiesenhang immer weiter bis ganz nach oben.

3 **Nach anstrengenden 45 Minuten** haben wir den Wiesenhang bezwungen und sind am sogenannten Vorgipfel des Brecherspitz angekommen. Dort legen wir eine kurze Rast ein und sammeln Kräfte für den technisch anspruchsvollsten Teil der Wanderung, der sogleich folgt: der spektakuläre Grat.

Weiterer Wegverlauf vom Vorgipfel

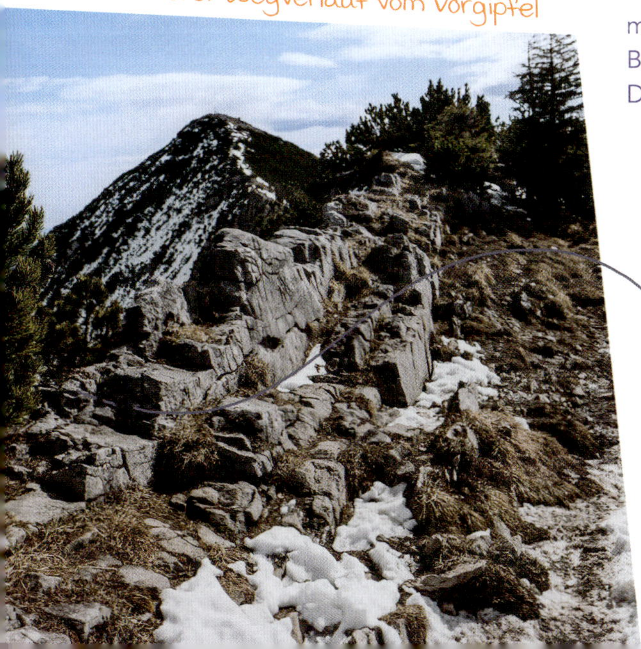

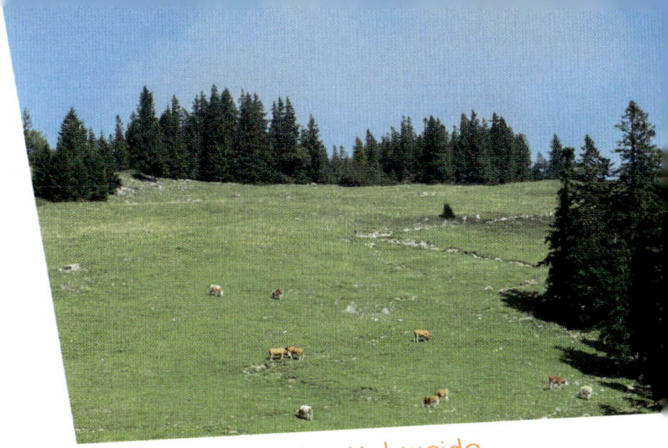

Aufstieg über eine Kuhweide

KM 5

Wir lassen uns von dem Weg immer weiter Richtung Nordosten auf den Gratweg führen.

4 **Der Wiesenhang** weicht nun einem felsigeren Terrain. Kurz darauf wird der bevorstehende Wegverlauf klar sichtbar: Ein beeindruckender Gratweg, der sich durch schroffe Felsen und dichte Latschen zielsicher zum Gipfel schlängelt. Trittsicherheit und Schwindelfreiheit sind hier gefragt, festes Schuhwerk ist ein Muss. Bei Regen oder Nieselregen ist der Weg nicht zu empfehlen. Bei trockenen Verhältnissen ist dieser Grat auch für weniger erfahrene Wanderer ein guter Einstieg in das nächste Level. An manchen Stellen handelt es sich nur um einen schmalen Weg, dann müssen wir über höhere Felsen steigen und manchmal nehmen wir die Hände zur Hilfe. Besonders exponierte Stellen sind mit einem Drahtseil gesichert.

Die Tour ist auch im Winter möglich. Je nach Schnee kann man aber evtl. nur bis zum Vorgipfel der Brecherspitz gehen.

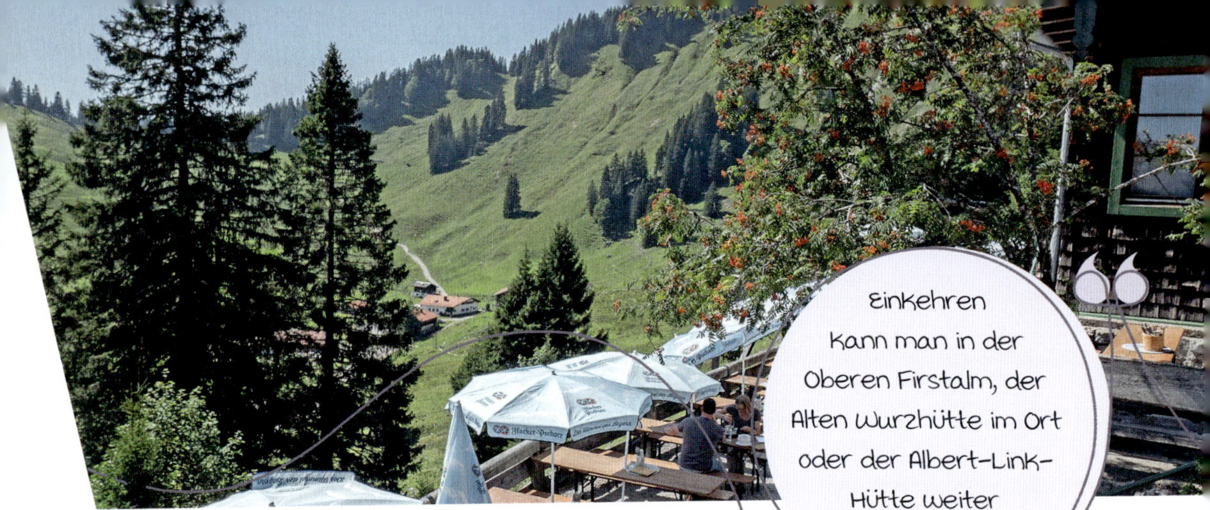

Die Obere Firstalm ist sehr beliebt.

Einkehren kann man in der Oberen Firstalm, der Alten Wurzhütte im Ort oder der Albert-Link-Hütte weiter südlich.

TRAUMHAFT

RODELSPAß

Statt abzusteigen, kann man sich im Winter an der Oberen Firstalm Rodel ausleihen und das letzte Stück ins Tal düsen. So spart man sich eine halbe Stunde.

KM 5

Der Gratweg führt uns über wenige ausgesetzte Abschnitte und eine drahtseilgesicherte Stelle auf direktem Wege zum Gipfelkreuz.

5 **Die Brecherspitz** erreichen wir nach 45 aussichtsreichen und gleichzeitig abenteuerlichen Minuten. Hier können wir gar nicht anders, als zu staunen. Neben einem atemberaubenden Blick auf den Spitzingsee und den Schliersee sehen wir nun auch den Grat, den wir gerade erklommen haben. Beflügelt von dem spektakulären Aufstieg machen wir es uns auf dem kleinen Gipfelareal auf einem Felsen gemütlich und stärken uns mit der mitgebrachten Brotzeit für den Rückweg und lassen die einmalige Szenerie auf uns wirken.

KM 7

Der Abstieg erfolgt über den gleichen Weg: über den Grad, den Wiesenhang hinunter, vorbei an der Oberen Firstalm und zurück auf der breiten Straße zum Parkplatz.

6 **Beim Abstieg** ist zunächst nochmal Konzentration auf dem Grat-Abschnitt gefragt. Über den Wiesenhang ist man dann aber ganz fix zurück an der Oberen Firstalm. Dort belohnen wir uns mit einem Erfrischungsgetränk und lassen den Tag in einem der Liegestühle ausklingen. Zurück zum Parkplatz sind es dann noch ca. 45 Minuten. Alternativ kann man auch an der weniger bekannten Unteren Firstalm einkehren. Von dort hat man zwar einen weniger spektakulären Ausblick, dafür ist der Weg zum Parkplatz kürzer.

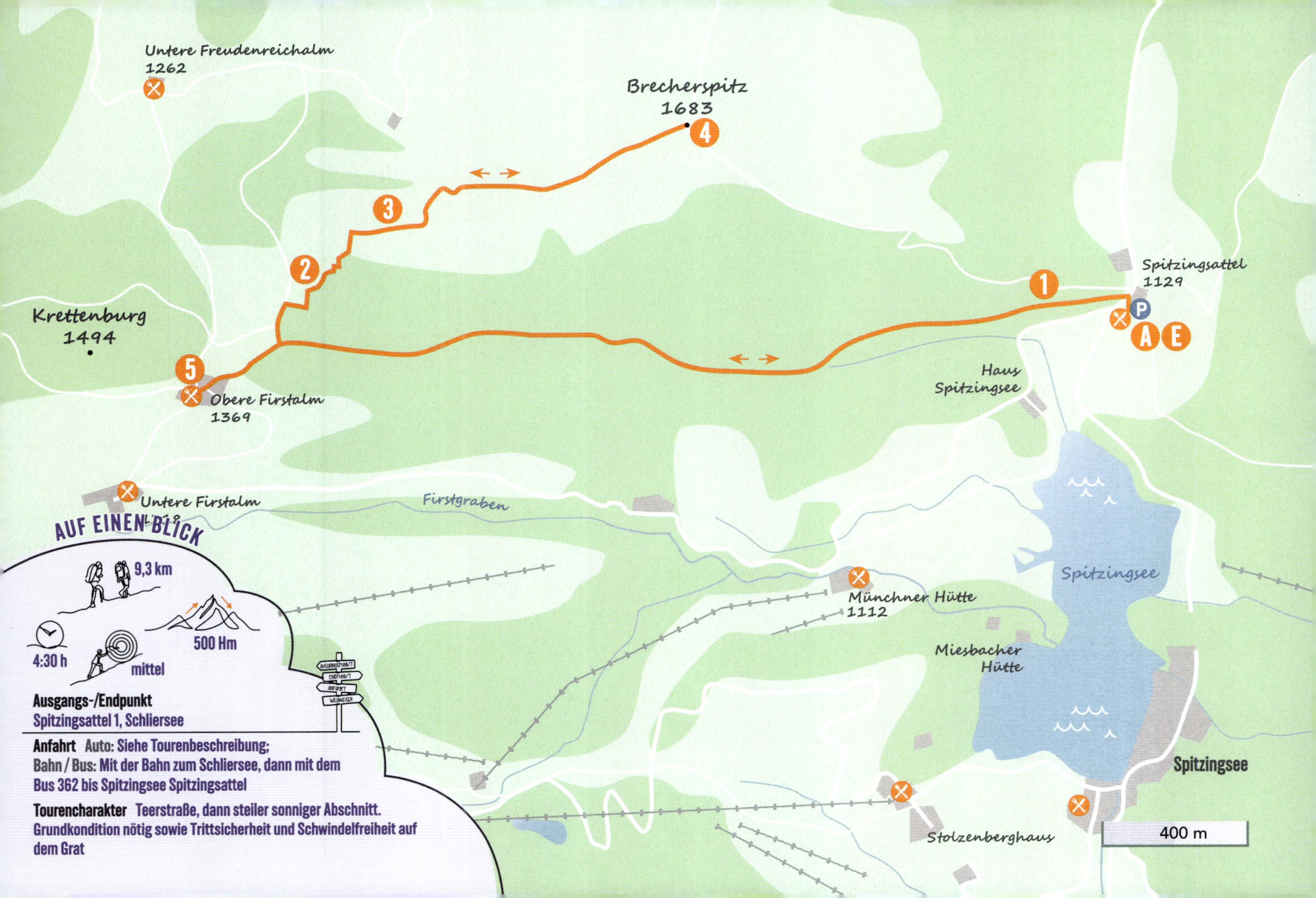

AUF EINEN BLICK

9,3 km

4:30 h

500 Hm

mittel

Ausgangs-/Endpunkt
Spitzingsattel 1, Schliersee

Anfahrt Auto: Siehe Tourenbeschreibung;
Bahn / Bus: Mit der Bahn zum Schliersee, dann mit dem Bus 362 bis Spitzingsee Spitzingsattel

Tourencharakter Teerstraße, dann steiler sonniger Abschnitt. Grundkondition nötig sowie Trittsicherheit und Schwindelfreiheit auf dem Grat

21

TAUBENSTEIN AM SPITZINGSEE

EINMALIGER GIPFEL-RAUSCH

Dies ist unsere Lieblingstour am Spitzingsee! Der Taubenstein (1693 m) ist ein besonders markanter und spektakulärer Berg. Der felsige Gipfel genießt eine exponierte Lage und die kleine Klettereinheit am Ende ist besonders aufregend. Belohnt werden wir mit einer außergewöhnlichen Fernsicht auf das gesamte bayrische Voralpenland. Für diese Wanderung sind Schwindelfreiheit und Trittsicherheit unbedingt erforderlich. Sie ist nicht für kleine Kinder geeignet – zumindest nicht der sehr abschüssige Gipfel. Wer wenig Zeit mitbringt, kann mit der Taubensteinbahn nach unten fahren und sich den Abstieg und damit 1,5 Stunden sparen. Wer viel Zeit mitbringt, kann in zwei Hütten einkehren, die beide einmalig gelegen sind.

KM 1–3

Vom Parkplatz an der Kirche am Spitzingsee gehen wir weiter an der Hauptstraße entlang bis zum Ende des Sees und biegen bei der Wurzhütte links ab. Nach kurzer Zeit beginnt links der beschilderte Wanderweg. Wir folgen den Schildern Richtung »Taubenstein«.

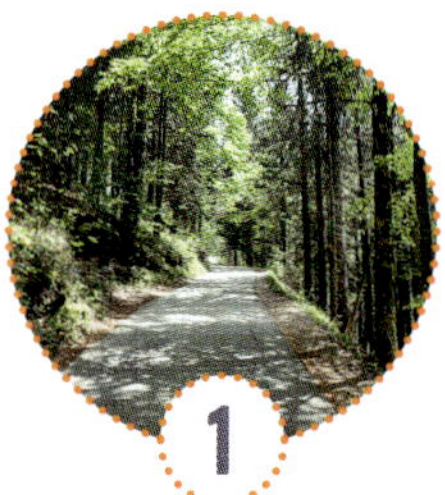

1

KM 1–3

BREITE TEERSTRASSE

Mäßige Steigung zum Warmwerden

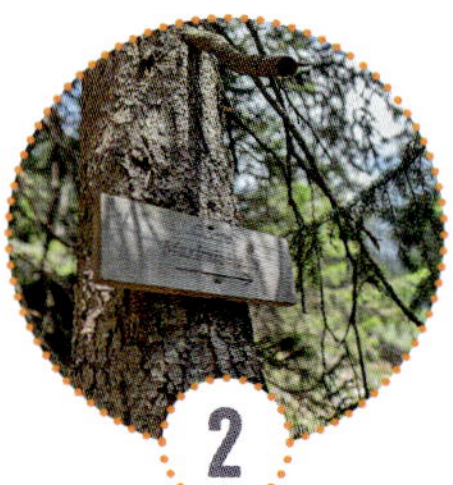

2

KM 3

STEILER WALDPFAD

Kurz, knackig und anspruchsvoll

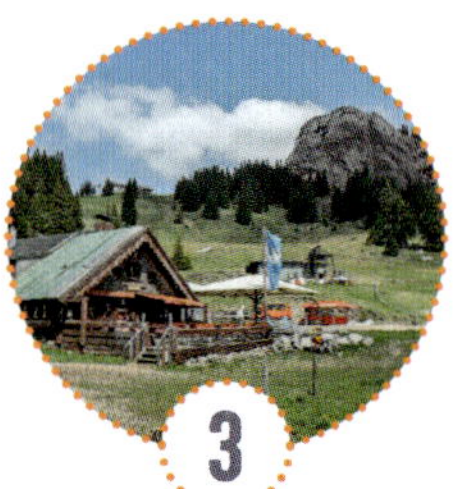

3

KM 4

OBERE MAXLRAINER ALM

Ruhige, malerisch gelegene Einkehr

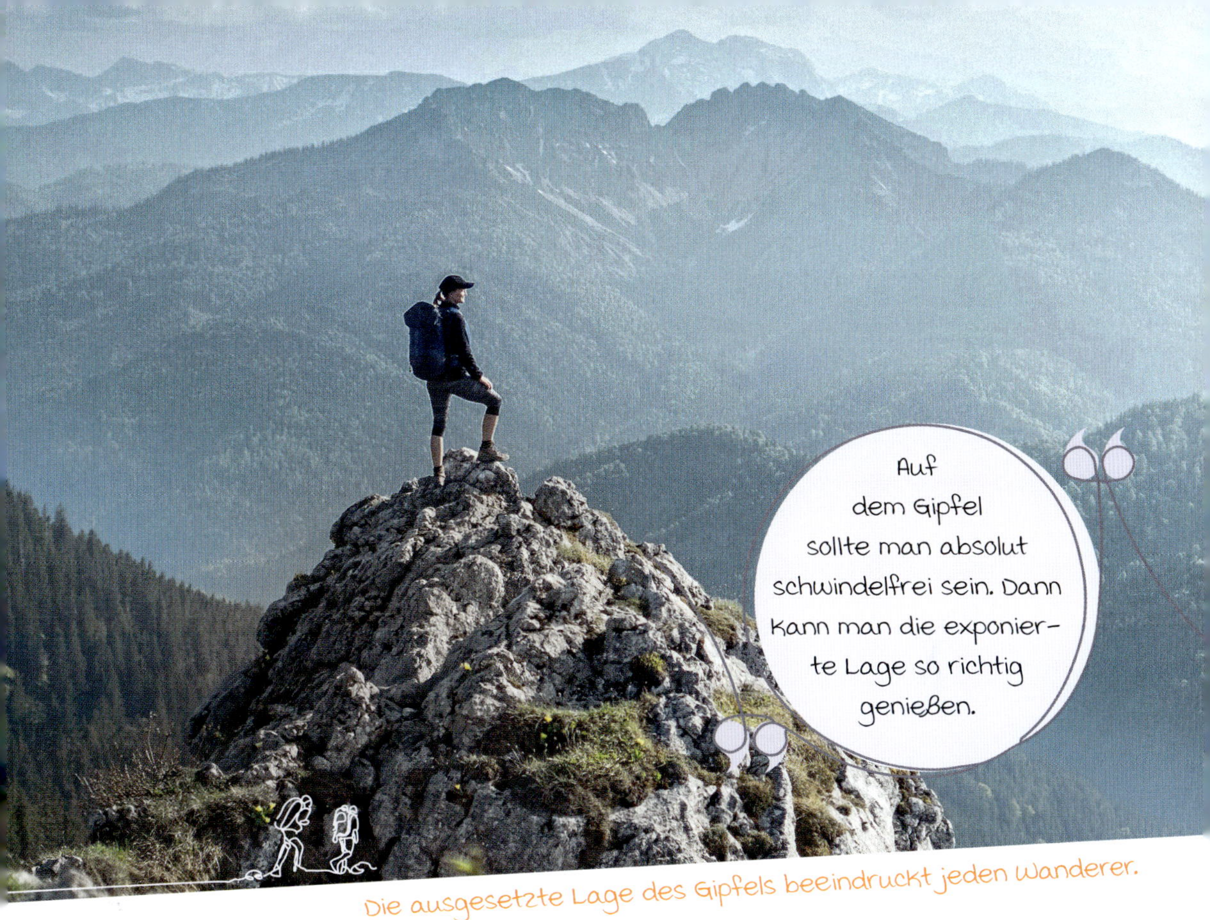

Die ausgesetzte Lage des Gipfels beeindruckt jeden Wanderer.

1 **Wir wählen einen Aufstieg** abseits des Hauptweges über die Obere Maxlrainer Alm. So liegt eine idyllische Einkehrmöglichkeit auf unserem Weg und wir wandern auf ruhigeren Pfaden. Los geht's trotzdem auf der breiten Teerstraße, die zu mehreren Gipfeln am Spitzingsee führt und gut besucht ist. Bei nur mäßiger Steigung durch den Wald können wir uns langsam einlaufen. Je weiter wir kommen, desto steiler wird es. Eine gute Stunde folgen wir dem technisch stets einfachen, breiten Weg.

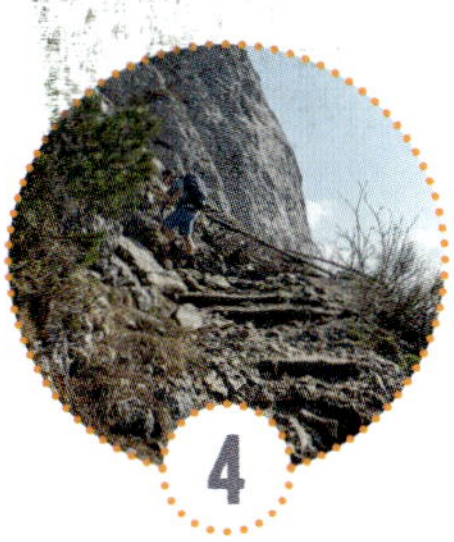

KM 4

STUFEN ZUM GIPFEL

Endspurt ab der Taubensteinbahn

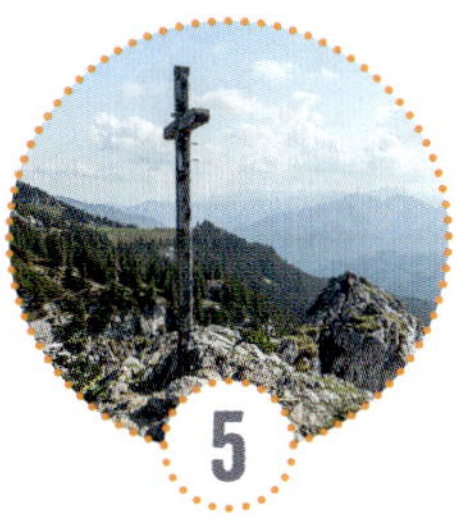

KM 5

TAUBENSTEIN

Abschüssiger und exponierter Gipfel

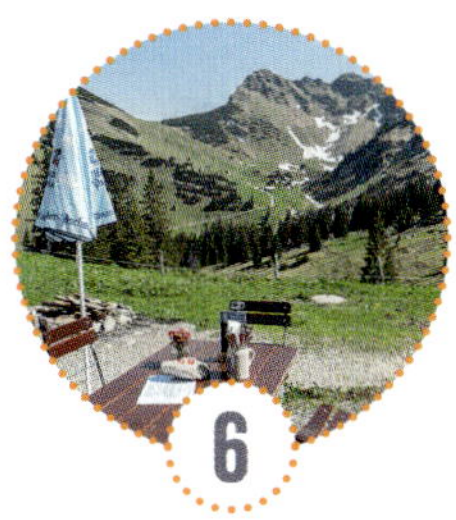

KM 6

TAUBEINSTEINHAUS

Alternative Einkehrmöglichkeit

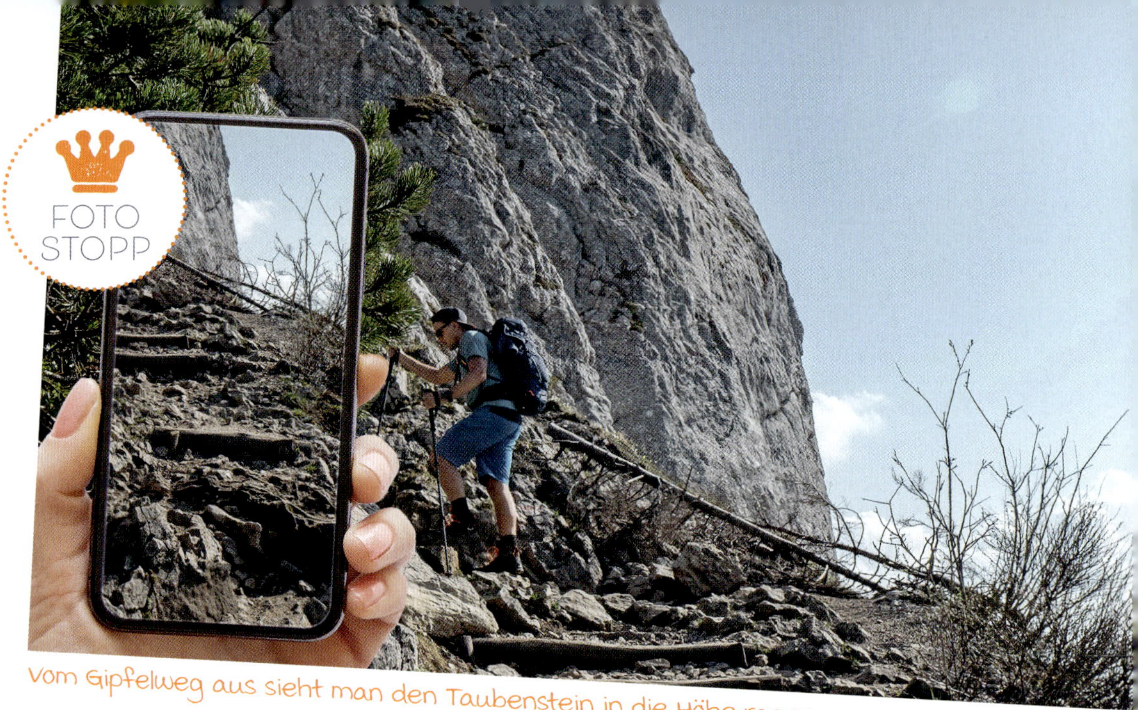

Vom Gipfelweg aus sieht man den Taubenstein in die Höhe ragen.

KM 3

Nach fast drei Kilometern verlassen wir die Schotterstraße, die ebenfalls zum Taubenstein führt, und nehmen den kleinen Pfad zur Maxlrainer Alm. Kurz danach verweist uns ein kleines Holzschild mit der Aufschrift »Maxlrainer Alm« links auf einen schmalen Pfad und hoch in den Wald.

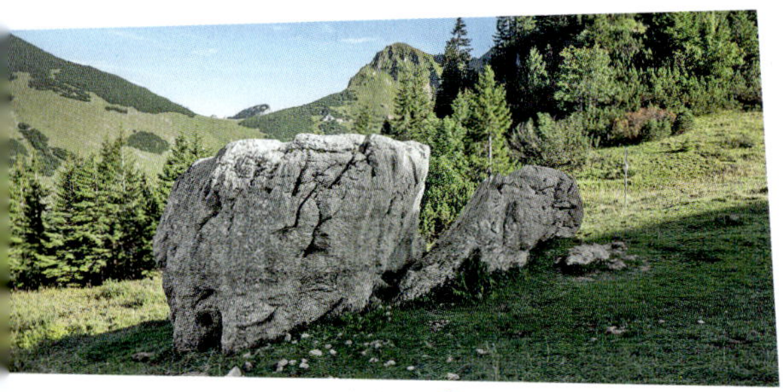

Der Kletterfels kurz vorm Gipfel

2 **Nun wird es anspruchsvoller:** Wir müssen am steilen Waldhang über Wurzeln und kleine Felsen nach oben steigen. Doch nach einer knappen halben Stunde und einigen Schweißperlen haben wir den Steig gemeistert, der Wald lichtet sich und wir stehen an einem Skilift.

i-TÜPFELCHEN

TRAUM FÜR KRAXLER

Kurz vor der letzten Klettereinheit auf den Taubenstein befindet sich ein Kletter- oder Boulderfelsen, an dem sich Einsteiger in der neuen Sportart am natürlichen Felsen üben können.

KM 4

Wir folgen dem Skilift über den Grashang nach oben. Hier ist kein eindeutiger Weg erkennbar – einfach der Nase lang bergauf steigen!

3 **Die Obere Maxlrainer Alm** und den charakteristischen Taubensteingipfel können wir nun schon sehen. Wir laufen über die Skipiste, die Alm stets im Blick, nach oben. Die ruhig und gleichzeitig spektakulär gelegene Maxlrainer Alm nutzen wir zur Einkehr. Von hier hat man einen besonders schönen Blick auf die umliegenden Bergketten und den Taubenstein. Mit etwas Glück grasen oberhalb der Alm ein paar Ziegen, die sehr zutraulich sind. Wer sich vor dem Gipfel den Bauch nicht zu voll schlagen möchte, hat auch später nochmal die Möglichkeit einzukehren.

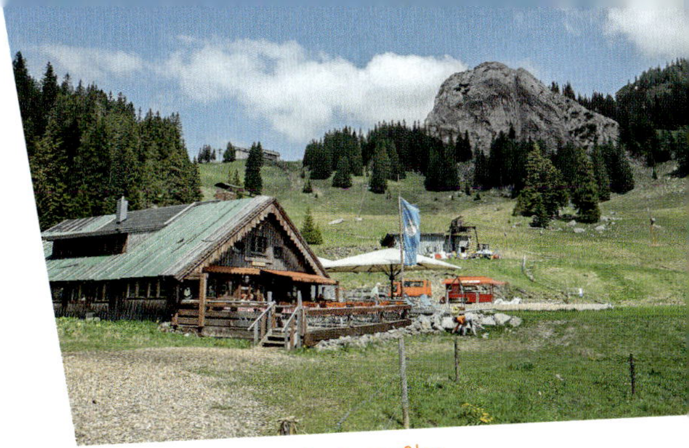

Die Obere Maxlrainer Alm

KM 4

Wir wandern weiter über die Skipiste nach oben, vorbei an der Taubensteinbahn. Dort halten wir uns rechts und folgen dem Pfad hoch zum Taubenstein.

4 **Um zum Gipfel zu gelangen**, gehen wir von der Maxlrainer Alm einfach der Nase nach weiter nach oben, denn der Taubenstein bäumt sich schon majestätisch vor uns auf. Nach der Taubensteinbahn fordert der stufige Pfad nochmal unsere Ausdauer und wir treffen plötzlich auf weitere Wanderer, die mit der Bahn nach oben gefahren sind und nun das letzte Stück zum Gipfel mit uns erklimmen. Der Endspurt wird nochmal kurz anstrengend und wir kommen ganz schön ins Schwitzen. Nach ca. 15 Minuten haben wir den Gipfelweg aber schon hinter uns gebracht.

Ziegen, die bei der Maxlrainer Alm grasen

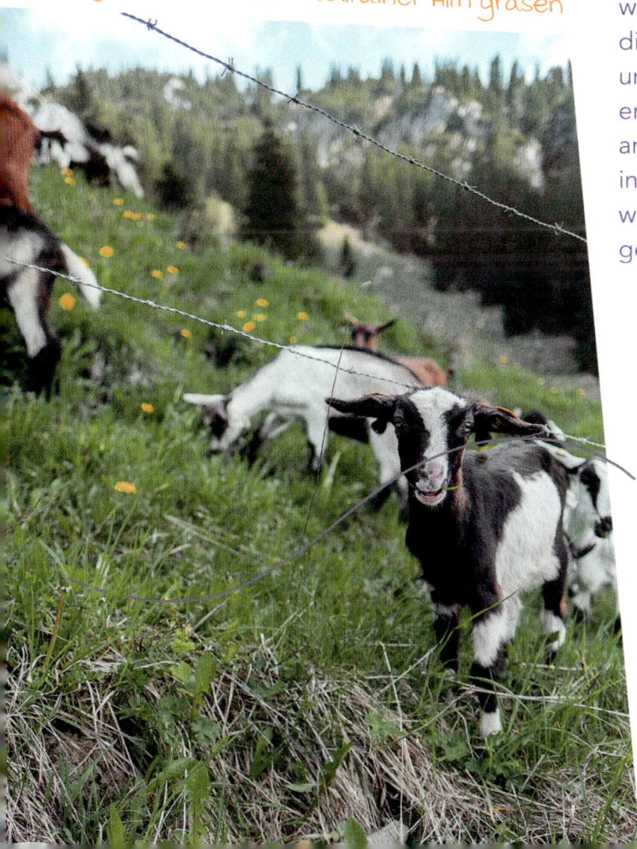

In der Maxlrainer Alm kann man nicht nur einkehren, sondern trifft mit etwas Glück auch auf zutrauliche Ziegen.

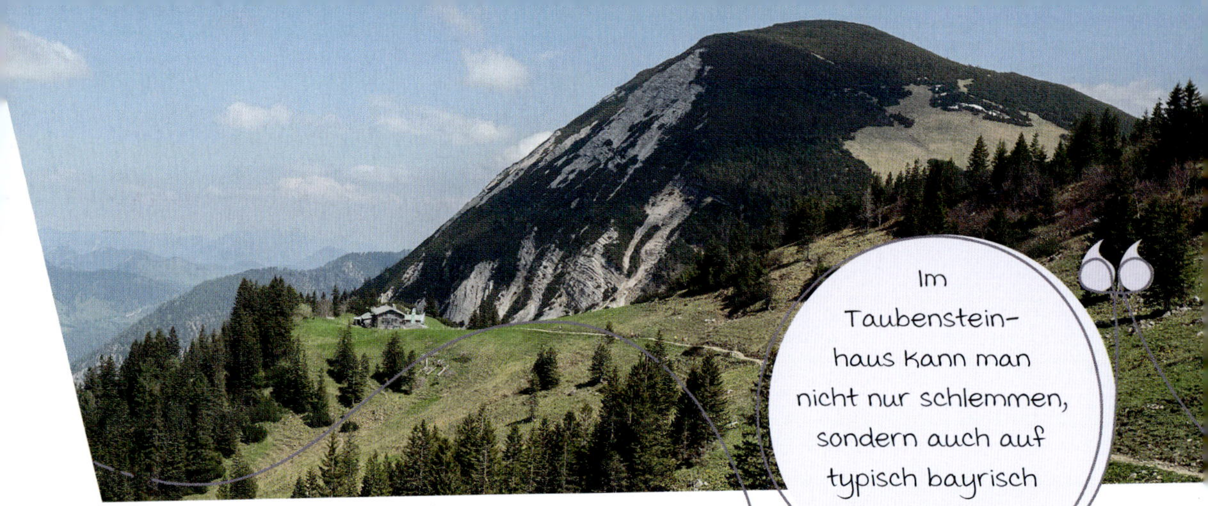

Blick auf das Taubensteinhaus

Im Taubensteinhaus kann man nicht nur schlemmen, sondern auch auf typisch bayrisch übernachten.

TRAUMHAFT

ERFRISCHUNG PUR

Ein ganz besonderes Schmankerl sollte man sich im Taubensteinhaus nicht entgehen lassen: den Kraxler. Das ist Weißbier mit Apfelsaft. Herrlich erfrischend, finden wir!

KM 5

Um zum Gipfelkreuz zu gelangen, müssen wir eine Klettereinheit von wenigen Metern bewältigen.

5 **Auf allen** vieren und in wenigen Schritten erklimmen wir das Gipfelkreuz. Achtung: Der Taubensteingipfel ist sehr abschüssig und man sollte absolut schwindelfrei sein und mit Kindern gut aufpassen. Am kleinen Gipfel suchen wir uns ein sicheres Plätzchen mit etwas Abstand zum Abgrund und staunen: Das steil abfallende Felsplateau, der Rundum-Blick auf die Gipfel des bayerischen Voralpenlandes und das malerische Gipfelkreuz – diese Aussicht ist einmalig. Hinter der Taubensteinbahn sehen wir den charakteristischen Grat des Brecherspitz und weiter nördlich den Aiplspitz. Im Osten ragt der Hochmiesing empor sowie die Rotwand und die kleinen Zacken der Ruchenköpfe.

KM 6

Für den Abstieg gehen wir zurück zur Taubensteinbahn und folgen von dort den Schildern Richtung »Spitzingsee«.

6 **Beim Abstieg** wählen wir den direkten Weg und gehen nicht mehr über die Maxlrainer Alm. Dieser ist etwas kürzer und gut ausgeschildert. Alle, die nicht in der Maxlrainer Alm eingekehrt sind, können den kleinen Umweg über das sehr schön gelegene und urige Taubensteinhaus machen. Wer den Abstieg abkürzen möchte, kann auch in nur 15 Minuten bis zur Taubensteinbahn marschieren und mit dieser nach unten fahren. Von der Taubensteinbahn läuft man dann am See entlang Richtung Spitzingsee Ort bis zum Parkplatz an der Kirche.

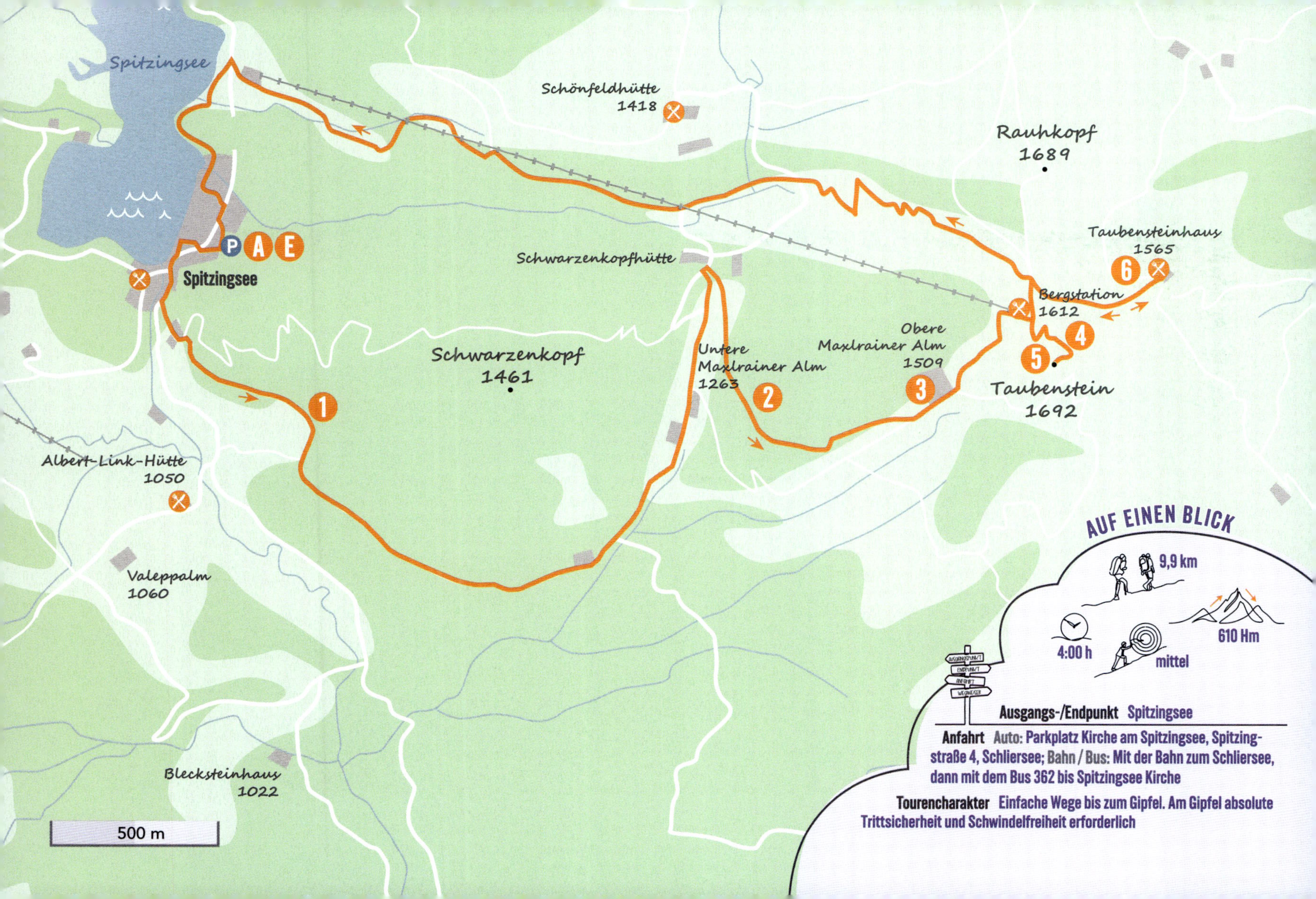

AUF EINEN BLICK

9,9 km

4:00 h

mittel

610 Hm

Ausgangs-/Endpunkt Spitzingsee

Anfahrt Auto: Parkplatz Kirche am Spitzingsee, Spitzingstraße 4, Schliersee; Bahn / Bus: Mit der Bahn zum Schliersee, dann mit dem Bus 362 bis Spitzingsee Kirche

Tourencharakter Einfache Wege bis zum Gipfel. Am Gipfel absolute Trittsicherheit und Schwindelfreiheit erforderlich

22

ROTWAND AM SPITZINGSEE

IDYLLISCHER EVERGREEN

Die Rotwand (1884 m) ist allseits beliebt und stets sehr gut besucht – zu Recht! Denn diese Wanderung ist idyllisch, führt über saftig grüne Wiesen, vorbei an einmaligen Felsformationen und der Ausblick vom Gipfel ist die Krönung des Tages. Zudem kann sie mit der Taubensteinbahn abgekürzt werden und ist so besonders gut zugänglich. Die Rotwand ist übrigens der höchste Berg im Spitzingseegebiet. Um in den wahren Genuss dieses schönen Gebietes zu kommen, lohnt eine Übernachtung im Rotwandhaus, das sich am Fuße des Gipfels befindet. So hat man den sonst stark frequentierten Gipfel zum Sonnenuntergang manchmal ganz für sich allein und auch den magischen Sonnenaufgang wird man nicht so schnell wieder vergessen.

KM 1

Vom Parkplatz an der Kirche am Spitzingsee folgen wir zunächst der Hauptstraße bis zum Ende des Sees und halten uns bei der Wurzhütte links. Nach wenigen Metern ist der Weg zur Rotwand bereits ausgeschildert und wir folgen den Wegweisern nach links.

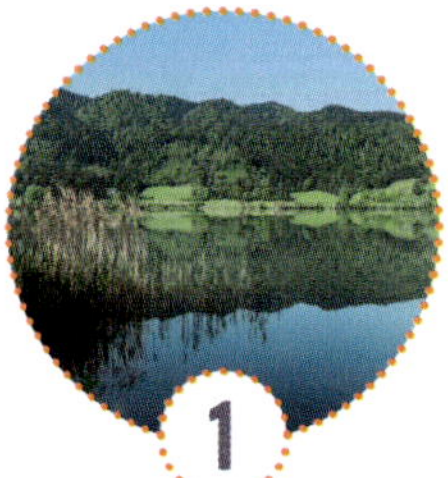

1

KM 1

SPITZINGSEE

Durch den Ort und schattigen Wald

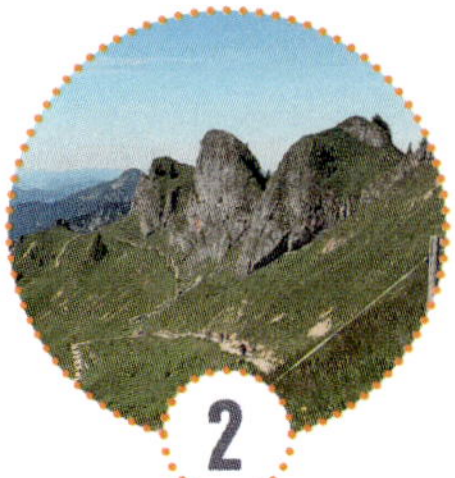

2

KM 6

BLICK AUF KIRCHSTEIN

Beeindruckender Felsgipfel

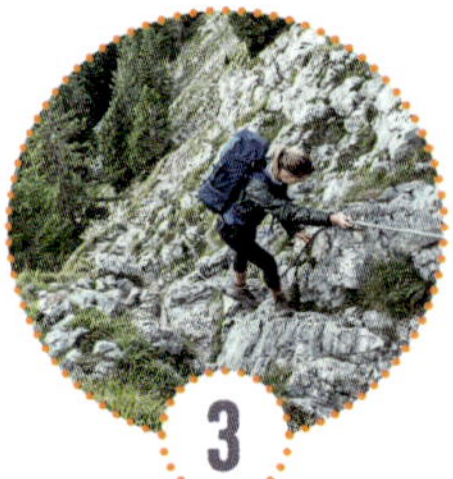

3

KM 7

KURZER STEIG

Klettereinlage mit Drahtseil bis zum Gipfel

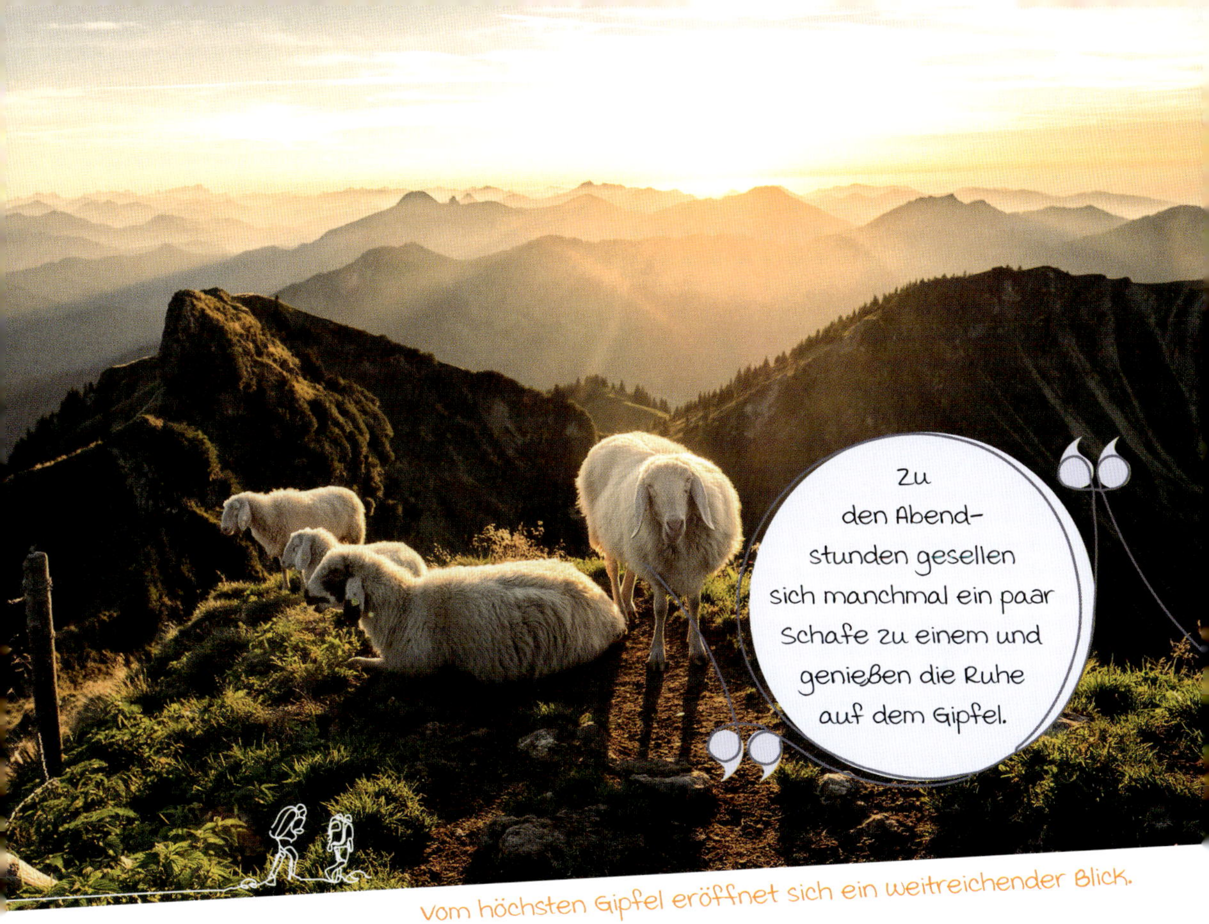

Vom höchsten Gipfel eröffnet sich ein weitreichender Blick.

1 **Vom Parkplatz** wandern wir noch ein kleines Stück am Spitzingsee entlang. Hier ist der Beginn mehrerer Wanderungen und wir teilen uns den Weg noch mit einigen anderen Wanderern. Keine Sorge, im weiteren Verlauf wird es etwas ruhiger. Nach einer guten halben Stunde mündet die Straße in einen Forstweg nach rechts und wir folgen immer weiter den Wegweisern. Es geht hinauf durch den schattigen Wald bis zur Bergwachthütte, die wir passieren und uns weiter nach den Schildern richten.

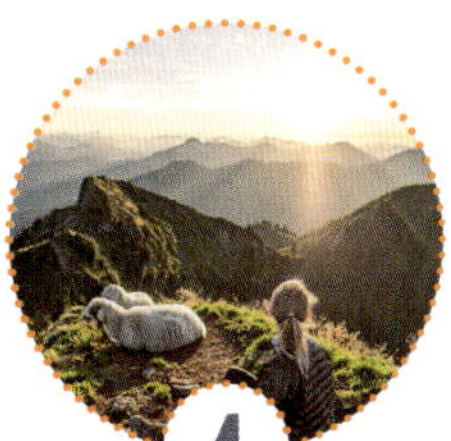

4

KM 7

ROTWAND

Der höchste Gipfel des Gebietes

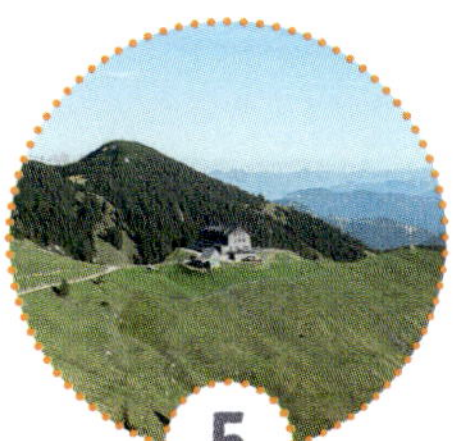

5

KM 8

ROTWANDHAUS

Zu verlockend, um vorbeizulaufen

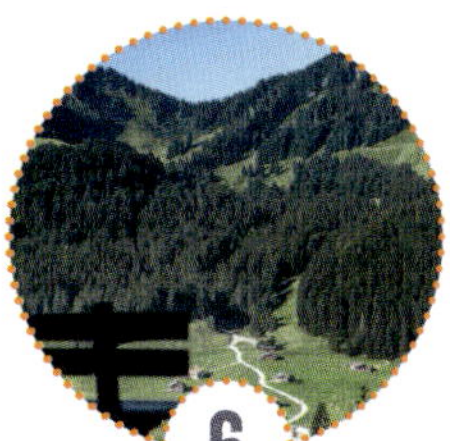

6

KM 13

AUSSICHTSBANK

Wunderschöner Blick über die Valepp-Alm

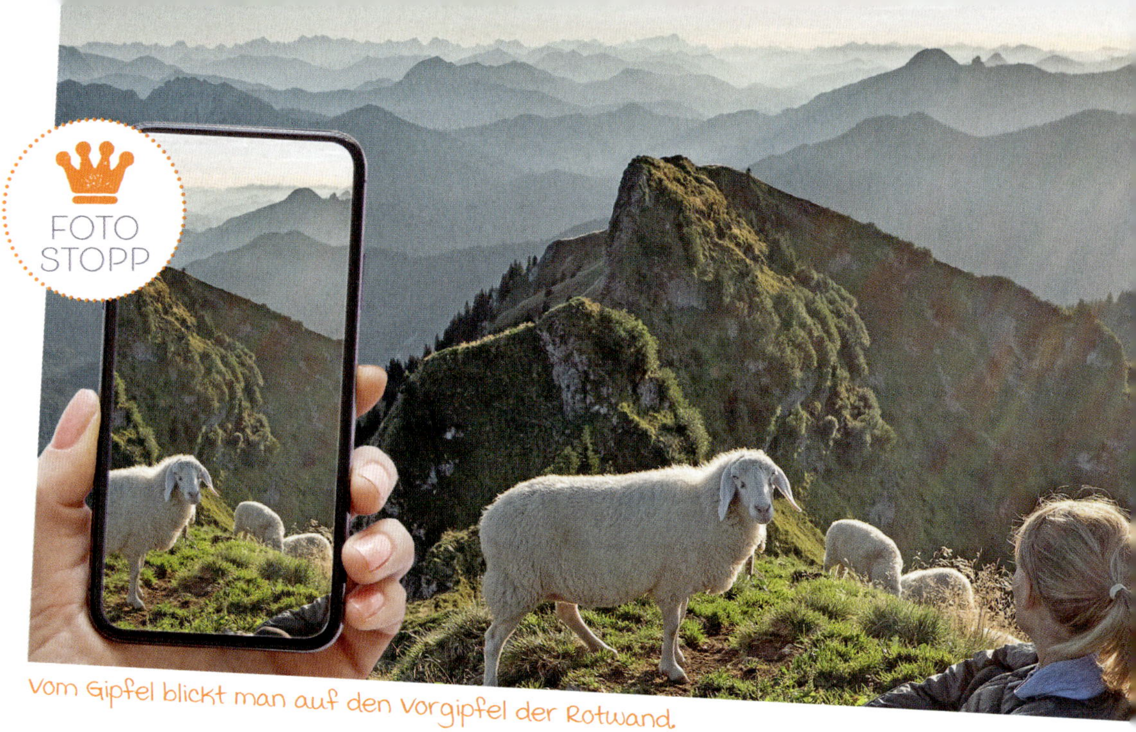

Vom Gipfel blickt man auf den Vorgipfel der Rotwand.

KM 6

Der Weg ist sehr gut angeschrieben und wir halten uns immer weiter an die Schilder Richtung »Rotwandhaus« und »Rotwand-Gipfel«.

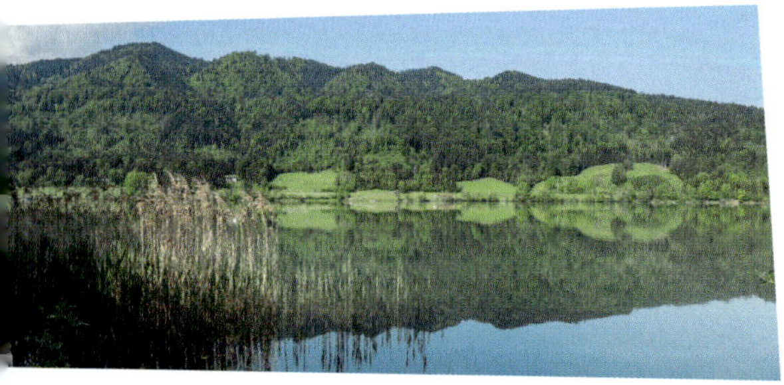

Der Spitzingsee am frühen morgen.

2 **Nach etwa 1,5 Stunden** erreichen wir offenes Gelände. Die saftig grünen Hügel, die uns bis zum Ziel geleiten, wirken märchenhaft. Wenn sie in der warmen Nachmittagssonne in einem goldenen Glanz erstrahlen, entsteht eine einmalige Atmosphäre. In der Ferne können wir auch schon das Rotwandhaus und links den markanten Kirchstein, den felsigen Vorgipfel der Rotwand, erkennen. Der Weg ist nun fast eben. Beflügelt von der Schönheit der Umgebung schlendern wir ihn entlang und lassen die Natur auf uns wirken.

i-TÜPFELCHEN

BADETRAUM

Erfrischung gefällig nach dieser schweißtreibenden Wanderung? Dann ab in den Spitzingsee. Am gesamten Südostufer kann man baden – und das vor schönster Bergkulisse.

KM 7

An der Weggabelung, an der es rechts zum Rotwandhaus geht, halten wir uns links Richtung »Rotwand-Gipfel«.

3 **Vor der Rast im Rotwandhaus** wollen wir zunächst erst den Gipfel erklimmen. Nach einem kurzen Schlusssprint von fordernden 20 Minuten und einigen Stufen sind wir fast da. Bevor wir jedoch den Gipfel erreicht haben, müssen wir uns das letzte Stück noch »erkraxeln«. Auf nur wenigen Metern, die jeder meistern kann, erklimmen wir mit Hilfe eines Drahtseils ein paar hohe Felsstufen. Geschafft! Zu ruhigeren Tageszeiten, wie morgens oder abends muss man sich zusätzlich noch den Weg durch die Schafe bahnen, die sich gerne um den Gipfel aufhalten und dort grasen.

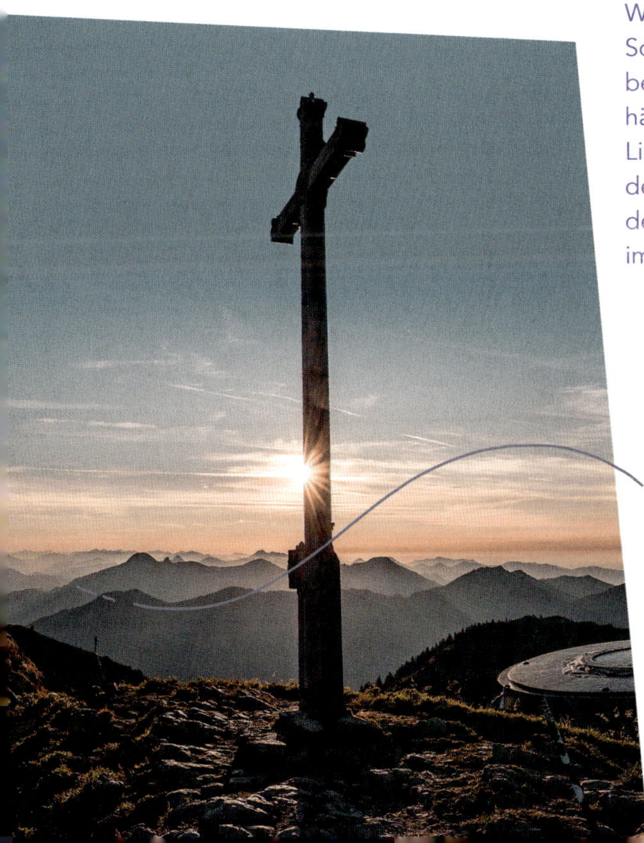

Einmalige Sonnenauf- und -untergänge

KM 7

Ein kleines einfaches Kletterstück bringt uns zum Gipfelkreuz des Taubensteins auf 1884 m, dem höchsten Gipfel des Spitzingseegebietes und des Landkreises Miesbach.

4 **Oben angekommen**, haben wir einen beeindruckenden Blick auf den Kirchstein und die umliegenden Bergketten des Spitzingseegebiets. Am späten Nachmittag oder Abend ist es oft etwas ruhiger, und Schafe, die hier weiden, gesellen sich zu den Wanderern. Wer die Möglichkeit hat, zum Sonnenuntergang zu bleiben, wird dies nicht bereuen. Wie die Sonne die grünen Wiesenhänge und den Kirchstein in magisch rotes Licht taucht, wird man nicht so schnell wieder vergessen. Dann geht es entweder mit der Stirnlampe zurück oder man übernachtet im Rotwandhaus.

Abends, wenn die Sonne das Mangfallgebirge in rotes Licht taucht, ist der Blick von der Rotwand besonders schön.

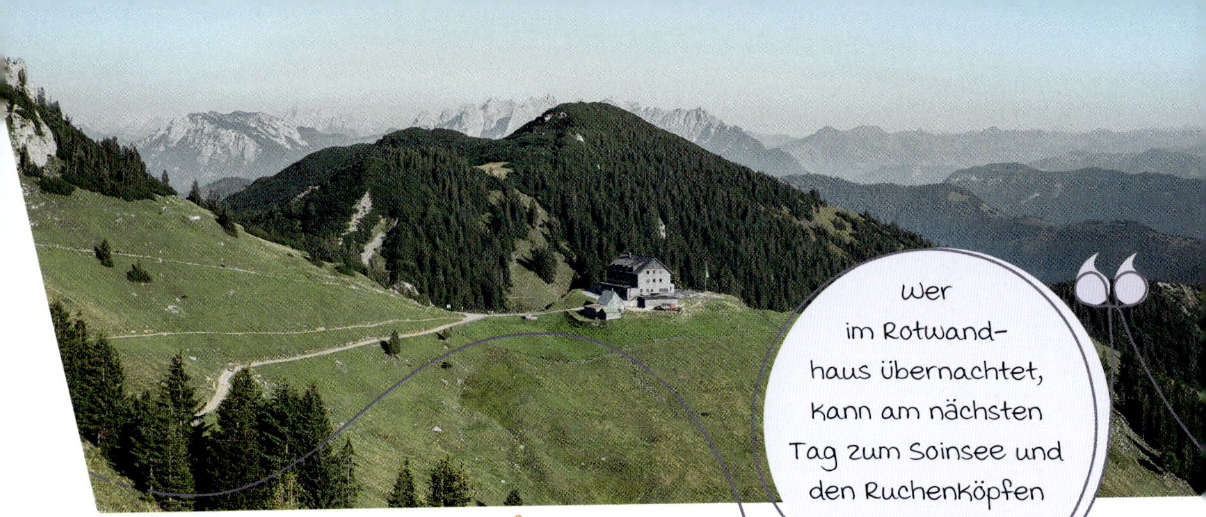

Das Rotwandhaus südlich des Gipfels

> Wer im Rotwandhaus übernachtet, kann am nächsten Tag zum Soinsee und den Ruchenköpfen wandern.

TRAUMHAFT

HÖHENRAUSCH

Ein einmaliges Erlebnis ist eine Übernachtung im Rotwandhaus. Diese ist nicht nur besonders schön gelegen, sondern auch die höchstgelegene Hütte im Mangfallgebirge.

KM 8

Wir folgen dem Gipfelweg wieder nach unten, passieren die Taubensteinbahn und gehen dieses Mal bei der Gabelung geradeaus zum Rotwandhaus, das wir bereits vor uns sehen.

5 **Beim Abstieg** machen wir Rast im Rotwandhaus. Es liegt malerisch in der Senke südlich des Rotwand-Gipfels. Von hier haben wir erneut einen tollen Ausblick – bei klarem Wetter vom Großglockner bis zur Zugspitze sowie auf das komplette Spitzingseegebiet. Auf der Sonnenterrasse verweilen wir einige Zeit, denn bei fantastischem Ausblick und leckerem Essen gibt es keinen Grund, schnell wieder abzusteigen. Experimentierfreudige können hier einen »Kraxler« probieren, ein Weißbier mit naturtrübem Apfelsaft.

KM 13

Der Aufstiegsweg ist auch unser Abstiegsweg: zunächst zurück über die ewig grünen Hügel, dann auf dem breiten Forstweg hinunter zum Spitzingsee.

6 **Da die Tour ohnehin lang ist**, nehmen wir den gleichen Weg nach unten. Kurz bevor wir wieder auf Höhe des Spitzingsees sind, kommen wir an einer tollen Aussichtsbank vorbei, von der aus wir noch einmal den letzten Blick über die Valepp-Alm genießen, bevor wir endgültig absteigen. Wem die sieben Kilometer Aufstieg reichen, der kann die Taubensteinbahn nach unten nehmen. Dafür muss man aber von der Rotwand knapp eine Stunde bis zur Bahn wandern und kann dann erst die aussichtsreiche Seilbahn nach unten nehmen.

AUF EINEN BLICK

Ausgangs-/Endpunkt Spitzingsee

Anfahrt Auto: Parkplatz Kirche am Spitzingsee, Spitzingstraße 4, Schliersee; Bahn / Bus: Mit der Bahn zum Schliersee, dann mit dem Bus 362 bis Spitzingsee Kirche

Tourencharakter Technisch einfacher breiter Weg mit mäßiger Steigung. Die Länge der Wanderung von 14 Kilometern ist nicht zu unterschätzen.

14,5 km
6:00 h
750 Hm
mittel

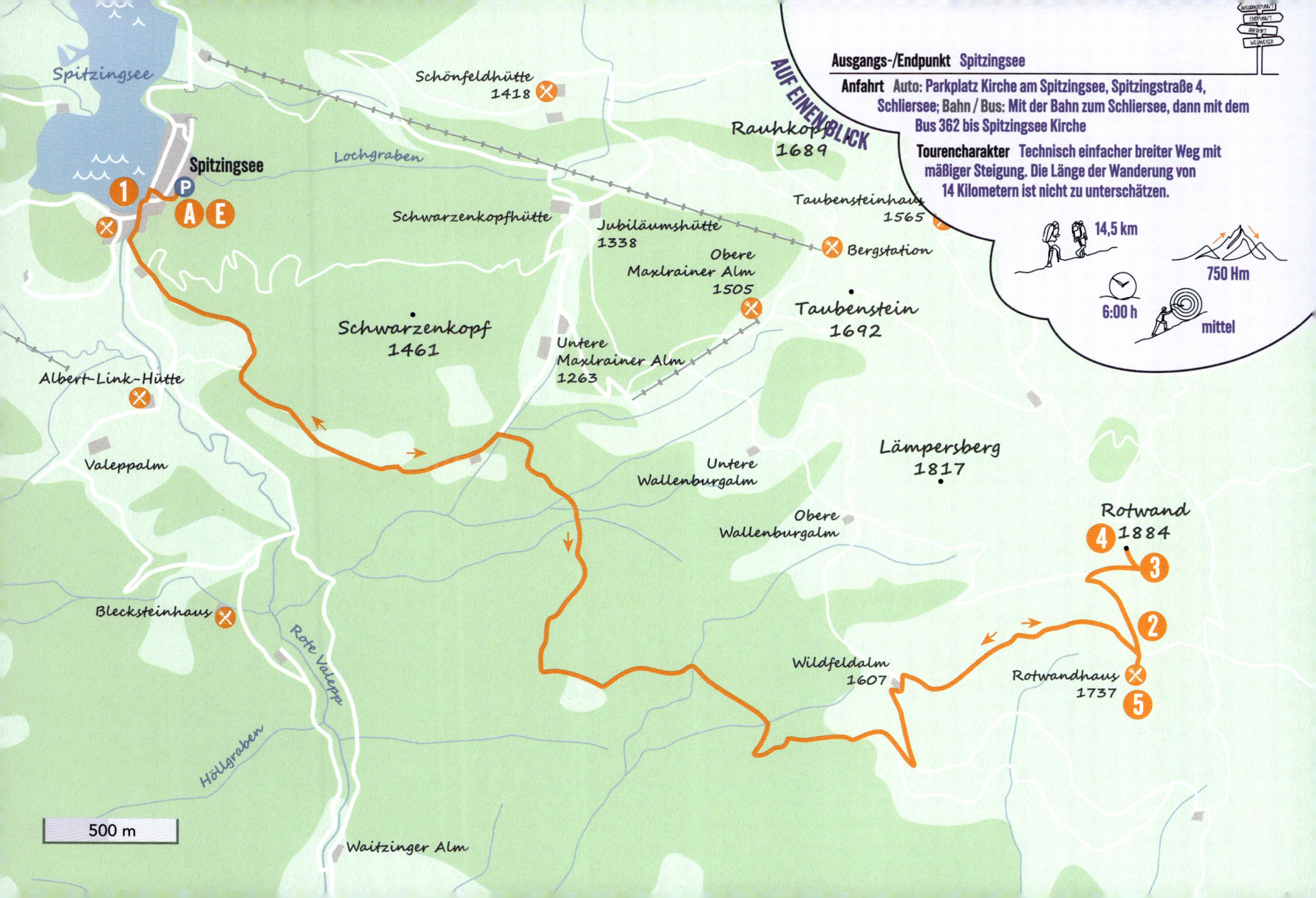

23

SOINSEE IN BAYRISCHZELL

BADEN WIE IM BILDERBUCH

Der Soinsee (1458 m) ist ein besonders schöner kleiner Bergsee, der von den majestätischen Ruchenköpfen spektakulär eingerahmt wird. Vor dieser reizvollen Kulisse erwartet uns das Highlight der Tour: der Sprung in den eiskalten See. Es geht doch nichts über das Gefühl, ein paar Züge in einmaliger Umgebung inmitten unberührter Natur zu schwimmen – zumindest im Sommer, wenn man sich danach auf den warmen Felsen rund um den See in der Sonne aufwärmen kann. Was ebenfalls für die Wanderung spricht: Der Weg ist sehr einfach und auch mit Kindern machbar. So ist man schnell am See und hat mehr Zeit zum Genießen und Entspannen. Und wer mehr Herausforderung sucht, kann den Aufstieg über die Auerspitz wählen. Dabei steigt man vom Auerspitz-Gipfelkreuz zum Soinsee hinunter und bekommt garantiert tolle Fernblicke.

KM 4

Vom Parkplatz nehmen wir die zunächst steile Forststraße hoch zum »Sillberghaus«. Diese ist ausgeschildert.

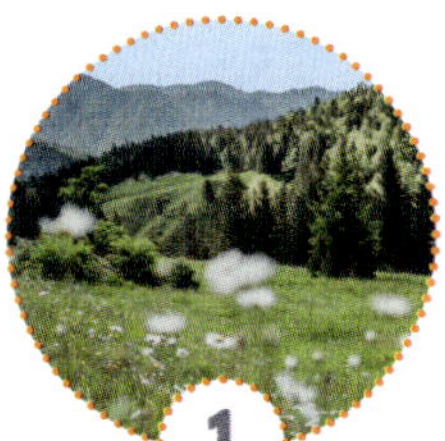

1

KM 4–5

SOINGRABEN

Breite Forststraße zu Beginn

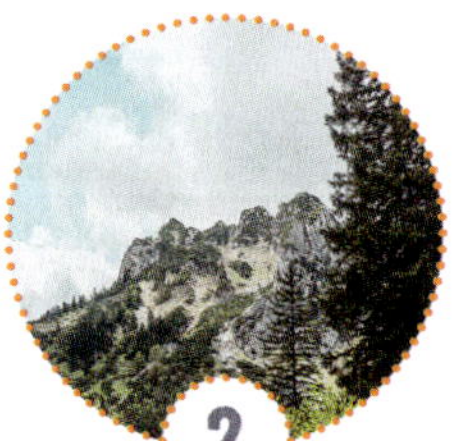

2

KM 5

BLICK AUF RUCHENKÖPFE

Das Ziel in der Ferne

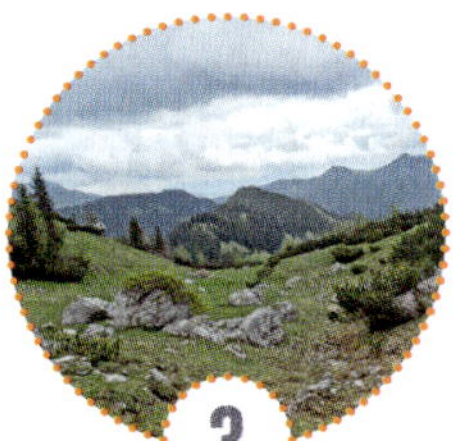

3

KM 6

WILDROMANTISCHER PFAD

Vorbei an imposanten Felswänden

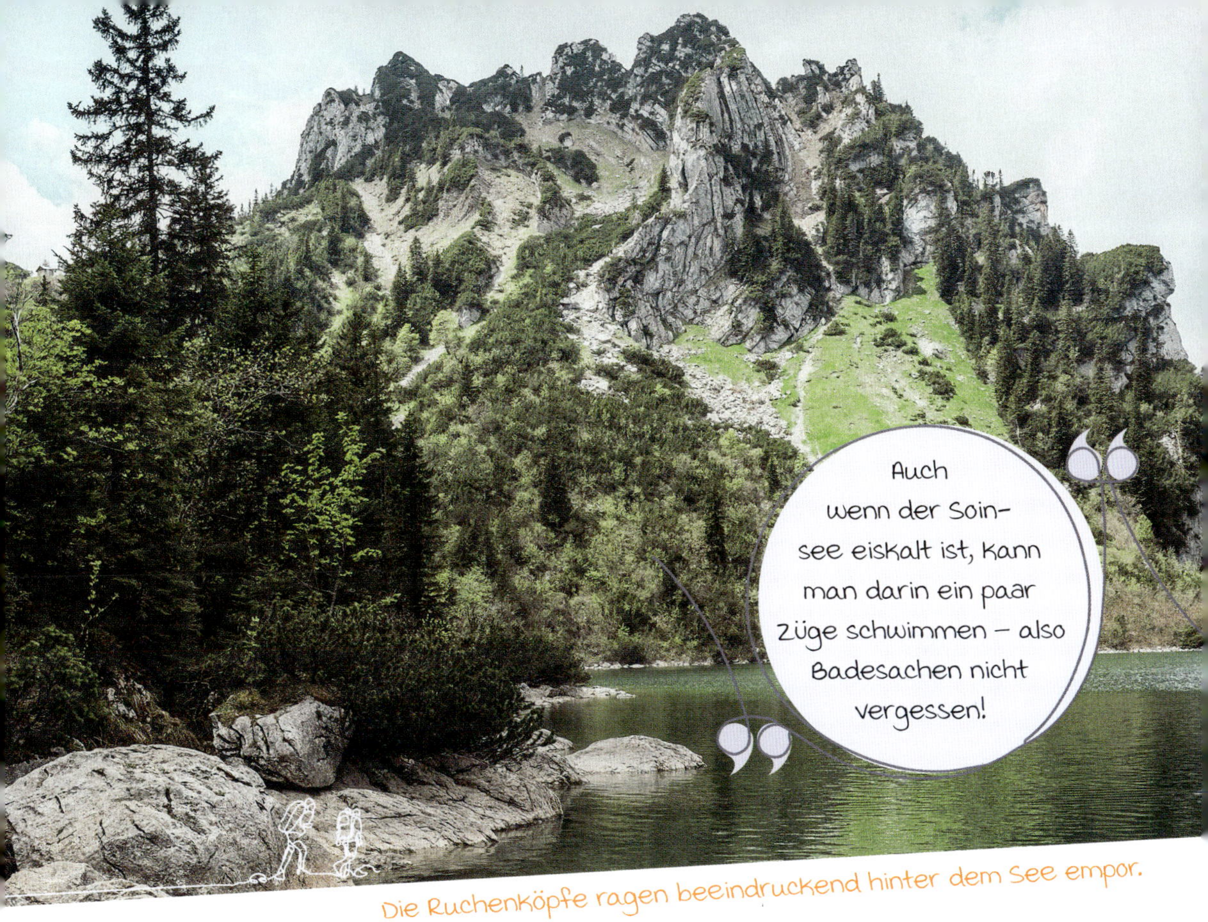

Die Ruchenköpfe ragen beeindruckend hinter dem See empor.

1 Die Wanderung startet steil, wird im späteren Verlauf dafür umso einfacher. Nach ca. 30 Minuten erreichen wir das Sillberghaus, ein Almbad, das für diverse Veranstaltungen genutzt wird. Am Wochenende kann man hier auch einkehren, was wir uns für den Abstieg aufheben. Erst die Arbeit, … ähm Wanderung, dann das Vergnügen! Die ersten 1,5 Stunden der Wanderung verlaufen auf einer breiten, nur leicht ansteigenden Forststraße durch den idyllischen Soingraben.

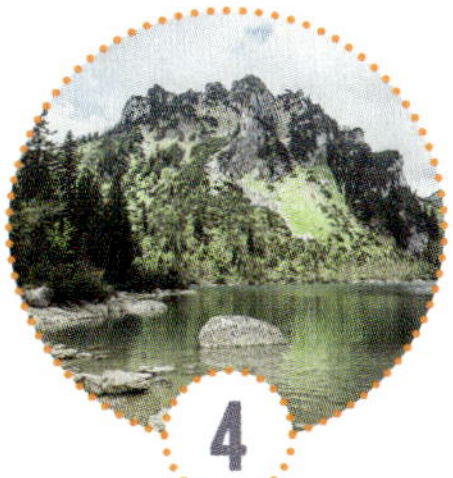
4

KM 7

SOINSEE

Ins Wasser springen und relaxen

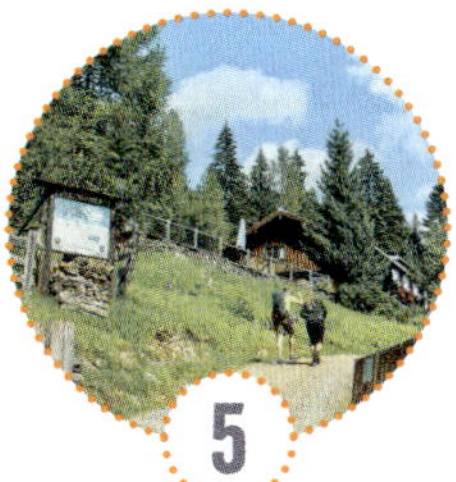
5

KM 14

SILLBERGHAUS

Hier einkehren oder in der Sportalm

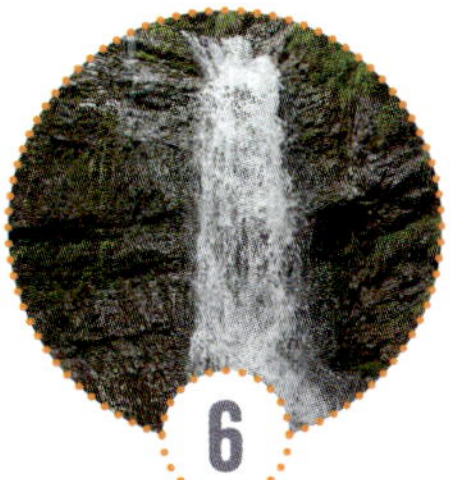
6

KM 15

WASSERFALL SILLBACH

Kleiner Abstecher unweit des Parkplatzes

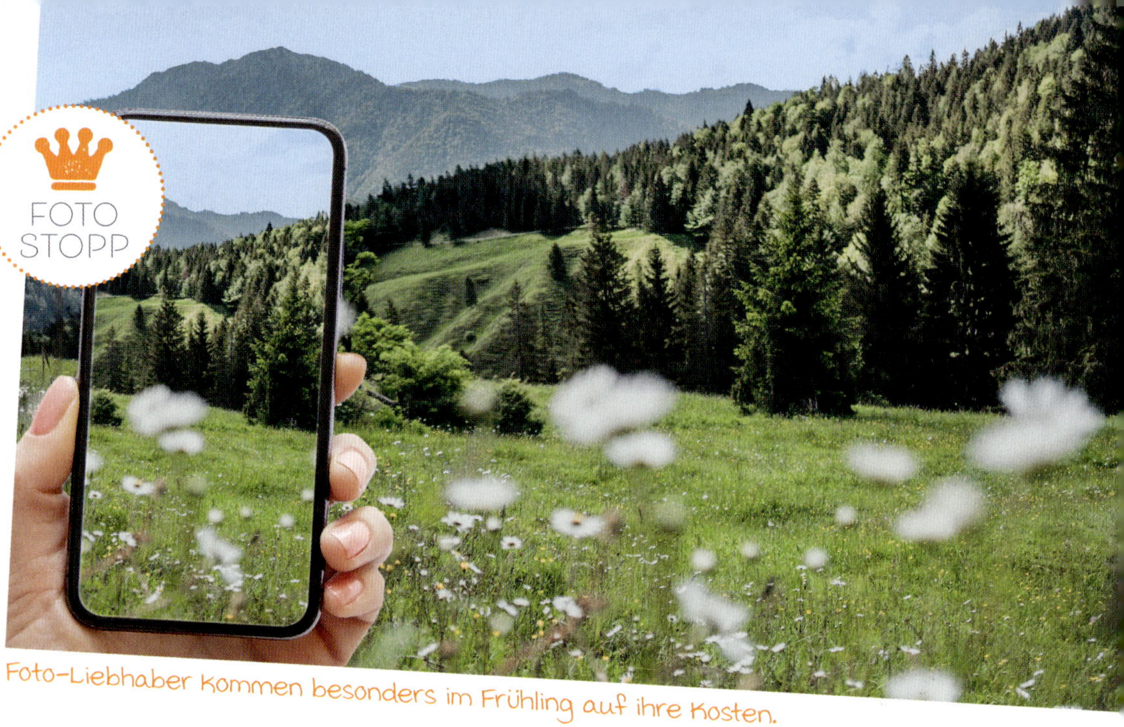

Foto-Liebhaber kommen besonders im Frühling auf ihre Kosten.

KM 5

Bei der Gabelung nach dem Sillberghaus halten wir uns rechts und folgen der Forststraße.

2 Während wir auf der leicht ansteigenden Forststraße durch den Soingraben wandern, können wir in der Ferne schon die Ruchenköpfe erspähen. Dort liegt unser Ziel. Denn der Soinsee schmiegt sich direkt an die Ruchenköpfe. Das Ziel fest im Blick wandern wir weiter. Allzu weit ist es nicht mehr, noch ca. 2 Kilometer trennen uns vom Soinsee und der wohl verdienten Erfrischung.

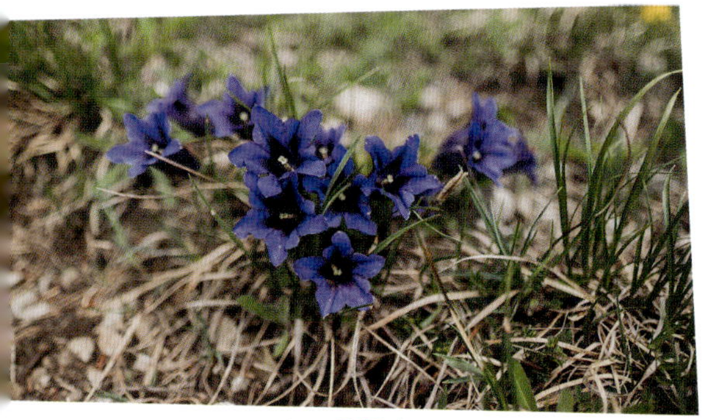

Im Frühling blüht der Enzian.

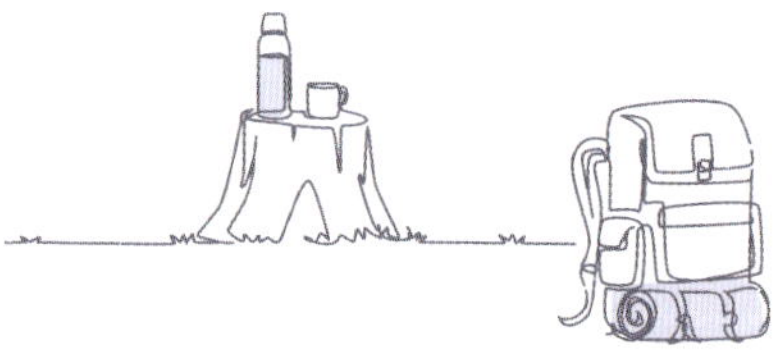

TRAUMHAFT

XXL-TORTENSTÜCK

Kuchenliebhaber kommen auf der Rückfahrt im berühmten Café Winklstüberl in Fischbachau auf ihre Kosten. Dort kann man ein überdimensionales Stück Sahnetorte schlemmen.

KM 6

Die Forststraße mündet nach ca. 6 Kilometern vom Parkplatz in einen Wanderpfad. Diesem folgen wir weiter sanft bergauf.

3 **Ein schmaler Wanderpfad** schließt sich an, der jedoch technisch stets einfach bleibt. Richtig romantisch schlängelt sich der kleine Weg durch saftig grüne Wiesen und vorbei an beeindruckenden Felsen und Felswänden. Der weitere Wegverlauf weist nur eine leichte Steigung auf und wir laufen gemütlich durch die Senke und können die Kulisse vollends genießen. Vor uns tut sich die Auerspitz auf, über die man ebenfalls zum Soinsee wandern kann.

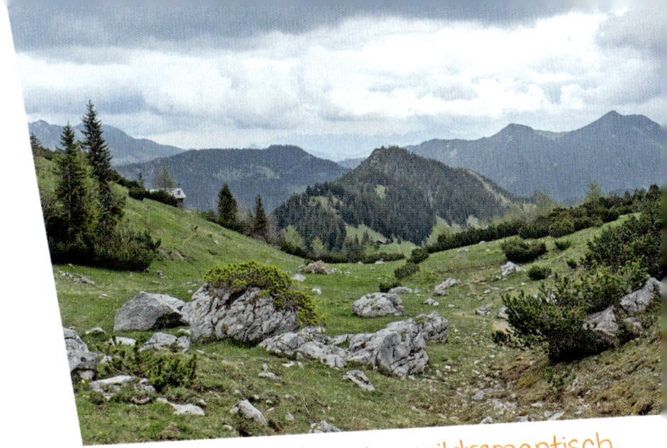

Am Ende wird der Weg wildromantisch.

KM 7

Der Wanderpfad führt uns direkt zum Soinsee.

4 **Nach einer weiteren halben Stunde** auf dem beschaulichen Wanderpfad erreichen wir schon den Soinsee. Hinter dem klaren Bergsee ragen die beeindruckenden Ruchenköpfe in die Höhe. Mutige können sich im eiskalten See erfrischen oder auch nur die Füße abkühlen. Mit der mitgebrachten Brotzeit könnten wir Stunden am windstillen Seeufer verbringen und die Sonne und die Natur genießen, an denen man immer wieder stehen bleiben möchte, um sie zu bestaunen. Da das Ziel schon fast erreicht ist, lassen wir uns auf diesem Abschnitt besonders viel Zeit und genießen die Schönheit des Wegs.

Imposante Felswände zieren den Weg.

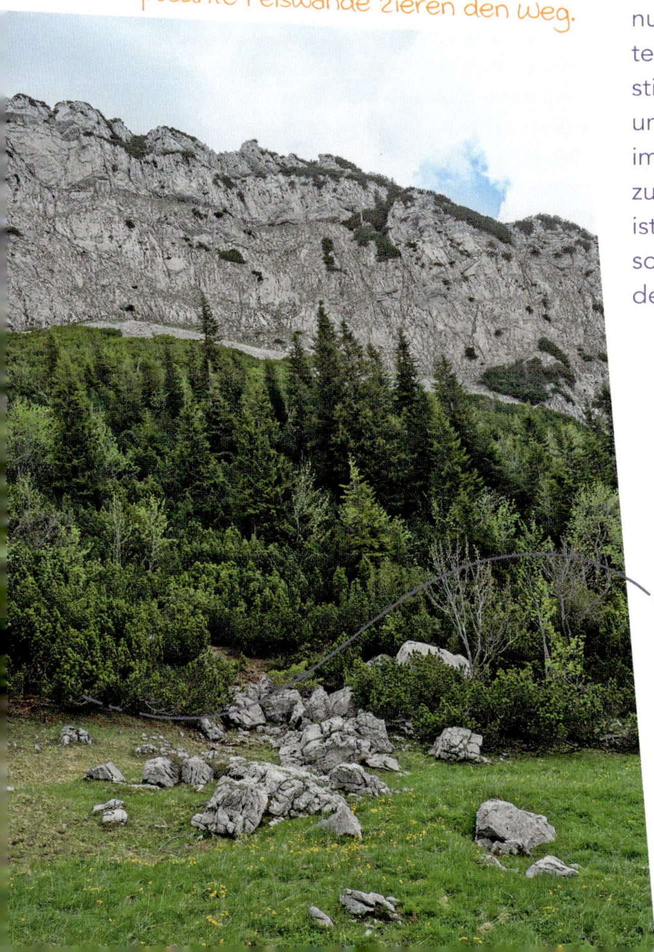

Für das eindrucksvolle felsige Ende der Tour sollte man etwas Zeit zum Staunen und Genießen einplanen.

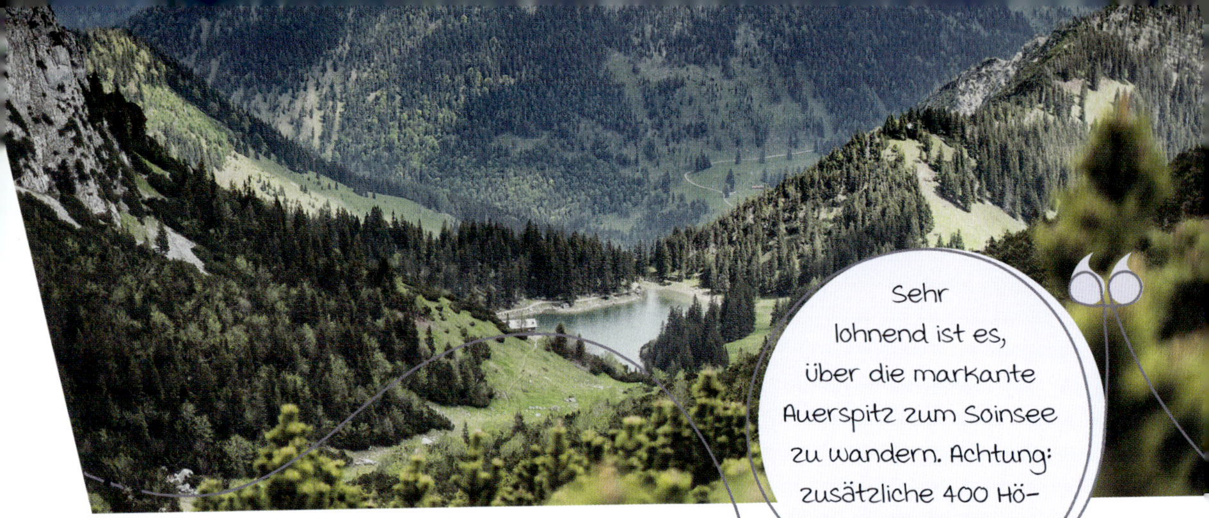

Der Soinsee von der Auerspitz aus

> Sehr lohnend ist es, über die markante Auerspitz zum Soinsee zu wandern. Achtung: zusätzliche 400 Höhenmeter!

TRAUMHAFT

DOPPELTER GENUSS

Die Tour lässt sich mit der Rotwand (S. 146) kombinieren: man reist mit dem Bus an, steigt zur Rotwand auf, übernachtet im Rotwandhaus und steigt an Tag zwei über den Soinsee ab.

KM 14

Der Abstieg erfolgt über den gleichen Weg auf dem urigen Pfad und später der breiten, einfachen Forststraße bis zurück zum Parkplatz.

5 **Der Abstieg geht flott** aufgrund der Einfachheit des Weges und so sind wir in knapp 1,5 Stunden schon zurück am Parkplatz. Einkehren kann man auf dem Rückweg im Sillberghaus, das jedoch nur am Wochenende und an Feiertagen für Tagesgäste geöffnet hat. Am besten versichert man sich vor der Wanderung auf der Webseite des Sillberghauses, ob man an diesem Tag einkehren kann. Von dort ist es dann noch eine gute halbe Stunde bis zum Parkplatz. Alternativ kann man bei der Rückfahrt in der Sportalm am Ortsrand von Bayrischzell einkehren, die bei den meisten direkt auf dem Heimweg liegen wird.

KM 15

Vom Parkplatz gehen wir auf dem Weg, der am Sillbach Richtung Süden führt, bis zum Wasserfall.

6 **Am Ende der Wanderung** wartet ein weiterer kleiner Höhepunkt auf uns, der den Abstecher wert und nur 700 Meter vom Parkplatz entfernt ist. Wir können ihn schon von Weitem sehen und hören: In einem idyllischen Wandstück schießt der Sillbach-Wasserfall aus dem Felsen einige Meter nach unten und plätschert dann gemächlich weiter – was für ein gelungener Abschluss! Hier kann man die Beine erfrischen, die Schuhe sauber machen und den Nachmittag ausklingen lassen oder nur einen kleinen Abstecher machen.

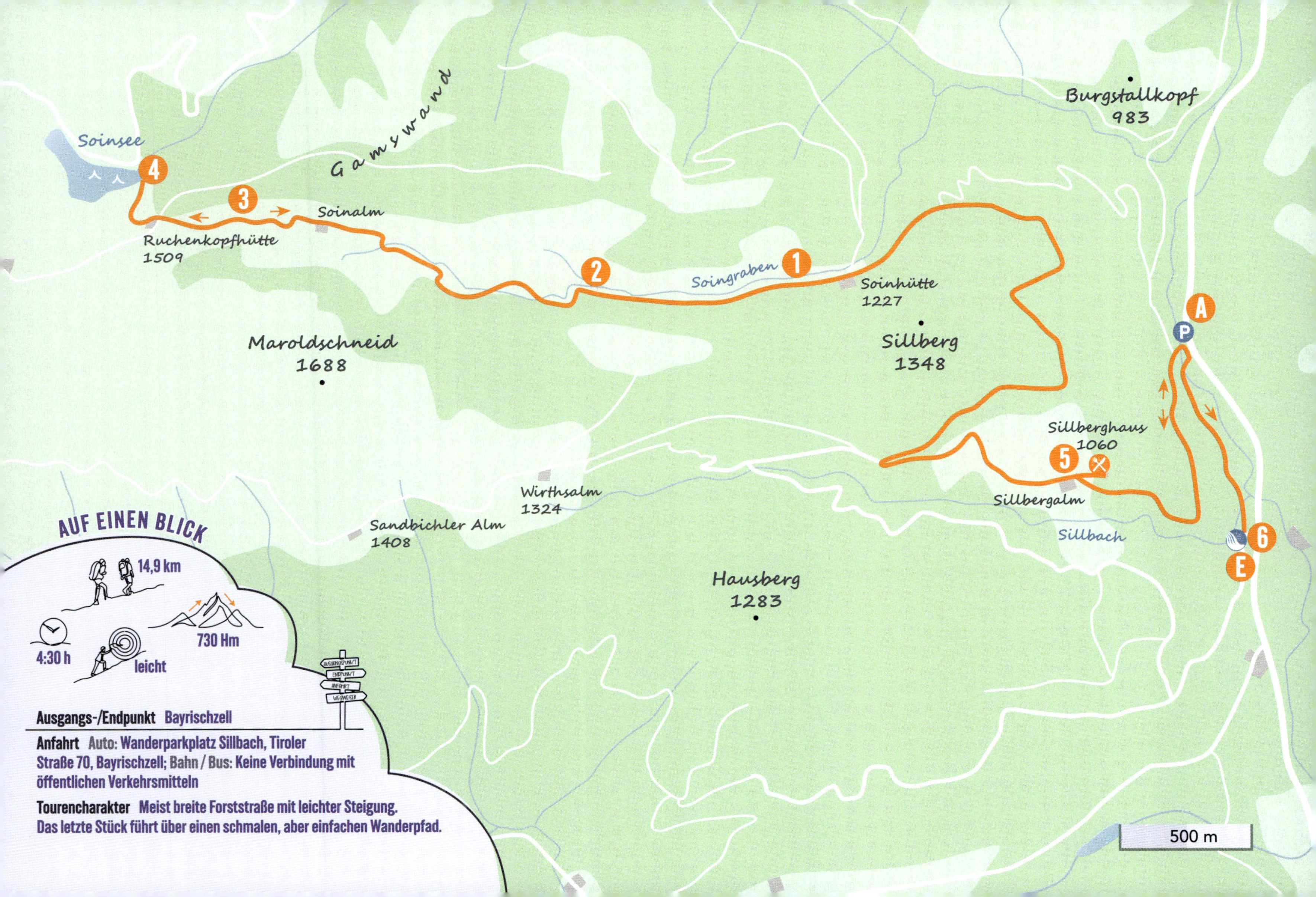

AUF EINEN BLICK

14,9 km

4:30 h

leicht

730 Hm

Ausgangs-/Endpunkt Bayrischzell

Anfahrt Auto: Wanderparkplatz Sillbach, Tiroler Straße 70, Bayrischzell; Bahn / Bus: Keine Verbindung mit öffentlichen Verkehrsmitteln

Tourencharakter Meist breite Forststraße mit leichter Steigung. Das letzte Stück führt über einen schmalen, aber einfachen Wanderpfad.

24

GROSSER UND KLEINER TRAITHEN

GIPFELGENUSS NAHE SUDELFELD

Bergfeeling pur kommt bei dieser Tour gleich dreifach auf: Denn zwei Gipfel, der Kleine Traithen (1723 m) und Große Traithen (1854 m), sowie ein Einsteiger-Grat sind hier geboten. Das Besondere: Man startet bereits auf 1412 Metern bei der Walleralm im Oberen Sudelfeld und kommt somit in einmalige Höhen mit grandiosen Ausblicken – auf exakt 1845 Meter, was höher als der Wendelstein ist. Mit ihrer moderaten Steigung und den gerade einmal 500 Höhenmetern ist diese Wanderung ein echtes Highlight. Das Sudelfeld ist vor allem als Skigebiet bekannt, weshalb es viele Wanderer außer Acht lassen. Allein ist man hier zwar nicht unterwegs, aber es ist eine ruhigere Ecke der bayerischen Voralpen. Achtung: Bei nassen Wetterverhältnissen ist die Tour nicht zu empfehlen.

KM 1

Dem steilen Schotterweg, der rechts von der Walleralm hinaufführt, folgen wir. Bei der Bergstation des Sesselliftes halten wir uns links und gehen weiter auf dem schmalen Wanderpfad.

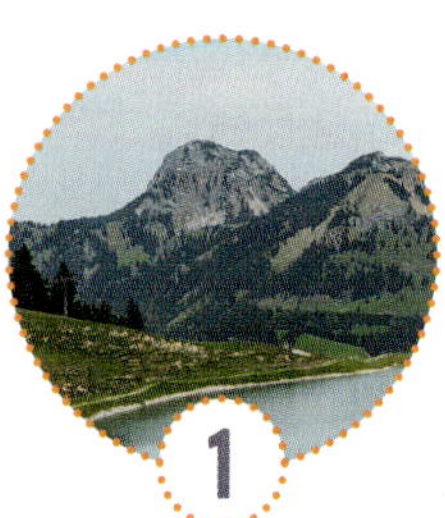

KM 1

BLICK AUF DEN WENDELSTEIN

Start mit Aussicht

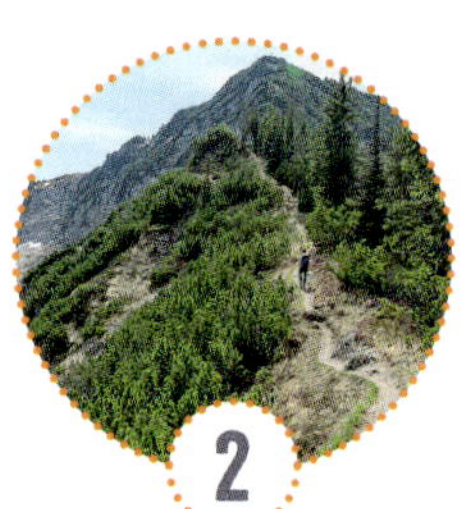

KM 2

GIPFELPFAD

Die anstrengendste Etappe

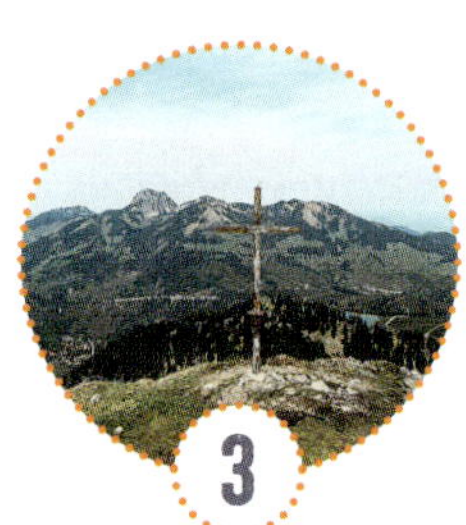

KM 2

KLEINER TRAITHEN

Erster Gipfel, erster Rundumblick

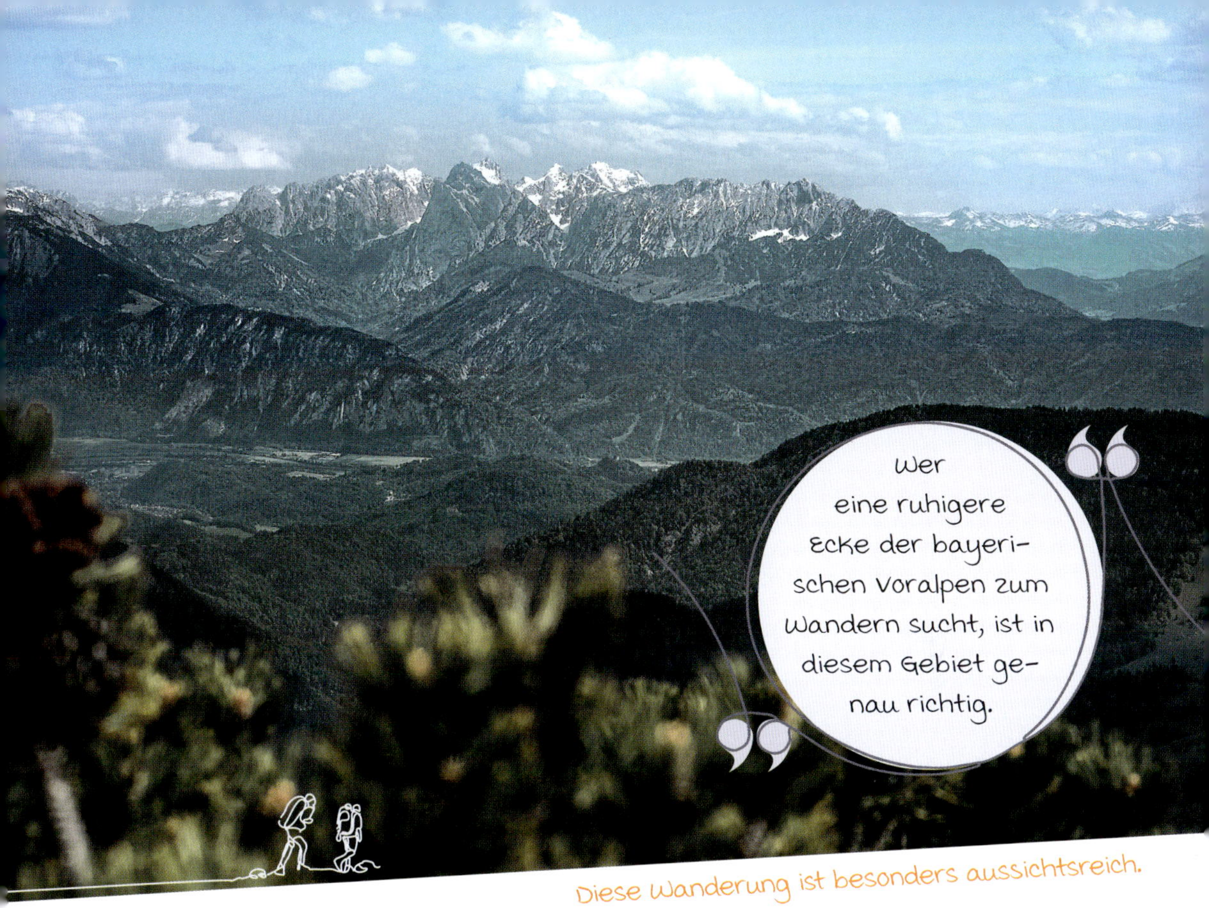

Diese Wanderung ist besonders aussichtsreich.

1 Sportlich geht es los – dafür haben wir nach wenigen Metern schon einen herrlichen Ausblick auf den kleinen Stausee und die umliegenden Berge des Sudelfelds und sogar den Wendelstein. Im Süden können wir bereits das Gipfelkreuz des Großen Traithen erspähen. Der Weg führt nun durch Latschenkiefern immer weiter nach oben bis zum Vogelsang, einem kleinen Gipfel, den wir ganz nebenbei mitnehmen. Die Aussicht von hier gibt uns schon einen kleinen Vorgeschmack auf das, was noch kommen wird.

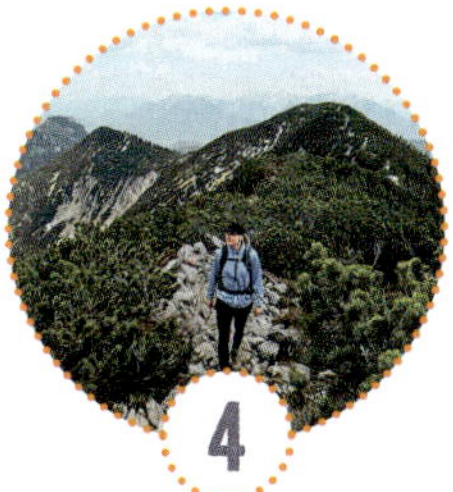

KM 3

GROSSER TRAITHEN

Aussichtsreicher Grat zum Gipfel

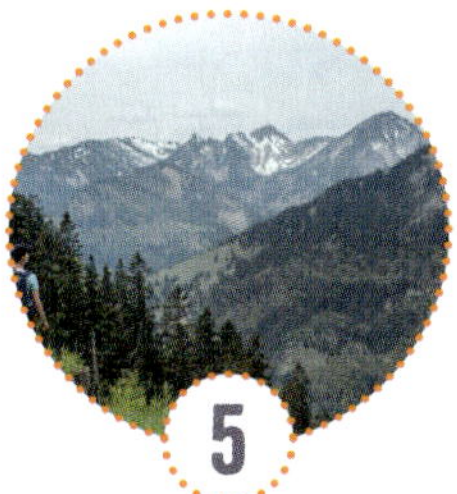

KM 4

FELLALMSATTEL

Abstieg durch idyllische Landschaft

KM 6

WALLERALM ODER SPECKALM

Zeit für eine Stärkung

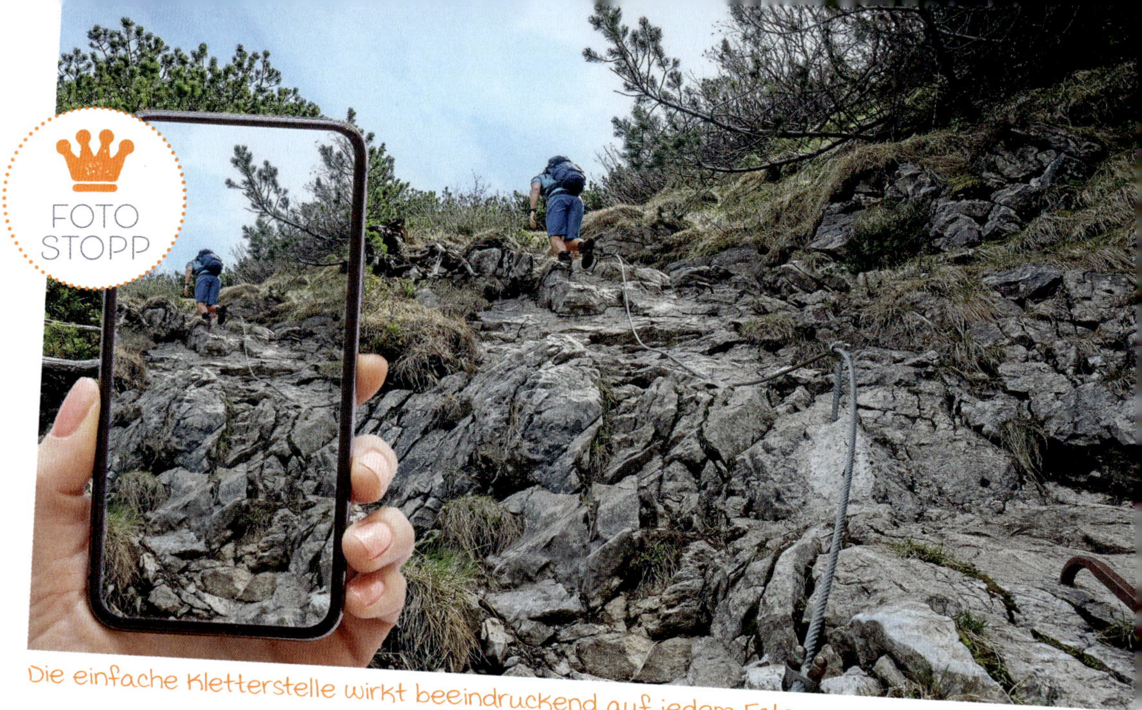

Die einfache Kletterstelle wirkt beeindruckend auf jedem Foto.

KM 2

Wir folgen weiter dem schmalen Wanderpfad, der sich zunächst nach oben schlängelt, später fast schnurstracks verläuft.

2 **Der Weg wird schmaler** und teilweise geht es steil nach unten. Für diesen Teil sollte man unbedingt schwindelfrei sein. Nach ca. 30 Minuten haben wir einen wunderbaren Blick auf den weiteren Wegverlauf. Geradewegs nach oben führt uns der Steig zwischen den Latschenkiefern hindurch bis zum Kleinen Traithen. Aber keine Angst, der Pfad sieht spektakulärer aus, als er ist. Eigentlich ist er ziemlich breit und stets von dichten Latschenkiefern gesäumt. Aus diesem Grund fühlt er sich nicht abschüssig an und ist für jeden machbar. Der Pfad führt geradewegs hoch zum Kleinen Traithen, zunächst über Stock und Stein. Dann werden die Felsbrocken größer und an manchen Stellen braucht man alle viere oder das Drahtseil als Hilfe.

i-TÜPFELCHEN

TRAUM-START

Warum die Tour nicht mit einem leckeren Frühstück oder Cappuccino auf der aussichtsreichen Terrasse der Walleralm einläuten? Für die extra Energie in 1412 Metern Höhe!

KM 2

Der einzige Wanderpfad weit und breit führt uns weiter geradeaus zum Gipfel des Kleinen Traithen.

3 Nach schweißtreibendem Endspurt haben wir das schön verschnörkelte Gipfelkreuz des Kleinen Traithen erreicht und einen tollen Rundumblick auf die gegenüberliegenden Berge, auf Bayrischzell als dem Ausgangspunkt der Wanderung sowie auf den Großen Traithen und die folgenden Gipfel, wie das Unterberger und das Steilner Joch. Diesen herrlichen Blick genießen wir gebührend und stärken uns für die weiteren 130 Höhenmeter, den Endspurt zum Großen Traithen. Glücklicherweise haben wir den anstrengendsten Teil, die Kletterei zum kleinen Traithen, bereits geschafft.

Auf dem Weg zum Großen Traithen

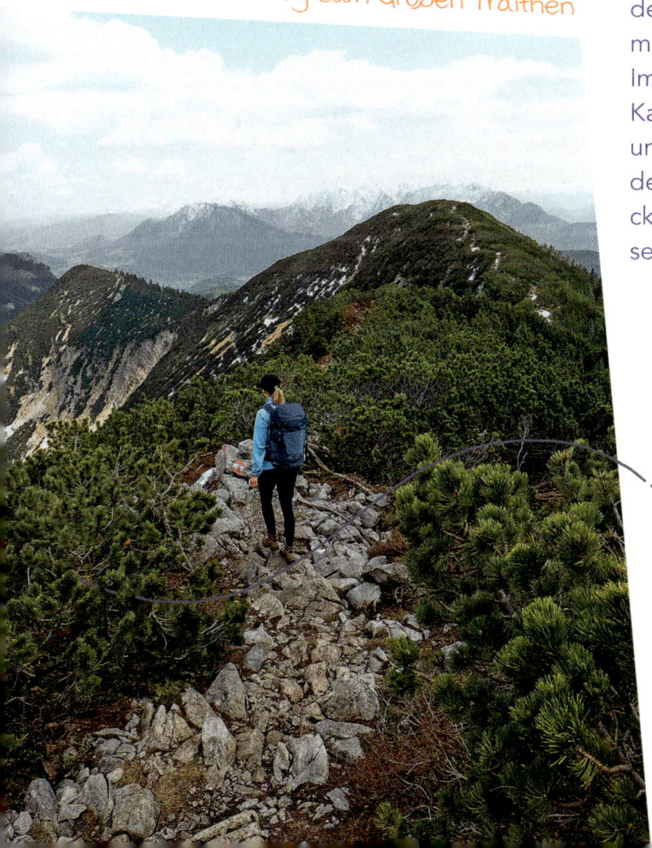

KM 3

Wir folgen dem Wanderpfad weiter Richtung Süden. Am Fellalmsattel geht's geradeaus weiter, den Schildern Richtung »Großer Traithen« folgend, bis wir nach ca. 45 Minuten den Gipfel erreichen.

4 Ein einfacher Pfad führt uns zum nächsten Gipfel und zu unserem Tagesziel, dem Großen Traithen. Schweißtreibend wird es aber trotzdem, gerade an heißen Sommertagen, denn es gibt hier oben keinen Schatten mehr. Es geht zunächst bergab, dann über den Fellalmsattel. Der Endspurt zum Gipfel wird nochmal steil und anstrengend. Der schöne Gratweg mit unendlichen Aussichten, schon bevor man das Gipfelkreuz erreicht hat, macht die Anstrengungen sehr lohnend. Und die erneute 360-Grad-Aussicht entschädigt direkt dafür. Nun gilt es erst einmal, das Bergpanorama in alle Richtungen zu bestaunen. Vor uns sehen wir den Kleinen Traithen und wie viele Höhenmeter wir von dort nochmal geschafft haben. Im Südosten erstreckt sich das mächtige Kaisergebirge auf der österreichischen Seite und in der Ferne können wir im Süden sogar den Wendelstein und den Hochriss entdecken. Wow, solch eine Fernsicht hat man nur selten!

Das aussichtsreiche Highlight ist neben den Gipfeln der Kamm zwischen dem Kleinen und dem Großen Traithen.

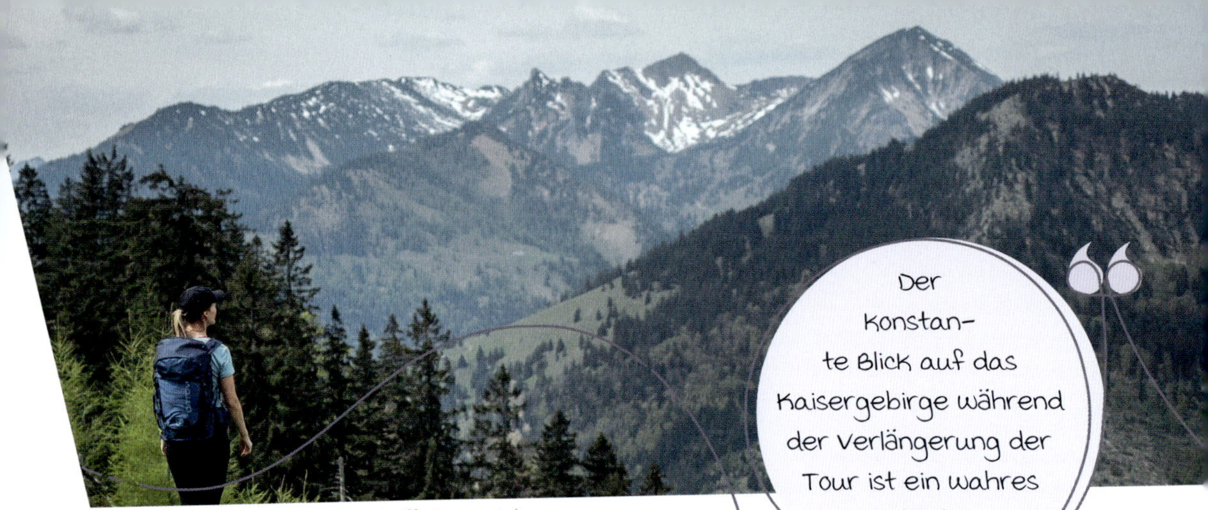

Der Blick reicht bis nach Österreich.

Der Konstante Blick auf das Kaisergebirge während der Verlängerung der Tour ist ein wahres Highlight.

TRAUMHAFT

NOCH MEHR GIPFEL

Wer noch Ausdauer und Brotzeit für 2 weitere Stunden hat, kann die Tour über das Unterberg Joch und Steilner Joch verlängern – ein Traumpfad mit phänomenalem Ausblick non-stop.

KM 4

Für den Abstieg nehmen wir zunächst den Aufstiegsweg zurück. Am Fellalmsattel beim Schild »Rosengasse« halten wir uns links und nehmen den unbeschilderten Pfad.

5 **Für den Abstieg** umgehen wir den Kleinen Traithen. Der Abstiegsweg ist zwar zunächst ein schmaler Pfad, jedoch gut angelegt und mäßig bergab führend. Dann geht es nochmal kurz bergauf und schließlich immer weiter nach unten bis zum Ausgangspunkt der Wanderung. Wir folgen stets den Schildern zum »Sudelfeld«. Die Landschaft bleibt weiterhin richtig idyllisch und wir genießen die letzten Schritte. Begleitet werden wir bis zum Schluss von einem tollen Fernblick auf die gegenüberliegenden Berge.

KM 6

Der Wanderweg bringt uns bis zurück zum Parkplatz, wo sich gleich zwei Einkehrmöglichkeiten befinden. Beide sind eine gute Wahl und sorgen für ein Highlight zum Schluss.

6 **Höchste Zeit für eine Stärkung**, finden wir. Diese kann man in der Walleralm oder Speckalm, wo wir geparkt haben, zu sich nehmen. Aufgrund der Höhe speist man hier mit schönstem Bergpanorama! Auf der Walleralm kann man sich auf der Sonnenterrasse mit Blick auf den Wendelstein und das Kaisergebirge stärken. Jeden Mittwoch ist im Sommer zudem Grillabend, bei dem Fleischesser ebenso wie Vegetarier auf ihre Kosten kommen. Auf der Speckalm, wie sollte es anders sein, wird man mit hausgemachten »Speck-zialitäten« und Traunsteiner Bier verwöhnt.

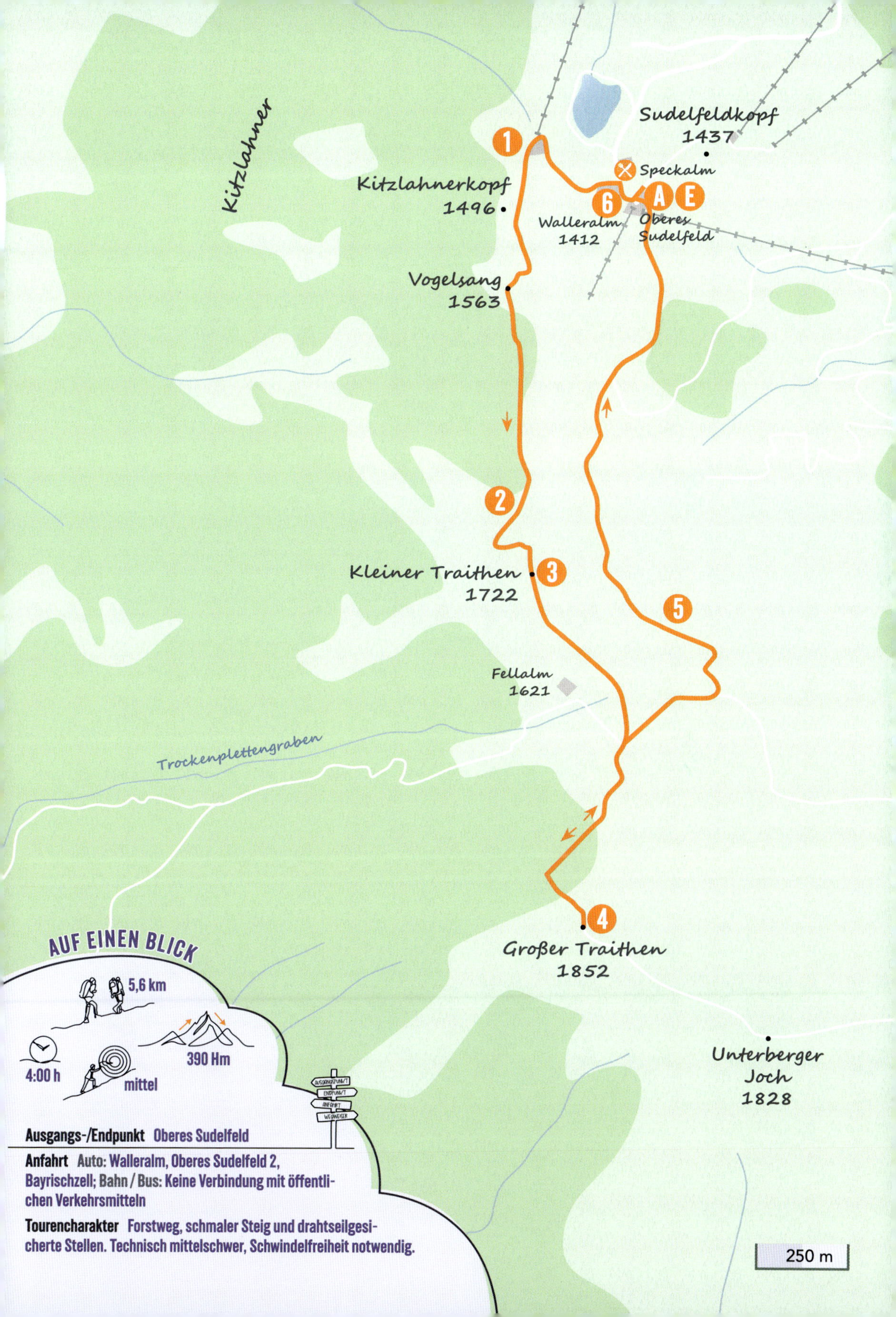

AUF EINEN BLICK

5,6 km

4:00 h

390 Hm

mittel

Ausgangs-/Endpunkt Oberes Sudelfeld

Anfahrt Auto: Walleralm, Oberes Sudelfeld 2, Bayrischzell; Bahn / Bus: Keine Verbindung mit öffentlichen Verkehrsmitteln

Tourencharakter Forstweg, schmaler Steig und drahtseilgesicherte Stellen. Technisch mittelschwer, Schwindelfreiheit notwendig.

25

BRÜNNSTEIN NAHE SUDELFELD

EXPONIERT UND SPEKTAKULÄR

Der Brünnstein (1619 m) ist ein sehr exponierter Gipfel im Mangfallgebirge nahe dem Sudelfeld. Seine spektakuläre Lage hat er seinem Kalkgipfel zu verdanken, der im Norden dramatisch steil ins Tal abfällt. Da sich diese Tour am äußersten Rand der bayerischen Voralpen befindet, ist sie weniger besucht als manch andere Wanderungen. Obendrein ist sie sehr idyllisch und aussichtsreich und bis auf die kleine drahtseilgesicherte Stelle am Ende einfach zu meistern. Für eine ordentliche Stärkung unterhalb des Gipfels sorgt das schöne Brünnsteinhaus, das ganzjährig bewirtschaftet ist. Die Wanderung startet am Gasthof Rosengasse, der bereits auf 1100 Metern liegt. So bringt man bei der Anfahrt schon einige Höhenmeter hinter sich und kommt bei mittlerer Anstrengung am Ende auf 1619 Meter.

KM 1 – 3

Vom Parkplatz in Oberaudorf aus folgen wir der breiten Schotterstraße, die direkt steil nach oben geht, und weiter der Beschilderung Richtung »Brünnsteinhaus«.

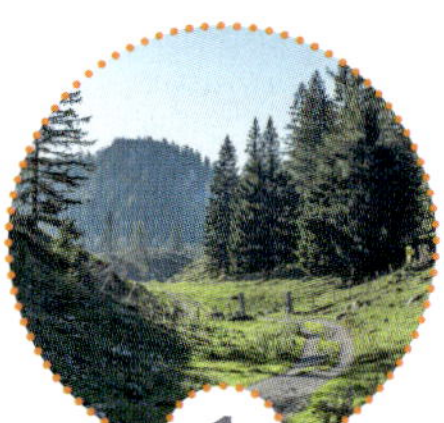

1

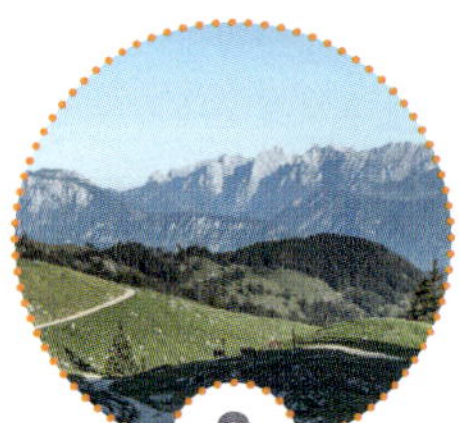

2

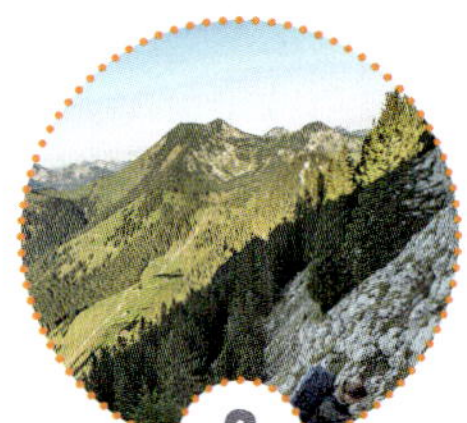

3

KM 1 – 3

KUHWEIDEN

Steig durch abgeholzten Lärchenwald

KM 5

BLICK AUF KAISERGEBIRGE

Einfacher Aufstieg vorbei am Brünnsteinhaus

KM 6

DRAHTSEILGESICHERTER GIPFELWEG

Es geht hoch hinauf

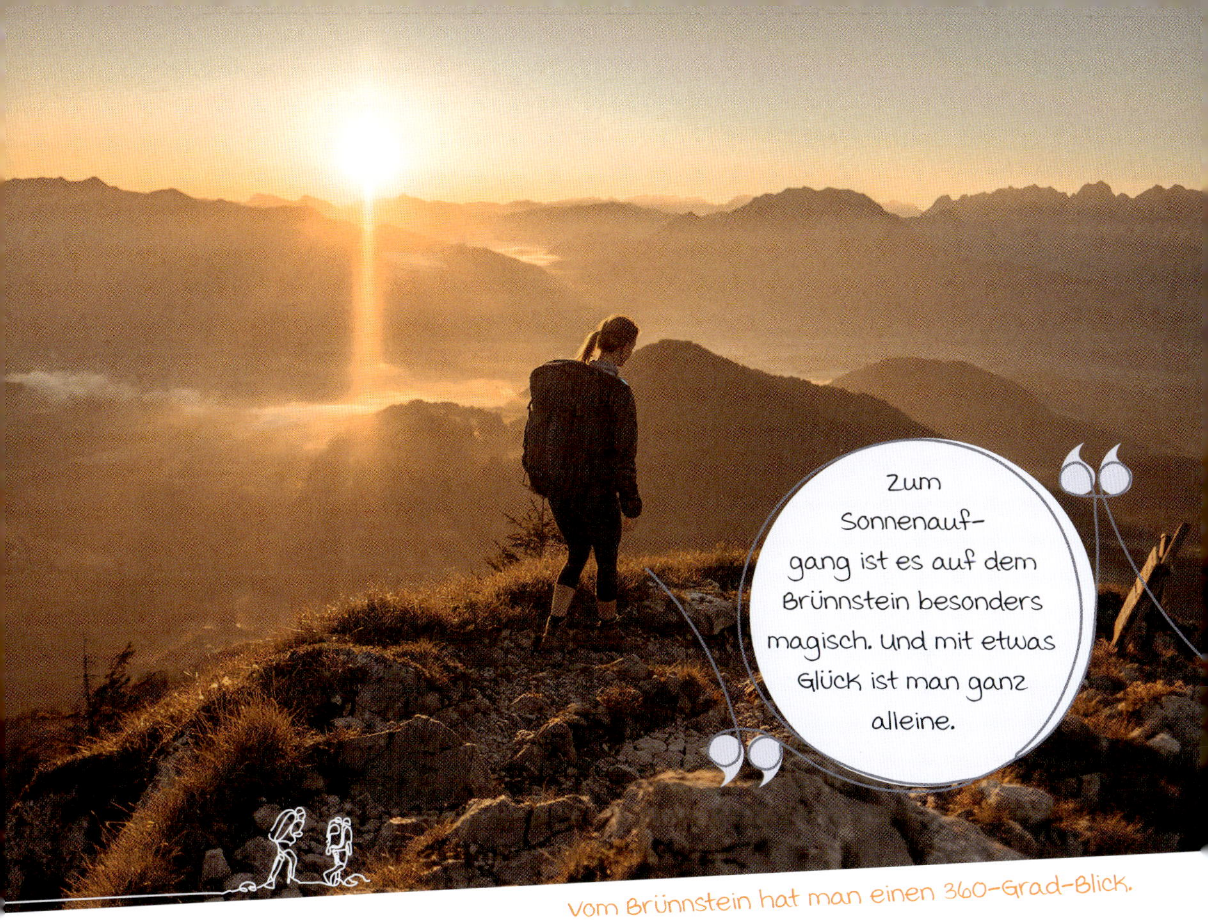

Vom Brünnstein hat man einen 360-Grad-Blick.

1 **Der Anfang der Wanderung** ist richtig idyllisch. Wir folgen stets einem schmalen, aber technisch einfachen Steig, der über saftig grüne Wiesenhänge und vorbei an Kuhweiden führt. Dabei werden wir immer begleitet von wehenden Farnen im Wind, dem melodischen Klang der Kuhglocken und tollen Ausblicken auf das Tal. Leider wurde hier der ehemalige Lärchenwald stark abgeholzt, was 2019 zu einem Aufschrei in der Region und sogar bei der Bayerischen Staatsregierung führte.

4

KM 6

BRÜNNSTEIN

Phänomenaler 360-Grad-Blick

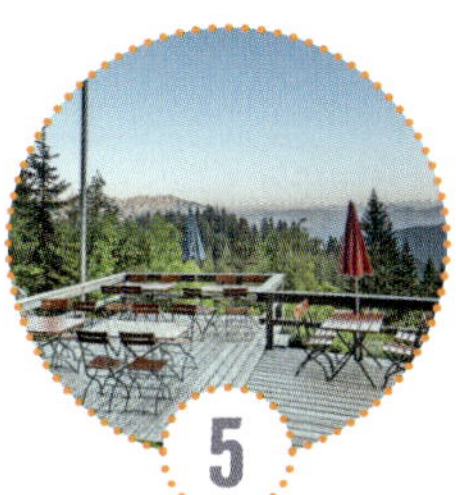

5

KM 6

BRÜNNSTEINHAUS

Sonnenterrasse mit Blick auf das Kaisergebirge

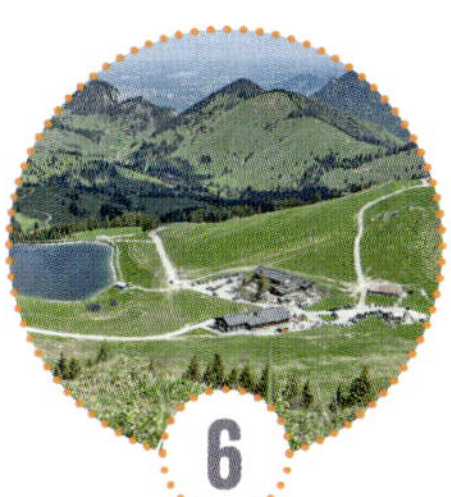

6

KM 11

ROSENGASSE

Auf einen Cappu vor der Heimfahrt

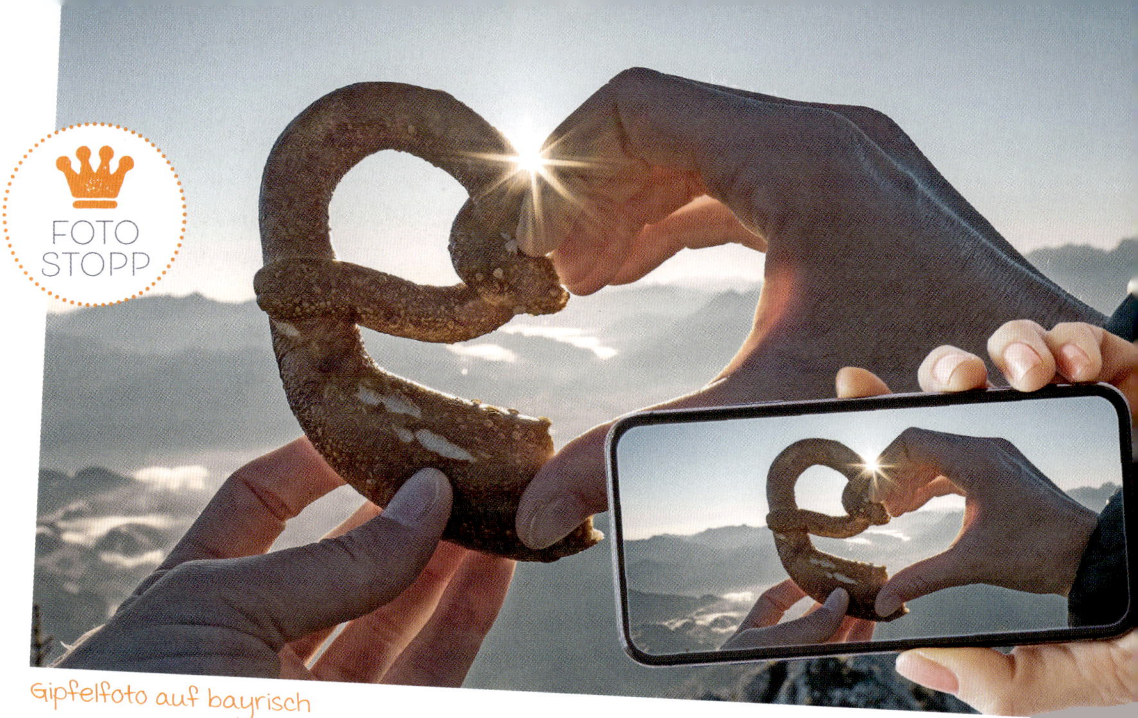

Gipfelfoto auf bayrisch

KM 5

Bei der Himmelmoosalm halten wir uns links und folgen dem kleinen Pfad in der Wiese. Achtung, die Abzweigung ist leicht zu übersehen!

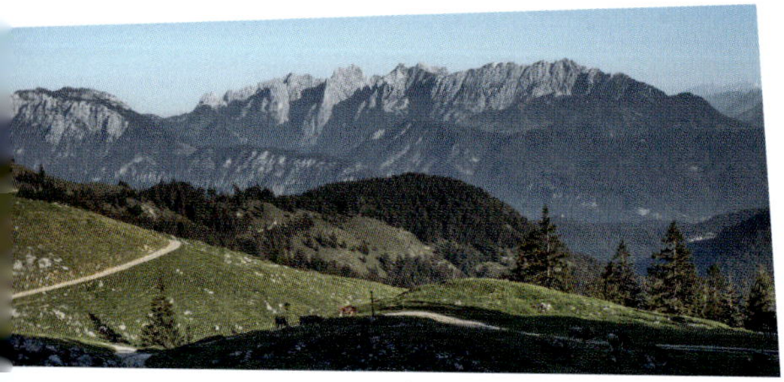

Der Wilde Kaiser beim Aufstieg.

2 **Nach ca. 1,5 Stunden** kommen wir an der privaten Himmelmoosalm an, von der aus man einen fantastischen Blick auf das Kaisergebirge hat. Hier muss man sich entscheiden, ob man erst im Brünnsteinhaus einkehren oder erst den Gipfel erklimmen möchte. Wir entscheiden uns für den Gipfel. Der kleine Pfad, der in der Wiese Richtung Wald führt, ist fast zu übersehen. Gott sei Dank macht ein gelbes Schild mitten in der Wiese darauf aufmerksam. Wer sich für das Brünnsteinhaus entscheidet, folgt der Forststraße, die sich als wahrer Panoramaweg entpuppt. Das beeindruckende Kaisergebirge mit dem Wilden Kaiser hat man bis zum Brünnsteinhaus fest im Blick.

TRAUMHAFT

WINTERSPAß

Im Winter kann man im Brünnsteinhaus Schlitten ausleihen und eine 5,2 Kilometer lange Strecke nach unten rodeln. Achtung, dafür muss man von Kiefersfelden aufsteigen.

KM 6

Immer weiter folgen wir dem schmalen Pfad, der sich durch den Wald hinauf schlängelt. Am Ende kommt ein kurzes Kletterstück.

3 **45 Minuten** haben wir von der Abzweigung an der Himmelmoosalm noch vor uns. Nachdem wir den Wald hinter uns gelassen haben und der Blick auf die Umgebung frei wird, können wir schon die steil nach oben ragende Felsspitze und die Gipfelkapelle des Brünnsteins sehen. Diese Felsspitze gilt es nun noch zu erklimmen. Ein Drahtseil gibt den Weg vor und wir müssen über große Felsen nach oben steigen. Mit Hilfe des Drahtseils und den Händen können wir dies jedoch gut meistern – es ist keine Klettererfahrung erforderlich.

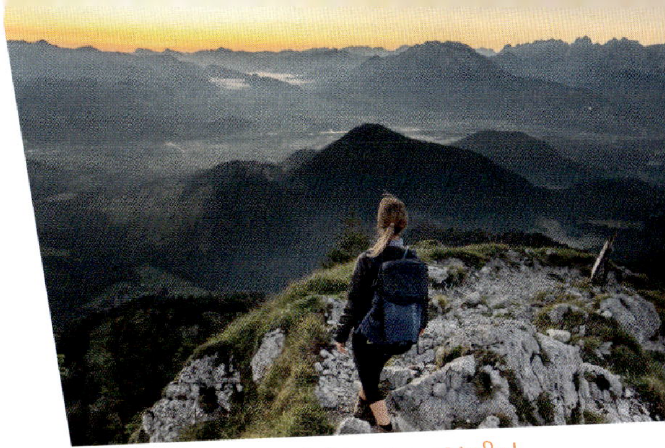

Blick Richtung Süden vom Gipfel

KM 6

Das kurze Kletterstück bringt uns zur Brünnstein-Kapelle und dem Gipfelareal.

4 **Am Gipfel** mit der kleinen Kapelle angekommen, werden wir mit einem einmaligen Rundumblick auf die umliegenden Berge belohnt. Besonders beeindruckend ist die Sicht Richtung Süden auf den Wilden Kaiser und das Kaisergebirge. Unbedingt zu empfehlen ist es, nach der Kapelle noch ein paar Schritte weiterzugehen, denn erst dann eröffnet sich der volle 360-Grad-Blick – wow! Die schöne Kapelle wurde 1862 »zu Ehren unserer Lieben Frau zu Oberaudorf, der Schutzpatronin des Tales und des Dorfes« erbaut. Wer etwas zum Erhalt der Kapelle beitragen möchte, kann eine Spende einwerfen.

Der steile Felsgipfel des Brünnsteins

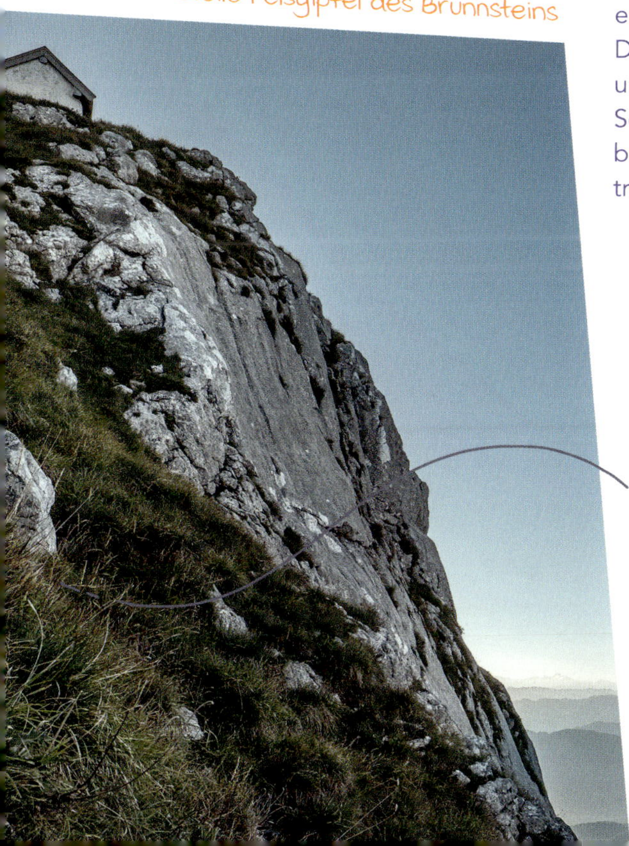

Kurz unterhalb des markanten und aussichtsreichen Brünnsteingipfels zeigt sich, wie spektakulär dieser abfällt.

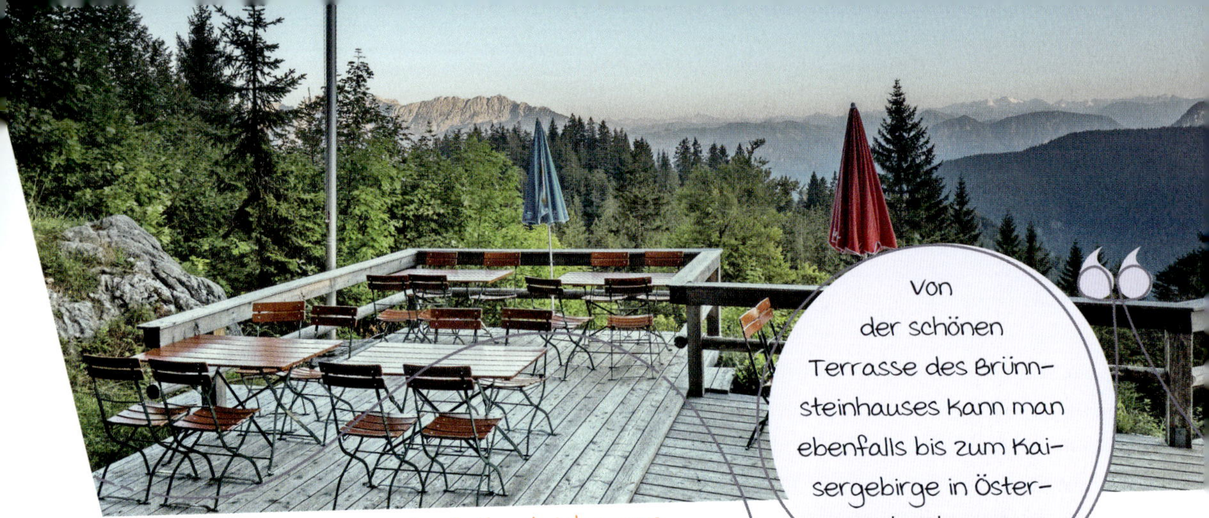

Die idyllische Terrasse des Brünnsteinhauses

> Von der schönen Terrasse des Brünnsteinhauses kann man ebenfalls bis zum Kaisergebirge in Österreich schauen.

TRAUMHAFT

ÜBERNACHTEN

Das Brünnsteinhaus ist eine besonders gepflegte Hütte des Deutschen Alpenvereins mit großzügigen Zimmern. Außer dem Matratzenlager gibt es auch drei Doppelzimmer.

KM 6

Nach unten geht es wieder am Drahtseil entlang. Dann biegen wir im Wald links zum Brünnsteinhaus ab.

5 Für den Abstieg haben wir nun mehrere Optionen. So gibt es den einmaligen, aber sehr anspruchsvollen Julius-Mayr-Weg, der als Klettersteig ausgewiesen ist, und spektakulär über die Felskuppe nach unten geht. Dieser sollte nur von geübten, schwindelfreien und trittsicheren Wanderern oder mit Klettersteigset bestiegen werden. Wir wählen lieber den Aufstiegsweg und steigen gemütlich zum Brünnsteinhaus ab. Von der Terrasse haben wir erneut einen tollen Blick auf die Alpen und den Wilden Kaiser, den wir bei deftiger Hausmannskost in vollen Zügen genießen. Für die kleinen Gäste gibt es sogar einen Spielplatz mit Schaukel und Wippen.

KM 11

Vom Brünnsteinhaus folgen wir der breiten Forststraße und biegen rechts ab. Der Weg führt uns bis zur Himmelmoosalm, wo wir wieder auf den Aufstiegsweg treffen.

6 Wir folgen den Schildern Richtung »Rosengasse«. Der verbleibende Weg ist technisch einfach und wir wandern gemütlich in 2 Stunden zurück zum Parkplatz. Wer nicht im Brünnsteinhaus eingekehrt ist, hat die Möglichkeit dazu im idyllisch gelegenen Gasthaus Rosengasse am Parkplatz. Da wir uns immer noch auf 1100 m befinden, hat man selbst vom Parkplatz einen wundervollen Ausblick auf die umliegenden Berge. Deswegen lassen wir den Nachmittag bei einem Cappuccino auf der Terrasse des Gasthauses ausklingen.

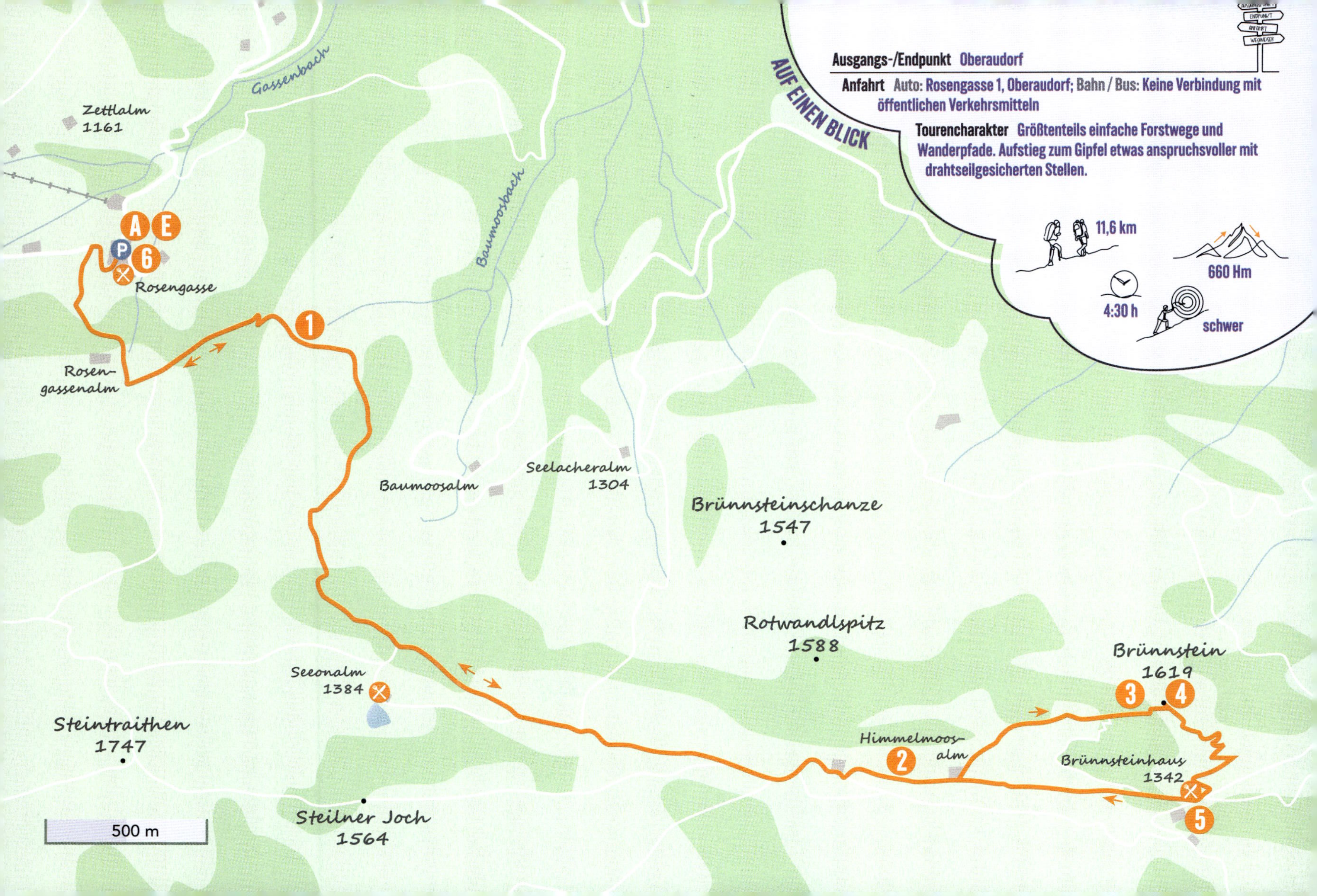
AUF EINEN BLICK
Ausgangs-/Endpunkt Oberaudorf
Anfahrt Auto: Rosengasse 1, Oberaudorf; Bahn / Bus: Keine Verbindung mit öffentlichen Verkehrsmitteln
Tourencharakter Größtenteils einfache Forstwege und Wanderpfade. Aufstieg zum Gipfel etwas anspruchsvoller mit drahtseilgesicherten Stellen.
11,6 km
660 Hm
4:30 h
schwer
Gassenbach
Zettlalm 1161
Rosengasse
Rosengassenalm
Baumoosbach
Baumoosalm
Seelacheralm 1304
Brünnsteinschanze 1547
Rotwandlspitz 1588
Seeonalm 1384
Steintraithen 1747
Steilner Joch 1564
Himmelmoosalm
Brünnstein 1619
Brünnsteinhaus 1342
500 m

NACHHALTIGKEITSKODEX

Die Welt birgt viele Wunder, Abenteuer und spektakuläre Aussichten, die wir gerne erkunden möchten. Doch sie ist auch leicht aus dem Gleichgewicht zu bringen. Hier ein paar Tipps, wie wir unsere Welt nachhaltig entdecken können:

- **Die Hauptsaison meiden:** Wenn wir nicht auf die Ferienzeiten angewiesen sind, können wir der Umwelt einen großen Gefallen tun, indem wir in der Nebensaison verreisen. Damit tragen wir zu einer gleichmäßigeren Auslastung der Umwelt und der Infrastruktur bei, und der Urlaub wird zudem auch noch wesentlich entspannter.
- **Auf umweltschonende Verkehrsmittel setzen:** Wo möglich, reisen wir mit öffentlichen Verkehrsmitteln an. Das reduziert nicht nur die Luftverschmutzung, sondern schont auch unsere Nerven. Falls das mal nicht geht, helfen verschiedenste Plattformen dabei, den CO_2-Austoß auszugleichen, vor allem, wenn das gewünschte Reiseziel nur mit dem Flugzeug zu erreichen ist.
- **Nur dort parken und campen, wo es erlaubt ist:** Selbst wenn wir uns noch so vorbildlich verhalten und unseren Aufenthaltsort so zurücklassen, wie wir ihn vorgefunden haben, stören wir den Lebensraum von Wildtieren und hinterlassen Spuren und Gerüche. Auch Lagerfeuer entzünden wir ausschließlich an den dafür vorgesehenen Stellen und achten dabei auf Waldbrandstufen und Naturschutzgebiete.
- **Ressourcen gewissenhaft nutzen:** Manche Umweltressourcen sind bereits knapp, endlich sind auf jeden Fall alle. Um sie zu schonen, sollten wir sparsam mit ihnen umgehen, gerade in Gegenden, in denen zum Beispiel Wasser oder Strom nicht im Überfluss vorhanden sind.
- **Ein guter Gast sein:** Nachhaltig unsere Umgebung zu erkunden bedeutet auch, der hiesigen Flora und Fauna mit Respekt zu begegnen. Pflanzen sollten auf keinen Fall gepflückt werden, aber sie stehen bestimmt gerne Modell für das eine oder andere Foto. Das Gleiche gilt für wilde Tiere: Wir füttern sie nicht, halten Abstand und beobachten sie aus der Ferne.
- **Auf den Wegen bleiben:** Wer die vorgegebenen Wege verlässt, dringt nicht nur in die Rückzugsräume heimischer Arten ein, sondern trägt auch dazu bei, dass sich neue Wege bilden, was zur Erosion des Bodens führt.
- **Abfall wieder mitnehmen:** Plastikverpackungen, Dosen, Flaschen und Papiertaschentücher (es dauert Jahre, bis sie vollständig abgebaut sind!) gehören nicht in die Natur, sondern entsorgt. Am besten gleich eine wiederverwendbare Brotdose oder Trinkflasche mitnehmen.
- **Lokal kaufen:** Dadurch lernen wir Land und Leute besser kennen und unterstützen die regionale Wirtschaft. Außerdem sind regionale Produkte meist günstiger und hochwertiger.
- **Respektvoller Umgang:** Ein respektvolles Miteinander sollte stets unser Motto sein. Es tut nicht weh, einander zu grüßen und sich entgegenkommend zu verhalten. So haben Wanderer auf schmalen Wegen stets Vorrang. Bei Gegenverkehr gilt in steilem Gelände immer: Wer abfährt, hält an. So lassen sich die Wunder der Natur gemeinsam genießen.

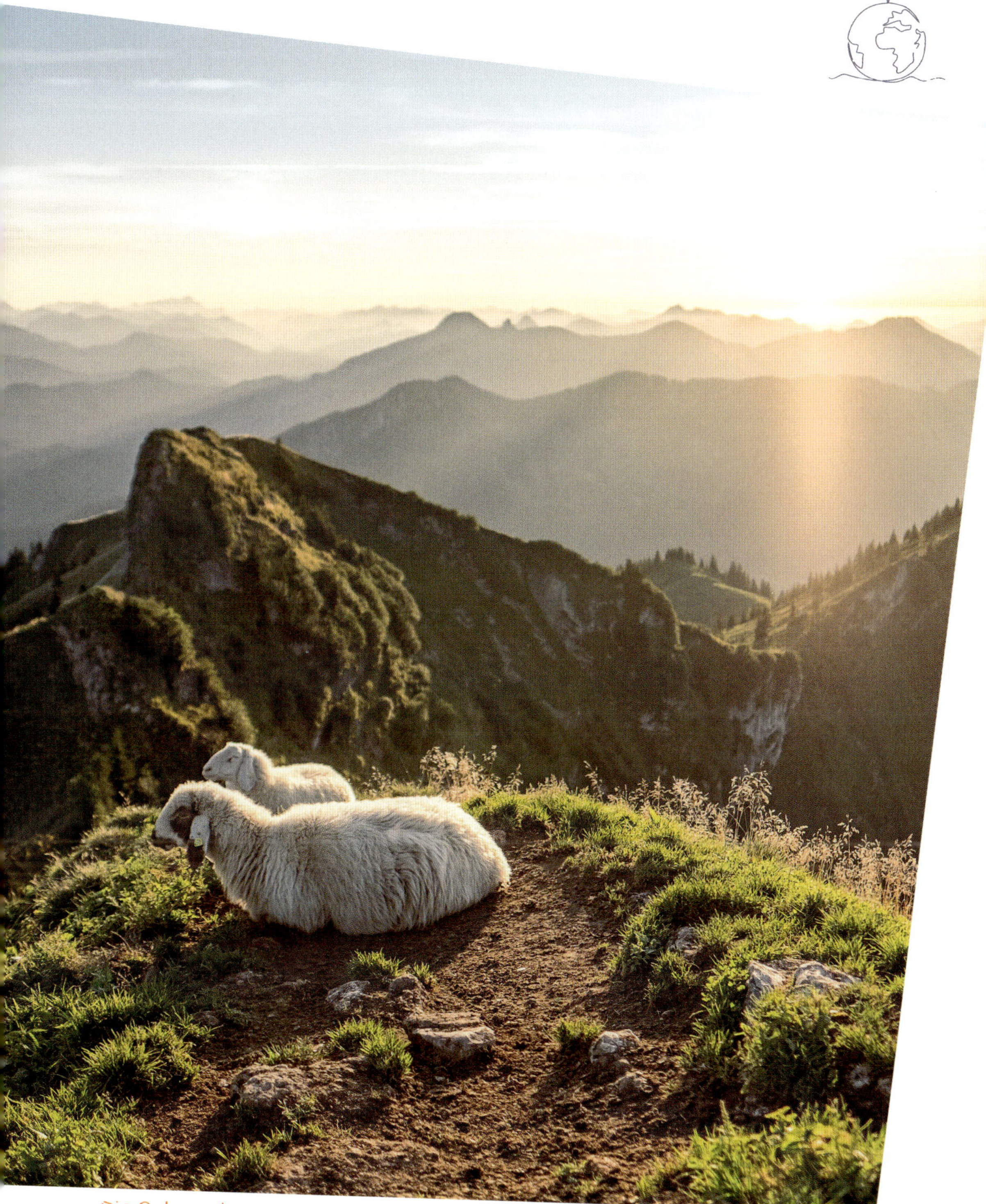

Die Rotwand am Spitzingsee zum Sonnenuntergang

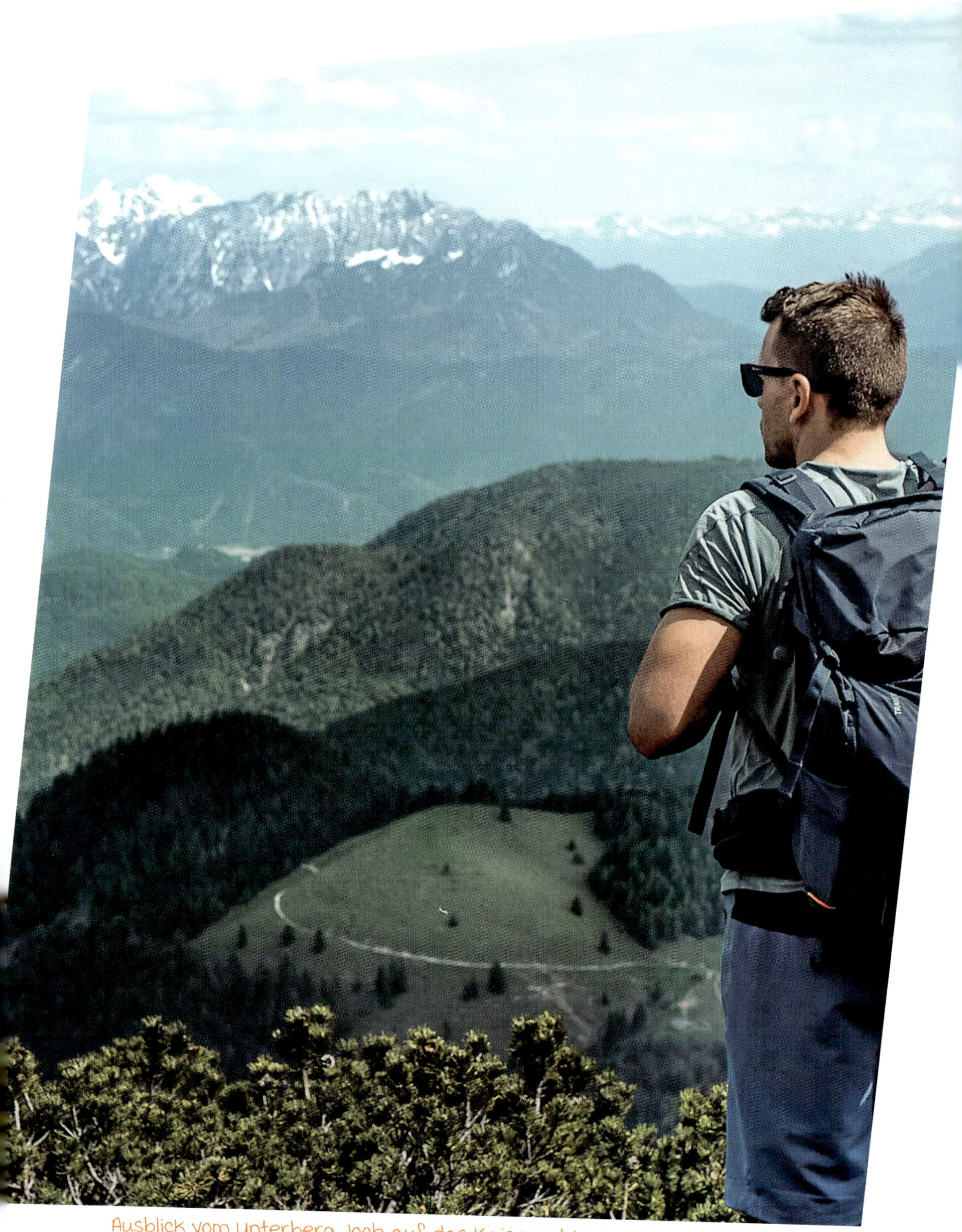

Ausblick vom Unterberg Joch auf das Kaisergebirge

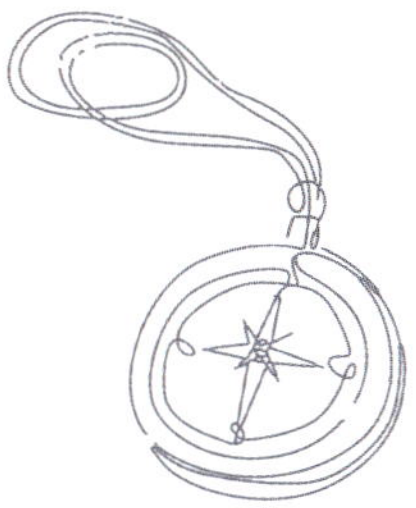

GPS-TRACKS

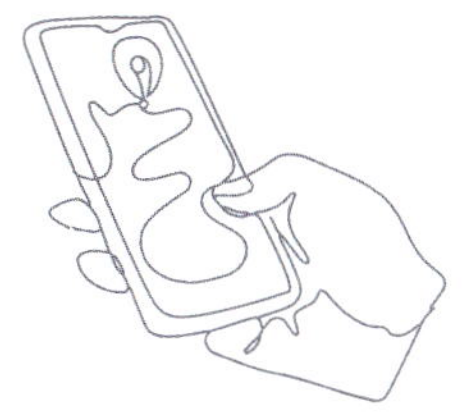

Was sind GPS-Tracks?

GPS-Tracks sind in vielerlei Hinsicht eine ideale Ergänzung für Deine Wanderung oder Radtour und vereinfachen die Navigation im Gelände. Es handelt sich um GPS-Koordinaten, die innerhalb einer Datei als Wegstrecke gespeichert sind und in eine beliebige App auf dem Smartphone (z. B. Komoot, Kompass-App, Outdooractive) importiert werden können. Anschließend kannst Du mithilfe Deines persönlichen GPS-Standorts den Wegverlauf über eine Karte verfolgen – und gelangst ohne Probleme an Dein Ziel.

Wie funktioniert der Download?

Am einfachsten gelangst Du mithilfe der ISBN dieses Buches zum Datendownload. Die Nummer findest Du in der Regel rechts unten auf der Rückseite des Buches, beginnend mit 9783.

Öffne nun den Verlagshaus24-Shop (verlagshaus24.de) und suche im Suchfeld nach der ISBN. **Wichtig: Eingabe der ISBN ohne Bindestriche!**

Bei Deinem Tourenführer angelangt, befindet sich unter dem Buchcover der Reiter »Downloads«, bei dem Du den GPS-Datendownload auswählen kannst.

Danach musst Du noch ein Passwort eingeben, welches Du dem Buch entnehmen kannst (Hinweis dazu auf der Website).

Wenn Du das richtige Passwort eingegeben hast, startet in vielen Fällen der Download automatisch. Der Download kann jedoch auch mit einem Klick auf »Download manuell starten« eingeleitet werden.

Als Datei erhältst Du nun einen Zip-Ordner, welcher die einzelnen Touren enthält. Bevor Du diese verwendest, musst Du den Ordner noch entpacken. Das machst Du am besten direkt auf dem Gerät, auf dem Du sie nutzen willst. Anschließend kannst Du die einzelnen GPS-Tracks in eine beliebige Outdoor-App importieren. Deiner Wanderung steht nun nichts mehr im Wege!

Aber Achtung: Folge nie einfach nur blind den Daten, das kann gefährlich werden. Beurteile trotzdem immer das Gelände vor Ort auch selbst und nimm Rücksicht auf die Umweltbedingungen. Und: Versichere Dich, dass Du den Weg auch findest, wenn der Akku leer sein sollte.

Solltest Du die GPS-Tracks zu Deinem Tourenführer nicht finden oder sollte der Download nicht funktionieren, wende Dich an:
gps-download@verlagshaus.de

Exklusiv für Sie als Leser:

MIT GPS-DATEN ZUM DOWNLOAD

unter: gps.bruckmann.de

REGISTER

IMPRESSUM

Verantwortlich: Julia Vogl
Lektorat: Claudia Weingartner
Layout und Satz: Silke Schüler
Cover- und Umschlaggestaltung:
Matthias Frisch
Repro: LUDWIG:media
Kartografie: Eva Schmalfuß
Herstellung: Alexander Knoll
Printed in Poland by CGS Printing

Unser komplettes Programm finden Sie unter

www.bruckmann.de

Alle Angaben dieses Tourenführers wurden von der Autorin sorgfältig recherchiert sowie vom Verlag geprüft. Für die Richtigkeit der Angaben kann jedoch keine Haftung übernommen werden, weshalb die Nutzung auf eigene Gefahr erfolgt. Insbesondere bei GPS-Daten können Abweichungen nicht ausgeschlossen werden. Bei Links auf Webseiten Dritter machen wir uns die Inhalte derselben nicht zu eigen und übernehmen für diese keine Haftung.

Aus Gründen der besseren Lesbarkeit verwenden wir in diesem Buch das generische Maskulinum. Weibliche und anderweitige Geschlechter-Identitäten werden dabei ausdrücklich mitgemeint, soweit es für die Aussage erforderlich ist.

Die Deutsche Nationalbibliothek verzeichnet diese Publikation in der Deutschen Nationalbibliografie; detaillierte bibliografische Daten sind im Internet über http://dnb.d-nb.de abrufbar.

★★★★★

Sind Sie mit diesem Titel zufrieden? Dann würden wir uns über Ihre Weiterempfehlung freuen. Erzählen Sie es im Freundeskreis, berichten Sie Ihrem Buchhändler, oder bewerten Sie bei Onlinekauf. Und wenn Sie Kritik, Korrekturen, Aktualisierungen haben, freuen wir uns über Ihre Nachricht an Bruckmann Verlag, Postfach 40 02 09, D-80702 München oder per E-Mail an lektorat@verlagshaus.de.

Bildnachweis: Alle Bilder im Innenteil und auf dem Umschlag stammen von Maria Eckl. **Illustrationen, Shutterstock:** S. 12/13: TALVA; S. 14: LuTer999; S. 17: GM Vector; S. 19: Look_Studio; S. 171: Lakuku Vector; S. 173 (Handy): Bettermind Graphic; S. 173 (Kompass): Simple Line; **passim:** Bereg55, Eva_art, Kaspars Grinvalds, Olga Rai, OneLineStock, Simple Line, Tetiana Yurchenko, Volonoff. **Rezept** S. 16/17 (Text und Bild): Pauline Joos

Umschlagvorderseite: Aussicht vom Herzogstand (Tour 4), Maria Eckl
Umschlagrückseite: Sonnenspitz am Kochelsee (Tour 5), Maria Eckl

ISBN 978-3-7343-3001-8